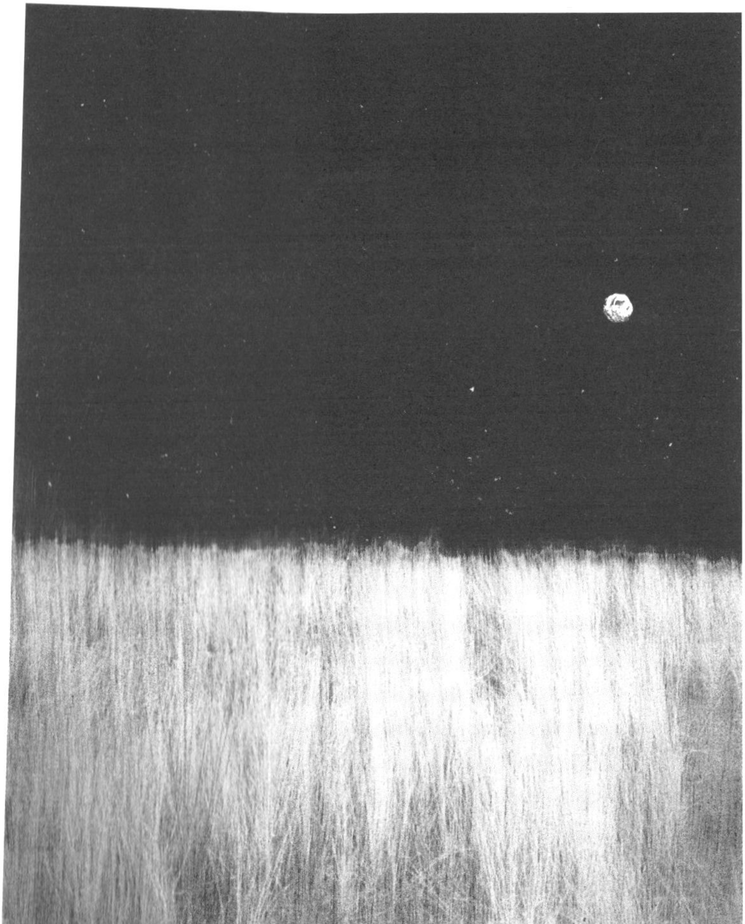

U0488578

我还能看到多少次满月升起

[日] 坂本龙一 著
Ryuichi Sakamoto

白荷 译

ぼくはあと何回、満月を見るだろう

中信出版集团｜北京

目 录

1 第一回 与癌共生

35 第二回 献给母亲的安魂曲

69 第三回 难敌自然

105 第四回 旅行与创造

141 第五回 初次受挫

177 第六回 朝更高的山前进

215 第七回 邂逅新的才华

253 第八回 给未来的遗赠

293 葬礼曲目播放列表

295 代后记

315 年表

第一回 与癌共生

采访者 铃木正文

贝托鲁奇[2]与鲍尔斯[3]

"我还能看到多少次满月升起？"2022年迎来了古稀之年的我，最近时常会想起这句话。可能有人还记得这句台词出自电影《遮蔽的天空》（1990），它也是我在《末代皇帝》（1987）之后再次参与原声音乐创作的贝纳尔多·贝托鲁奇导演的电影作品。

在电影的结尾，小说原作者保罗·鲍尔斯登场，缓缓说出这段话：

> 因为不知死何时将至，我们仍将生命视为无穷无尽、取之不竭的源泉。然而，一生所遇之事也许就只发生那么几次。曾经左右过我们人生的童年回忆浮现在心头的时刻还能有多少次呢？也许还能有四五次。目睹满月升起的时刻又还能有多少次呢？或许最多还能有二十次。但人们总是深信这些机会

将无穷无尽。

实际上鲍尔斯在电影拍完之后不到十年就离开了人世，而我在参与电影《遮蔽的天空》原声音乐创作的时候也才三十多岁，尽管鲍尔斯的这段话给我留下了深刻的印象，但那时并没有太多感同身受。

但从2014年发现自己罹患口咽癌后，我开始不得不坦然面对和思考自己的生命终点——死亡。

也正是因为有了这些想法，我在2017年发表的专辑《异步》(*Async*)中制作了《满月》("Fullmoon")这首乐曲。截取了电影里鲍尔斯那段话的原声，将文字翻译成中文、德语、波斯语等多种语言，并邀请各国艺术家用母语朗读。

乐曲最后的意大利语版本的朗读者就是贝纳尔多·贝托鲁奇。我怀着试一试的想法问他："如果要收录意大利语版本的话，除了你我想不到别的人选了。你愿意来朗读吗？"没想到他马上回复说"好啊"，不久就发来了录音文件。

鲍尔斯曾经作为前卫作曲家活跃在"二战"前的纽约，他的嗓音有一丝暗哑，让人感到他有别于一般美国人的深厚涵养。来自"歌剧之国"的贝托鲁奇的嗓音则充满张力，他的朗读同样十分精彩。

然而贝托鲁奇也在这首乐曲完成一年后离开了人世。他在

《满月》中的"出演",虽然是以录音的形式,也是他生前最后一次出现在公众视野。

在手术前

在这里,我想来说明一下我现在的病情,虽然有点残酷,还请大家耐心听完。

我于 2014 年罹患口咽癌之后,随着治疗后病情缓解,也逐步恢复了正常生活。但 2020 年 6 月在纽约一家医院的一次检查中,我再次被诊断为直肠癌。

由于上次患癌时的放射治疗很顺利,我非常信任纽约这家癌症治疗中心。确诊之后,在接受放疗的同时我还服用了抗癌药物,但治疗几个月之后,癌细胞仍然没有减少。

那一年的 12 月我在日本有工作行程,当时烦恼于频繁健忘,想在回日本工作期间顺便做一个脑部检查,于是 2020 年 11 月中旬回到日本,在隔离[4]两周之后去做了全身检查。检查结果显示脑部倒是没有问题,但别的部位发现了异常——直肠癌的癌细胞转移到了肝脏和淋巴。

这时距离我做完放射治疗已经过去三个月,但不知为何纽约的医院并未告知我癌细胞转移的事实。明明至少 9 月末就应该能够发现转移的病灶了。自然，癌细胞转移这个事实对我打击很大。在全美国数一数二的这家医院竟然没发现癌细胞的转移，抑或是出于其他原因没有告诉我这个事实，这些都让我对纽约这家癌症治疗中心产生了疑虑。

日本的医院中第一位为我诊断的肿瘤内科医生，非常直接地告诉我："如果什么都不做的话，只剩半年的生命了。"他还说，由于以往的放疗对我的细胞造成了损伤，无法再进行同样的治疗，"即使用上强效的抗癌药物，进行痛苦的化疗，五年的生存率也只有 50%"。我想这应该就是基于统计数据的客观数字吧。

即使是想要摆出事实根据，对患者说明时也应该有更委婉的说法吧？说实话，他的直截了当让我很生气。用断定的语气告诉我如此悲观的事实，像是夺走了我所有的希望，我感到备受打击，陷入消沉。尽管他是一位名医，但可能并不适合我。

被宣告剩余生命的第二天，是我举办线上演出的日子，也就是后来收录为 *Ryuichi Sakamoto: Playing the Piano 12122020*（2021）音源的那场演奏会。最糟糕的精神状态，加上当天需要配合影像制作的演奏环境也不够好，都让我担心演奏会发挥失常。奇妙的是，越是交往时间长的知交，越是对这场演奏评价颇高。

我决定不再回纽约，在东京接受治疗，因为接触的第一家医院不太适合，还是拜托了认识的医生介绍了别的医院。本来计划的短期回日本，变成了长居。

接下来在新的医院听了第二诊疗意见[5]，才知道当癌细胞发生转移时，就会被认定为癌症Ⅳ期。且在后续的检查中，发现癌细胞已经转移到了肺部。容我坦白地说，病情让人绝望。

2021年1月，我决定接受摘除直肠癌原发病灶、肝脏转移的两处，以及淋巴转移部分的外科手术。这是一台大手术，需要切除30厘米的大肠。意外的是我在手术前的心情还挺轻松，当时留下的照片里，还有我在被推进手术室之前，跟家人们挥手说"那我去了哟"的样子。

当初预计需要12个小时的手术，最后花了大约20个小时。从上午开始，一直持续到第二天凌晨4点。我本人既然已经是"我为鱼肉"的状态，也只能相信医生，把自己交给他们，毕竟我也确实没有专业知识，无法跟他们商量"能不能少切一点，比如20厘米怎么样"。

我预想到手术后体力和免疫力都会下降，因此在手术前，每天都会走一万步来锻炼身体。我这次要做的是需要全身麻醉的大手术，也有死于医疗事故的风险，因此在手术前，我想着一定要把好吃的东西吃个够，就连续十天以"最后的晚餐"为名，把东京的牛排、意大利菜都享受了一遍。

谵妄[6]体验

虽然幸运地完成了手术,却未承想在术后经历了谵妄后遗症。由于全身麻醉给大脑带来的影响,在手术结束后一周左右的时间里,我出现了好几次谵妄症状,医生们也束手无策。

症状最厉害的是手术后第二天,我睁开眼睛就觉得自己在韩国的医院里,而且不是首尔,而是地方城市的医院。于是我绞尽脑汁,把会说的韩语都说了,努力想要跟护士沟通,也不知道自己说得到底对不对。

说着说着,我惊讶地发现面前这个"韩国"护士日语讲得太好了,这才渐渐明白自己的状况。这一定是最近几年韩剧看太多了吧。

还有一次是明明刚做完手术,我却给助手发短信说"不好意思,开会我要迟到了"。而其实我正在病床上,两条胳膊打着点滴,无法自由行动,还打错了字。这位助手清晨突然收到还在住院的我的短信时,自然也是十分惊讶。

财津一郎唱的那首广告曲中的"♪大家围起来,竹本钢琴~"[7]和广告里的舞蹈在我脑海里不断重复时,才真正让人郁闷得无处可逃,让我觉得自己快因为谵妄而发疯了。我并不喜欢这首歌,广告也是很久以前看过,因此对突如其来的魔音穿脑也感到很不可思议。

我在手术后还有过非常可怕的谵妄体验：电脑被黑客攻击，所有数据都暴露到了暗网上，我用上毕生所学的程序知识想要破解，也毫无办法。暗网是那些普通搜索引擎无法检索到的网站，也就是网络上的黑暗世界。

我能清晰地看到被自动操纵的电脑屏幕画面，拼命想要阻止这一切而敲打键盘，但手指却徒劳地划过空中。平日里我从来没有思考过暗网的问题，可能是偶然看到的相关信息停留在了大脑里，此时又通过谵妄体现出来了吧。这样的情况持续了三天，有时清醒过来后会发现自己已经被汗水浸湿了。

像这样初次体验谵妄很恐怖，但也让我发现了人类的大脑结构是如此有趣，甚至让我产生了自己努力一下是不是也能写出电视剧剧本的错觉。超现实主义艺术家在自动化[8]和"垮掉的一代"在无意识表达中尝试达到的，可能就是这样一种半睡半醒状态下的创作吧。日常生活中的所见所闻在大脑中竟能积累如此大量的信息，让我惊叹不已。

被爱拯救

手术后，医护人员让我"即使身体很痛，也要尽量起床，坐在沙发上"，还有"请尽量站起来，多走动"。一直躺着的话，由于身体不必与重力对抗，肌肉力量很快就会退化。即便只有一个星期，肌肉也会萎缩，而肌肉一旦萎缩便很难恢复。

尽管身上插着五根管子，两只胳膊都打着点滴，白天我也会尽可能起身坐在病房里的沙发上。我拄着拐杖走到沙发的位置，在那里坐下看书，听音乐，打打盹儿，放松。很长时间以来，容易走神的我总是被说意志薄弱，身边的人甚至笑我是"树叶般的意志"，尽管总是想选择安逸地躺在床上，但那段住院的日子我可以说是相当努力了。

随着时间的流逝，外科手术切开的伤口渐渐开始恢复，也没有那么疼了，接下来要烦恼的是术后并发症。并发症就像新开的快闪店一样每周层出不穷，在应对一个接一个并发症的日子里，我也吃不好饭，体重掉了13公斤。

医生们为了我尽心尽力，但我的体能作为关键影响因素却跟不上治疗，身体状态恢复得不如预期，一直在低水平线上徘徊。我开始想象灰暗的未来，也许余生再也无法走出医院了，这些想象让我完全丧失了信心。确诊癌症以来，不管是在我自己还是旁人眼里，这段日子都是最痛苦的吧。

之后终于可以开始吃东西的时候，我又对医院的餐食感到不满。虽然我非常感谢这家医院，但这里的餐食真的不好吃，以至于我都好奇怎样才能做出这么难吃的饭菜。所以我恢复食欲之后，就任性地让身边的人给我捎了鳗鱼饭和猪排盖饭改善餐食。

我的伴侣每天来医院看我，给我送饭，却因为那时防止新冠

所住医院附近的天空

肺炎疫情扩大的措施，无法与我见面说话。因此，不知道从什么时候开始，隔着医院前面的马路挥手致意成了我们的习惯。

傍晚，我拿出手机点亮电筒，朝着马路对面挥舞致意"我在这里哦"，然后从10楼病房的窗户望过去，就能看到对面也有一个豆粒大的闪光点在左右晃动。伴侣为了让我能从病床上起身，想出了这个方法。

虽然近在咫尺却无法见面，我们说着"这样好像罗密欧与朱丽叶"，便把这个习惯叫"罗密朱丽"。每天"罗密朱丽"，持续了大概一个月吧。后来我又再次住院，她也用同样的方式来看我。虽然是毫不新鲜的表达，但我还是想说，最难受的时候我是被爱拯救的。

在过去的两年里，我做了大大小小六次手术，摘除了外科手术范围内的所有肿瘤。最大的手术是摘除转移到肺部的恶性肿瘤，在2021年10月和12月分两次进行，每一次都花了三四个小时。

然而，当我以为这就是最后一次手术了，没想到病灶仍然残留在我的身体内，而且以后还会继续增殖。当医生告诉我这个事实的时候，我也不由得备受打击。接下来不能再靠手术摘除肿瘤，而是要靠药物进行全身治疗，真是看不到尽头的抗癌生活啊。

友人的存在

住院期间意志消沉时,关于友人,我也有了一些思考。我以前老是把"我没有朋友"这句话挂在嘴边,二十多年前,也曾经尝试对"朋友"这个词下定义。

那时候我的结论是,当身处困境,比如家里发生火灾,进了小偷,又或是马桶漏水,马上能打电话商量的人,就是我的朋友。而这次生病,我又数了数能商量的对象,发现在美国,在欧洲,当然还有日本,都有好几个这样的人,不由得心生感激。

朋友不需要非得跟我有一样的思想信念和兴趣爱好,唯一的要求就是:值得信赖。即使这样的人数量不多,但他们的存在已经让我觉得自己十分幸运。

其中一位就是德国艺术家卡斯滕·尼古拉[9]。他以"阿尔瓦·诺托"(Alva Noto)的名义开展音乐活动,我和他一起制作了专辑 *Vrioon*(2002)和 *Insen*(2005),以及电影《荒野猎人》[10]原声音乐等作品。

第一次见到卡斯滕,是他和池田亮司[11]一起在青山的SPIRAL[12]演出的时候。卡斯滕长得有点凶,做的音乐也是很前卫的后现代派,但他性格非常温和,又照顾家人,让人简直想称呼一声"老爹"!从见到他的那天开始,我就跟他很亲近。

卡斯滕的家乡在德意志民主共和国,那里在欧洲也算是有乡土气息的地方，可以说与日本也有些共通之处。写到这里，我想到德国前总理默克尔也来自那里，在媒体上看到的她也给人"有胆量的妈妈"的印象。总之，我在接受大手术，想到自己有可能在手术中意外去世的瞬间，第一个想要联络的人就是住在柏林的卡斯滕。而他也一如往常，像对待自己的事情一样倾听我的烦恼。

德国艺术家约瑟夫·博伊斯[13]和美籍韩裔艺术家白南准[14]，身处相隔8 000千米以上的欧亚大陆两端，却建立了深厚的友谊。如果要将我和卡斯滕与伟大的博伊斯和白南准作比，可能太妄自尊大，但我们两人的友谊确实和他们的关系很像。

可疑的时间

音乐被称为"时间的艺术"。在时间这条直线上，有音乐作品的起点，也终将迎来作品的终点。因此对我来说，时间一直是一个重要的主题。

在我健康的时候，会不由自主地将时间的永恒性和单向性作为前提进行创作，而当我需要直面生之有限的此刻，我也感觉有必要用和以往不同的角度去思考时间。

如果我们不能用更现实、更认真的态度来面对时间，而只是用哲学性的方法论来思考的话，不是会被时间所特有的迷惑性欺骗吗？从这样的想法出发，这几年我阅读了从亚里士多德到奥古斯丁、康德、海德格尔、柏格森，再到当代物理学者们关于时间的论著。

虽然还是很难找到一个准确答案，但我心里逐渐确定了一件事：牛顿提倡的"绝对时间"概念是错误的。他主张时间与任何观察者的感受无关，且在任何地方都保持匀速前进。不是的，时间不过是我们的大脑产生的一种幻想，这就是我现在的结论。

但在过去的几个世纪里，我们都是基于牛顿式的时间观念在制定生活方式的规则。从严格意义上来说，我们的感觉从 19 世纪末开始就没有变化，甚至可以说，这些规则变得更加细致了。

各国的城市之间的时间就是在 19 世纪末才得以统一的。在那之前，各个城市都有自己的时间制度，在欧洲的铁道网发达之后，才产生了将各个城市的时间进行统一的需要。实际上威尼斯的正午和柏林的正午——那一天里天空中太阳位置最高的时刻就是不同的，我们只是视而不见，假装这一刻好像原本就是完全相同的。本来也是，谁都不会在意某个城市的时间是不是晚了 10 分钟。

我想在我最近的作品里，就有我对于时间的这些疑惑和思考。2021 年，我和高谷史郎[15]一起制作的剧场作品《时间》（*Time*）以"时间"为名，而在那之前的 2020 年，我为日本东北青年管弦乐团[16]创作的新曲子就叫《此刻时间在倾斜》。

"时间在倾斜"是个大家不太习惯,甚至觉得有点不可思议的表达方式。它其实是我从里尔克[17]的诗集《时辰祈祷》开头一个小节里截取的句子。这本诗集由同为诗人的尾崎喜八[18]翻译。以下是这一部分的引用:

> 时间倾斜,触碰我,
> 发出清澈的金属般的声响。
> 我的感官在战栗,
> 我觉我能——
> 我能抓住这可塑的白昼。

读起来很有韵味吧。其实这一段通常解释为里尔克描写的是钟声响彻教会的场面,但尾崎喜八把第一句翻译为日文的"时间倾斜,触碰我",这和小林秀雄[19]对兰波[20]诗集的"超译"有异曲同工之妙。我觉得这一句是神来之笔,因此在曲名中进行了借鉴。关于《时间》,关于《此刻时间在倾斜》,之后有机会我会来仔细说说。

儿子推荐的音乐

住院的时候有好多难受的事情。体力衰退,免疫力衰退,每天要吃一大堆的药,身体也无法自由行动。即便在那样的日子里,仍然会有让我醉心音乐的瞬间,在这些瞬间里,我能够忘却自己的病痛。有意思的是,我专注在创作自己作品上的时间也变多了。

比如,准备《时间》的发表,和高谷史郎连线对作品进行微调——在这些时间里,我能够忘却身在病房这个令人郁闷的事实,也能够忽略身体的病痛。这些都是让我庆幸自己从事音乐创作的瞬间。

"Music"(音乐)这个词的词源是"Muse"(缪斯)。缪斯是希腊神话中掌管艺术文化的女神。魅力四射的女神们要是突然降临在刚做完手术、尚且虚弱的我面前,我还是会有点吃不消的。这种时候,我会告诉她们"过一会儿再来",然后去聆听一些还未能成为音乐的声音。

我特别喜欢雨声。最近十年,包括在纽约的时候,我经常去听雨。下雨的时候,我会在病床上竖起耳朵聆听窗外的雨声;不下雨的时候,我便整夜播放在 YouTube 上找到的连续 8 小时播放的雨声视频。视频网站上的雨声经过压缩,与自然界中 360 度包围着我的真实雨声完全不同,即便如此,它们也能让我心神安定。

还有这样一件事。住院的时候,我随意播放了儿子发的一首歌曲,却没想到在这首歌的前奏到前面几小节的部分就突然泪如雨下。这首歌是美国乡村音乐歌手罗伊·克拉克演唱的《昨日当我年少轻狂》(*Yesterday, When I Was Young*)。

我这个人即使平常听歌曲,也不怎么在意歌词,罗伊·克拉克也是我平常很难接触到的歌手,所以没想到自己会如此被这首歌打动。

这首歌里唱的,既有对自己人生的肯定,也有面对那些无可挽回之往日的超脱境界。不可逆的时间线尽头的苦涩未来,我想不论是谁,不论他是什么职业,都或多或少想过吧。在我现在这个年纪,这首歌深深地刺痛了我,让我听着眼泪止不住地流了下来。

《昨日当我年少轻狂》的作者,是法国香颂歌手夏尔·阿兹纳佛。写这首歌的时候,阿兹纳佛还很年轻,而在他晚年演唱这首歌的现场视频里,那年迈的姿态也特别令人动容。

或许没有生病的话,我不会觉得这首歌那么好;又或许没有到这个年纪的话,我根本不会那么仔细地去听这些歌词。我还没有仔细听过日本的演歌,但现在去听可能会有和年轻时完全不一样的感受。

寅次郎也是这样吧。《寅次郎的故事》系列电影在 20 世纪八九十年代几乎每年都会上映,但我这个年代的人当时对这样的电影不屑一顾，只顾着"高科技""后现代"，在东京街头流连玩乐。但其实那个时候的寅次郎，已经在用"乡愁"这个主题，感叹昭和时代的辉煌即将一去不复返。

从更广的角度来说，思考不断变化的地球环境问题，也和这样的怀旧情绪有着千丝万缕的联系。所以到了我这个年纪，光是看到《寅次郎的故事》开头背景画面里的江户川风景，就足以大哭一场了。

第一次产生破坏冲动

我的音乐创作常常被评价为致力于打破传统价值观。的确，我不喜欢照搬已有的音乐"公式"。既然是创作，就应该不断挑战自我，尝试新的东西。

然而就像 20 世纪 60 年代流行的"先锋艺术"那样，"打破传统价值观"这个说法，也让我有些抵触。"前卫"是新的，"后卫"是旧的；或者说知识分子是进步的，大众是保守的——这样的"二分法"早就过时了。

从广义的角度来理解音乐的话，我做的事情并没有什么新鲜之处。在我出生的 1952 年，约翰·凯奇就发表了《4 分 33 秒》[21]；在美术领域，马塞尔·杜尚把"现成品"《喷泉》[22] 送去参加展览是 1917 年。

20世纪60年代后期，在戏剧、电影、文学及音乐等领域，都兴起了先锋运动。一言以蔽之，就是摒弃旧的价值观，倡导新变革。虽然在今天看来，这些运动并没有什么特别之处。这或许也是一种时间论吧，因为我们现在没有一个大家共享的线性历史规则，姑且不论政治是否如此，我个人认为今后在艺术文化方面，应该不会再出现某种具有强烈破坏性的价值观了。

人各有异，也有一些表达者能在重复过去经验的创作中收获快感吧。但很遗憾我不是的，虽然我也没有要追逐现代最新技术来创作的想法。我只是想创作自己想听的音乐而已，不会去考虑先锋派这样高深的事情。

所以我非常惊讶于自己在《时间》舞台成型的瞬间，内心产生的破坏冲动。《时间》既是一个装置，也是一场演出，是我视为《异步》这张我带有很深感情的专辑的续篇来完成的作品。

我做事没什么计划性，比如这次爬了北阿尔卑斯山，那下次试试爬南阿尔卑斯山，像制订登山计划一般来制订创作计划这种事，在我的人生中闻所未闻。四十年来都是随心所欲，可以说每次创作都和上一次不太一样。这种不太思考明天要怎么办的性格，说得好听一点，就是"活在当下"吧。

在发行《异步》之后，我的想法有了一些变化。不知道是不是《异步》对我的影响太大，我开始觉得，除了攀登过的山，也许还有更高的山峰存在于未知之处，因此想要再去做一些挑战。

后面我会来详细说说《异步》这张专辑。"Async"是"asynchronization"的缩写,意思是"异步"。现今世界流行的音乐都在追求"同步",我却想要提出异议,也是对时间这一存在本身提出质疑。这些背后是我的生死观的一些变化。

由于住院和新冠肺炎疫情的影响,我本人未能到场参加,但2021年6月,《时间》在阿姆斯特丹的荷兰艺术节上顺利迎来了首演。3天里演了3场,每场结束之后,我都会跟在现场指挥的高谷史郎连线,远程对演出做一些修改指示,到最后一场的时候,演出的效果已经可以说是比较理想了。

我不太喜欢使用"完成版"这个词,尽管《时间》第三次公演时的舞台确实有了趋近完成的形态。但也就是在那时,我突然产生了想要亲手毁掉《时间》这件作品的冲动。《时间》是我在病中坚持完成的作品,前后花费了四五年的时间来制作,我对它有很深的感情,因此这种未曾预料到的破坏冲动,也是一种完全未知的体验。

为什么会对自己的作品产生如此强烈的破坏冲动?直到现在,我也还在思考这个问题。

我想这个问题和时间的悖论有着千丝万缕的联系。通过否定A,并同与之相反的B对抗,最终抵达C——这是黑格尔辩证法的思考逻辑。然而,在这种一开始就确定了原因和结果的思维方式里,早就蕴含着某种时间的幻象。

因此，也许有这样一种可能：当我目睹《时间》成了一件成型的作品时，哪怕只是一个瞬间，这种完成形态也让我难以忍耐。和别的舞台相比，《时间》已经是一个有很多即兴元素的作品了，即便如此，当它拥有"完全形态"的时候，也不可避免地走向了固定化。

今后《时间》要在别的地方演出的话，呈现方式可能也会与在荷兰艺术节时有所不同。

我以前就不喜欢庄重的有仪式感的东西，看来这种感觉随着年纪的增长越发明显了。现在我会随心所欲地弹钢琴，每天花几个小时去享受手指敲击琴键时发出的声响。对我来说，这样的心态就足够了。

对《圣诞快乐，劳伦斯先生》[23]的想法

我以前接受采访的时候，曾经说过"既然好不容易延长了生命，在接下来的日子里，我想要写出超越《圣诞快乐，劳伦斯先生》的作品"这样的话。

音乐创作的灵感就是一瞬间的事。实际上，我想出《圣诞快乐，劳伦斯先生》的那段旋律只花了30秒。坐在钢琴前，下意识地闭上眼睛，下一个睁开眼睛的瞬间，那段旋律就已经带着和

音浮现在了乐谱上。可能你会觉得，别开玩笑了！但这些都是真的。所以我想，只要我的生命还能延长 1 分钟、2 分钟，就有可能写出更多新的作品。

我尊敬的音乐家们在去世之前也一直坚持创作。巴赫在生命最后的 3 个月失明，生前最后一部作品《赋格的艺术》中最后一首赋格曲的乐章在中间突然结束。我小时候听到这首曲子，好奇为什么会在这里中断演奏，后来才知道是因为作曲家写到这里时，眼睛已经看不见了。

还有五十多岁离开人世的德彪西，他的最后一首作品是献给一位煤炭商人的。第一次世界大战时，欧洲物资匮乏，煤炭商人为卧病在床的德彪西送去了煤炭。德彪西受这位煤炭商人之托，写下了《燃烧的煤照亮夜空》(*Les soirs illuminés par l'ardeur du charbon*)。这首钢琴短曲，也是他的遗作。我很敬仰这些前辈，同时也希望自己能写出新的作品，直到人生的最后一刻。

为什么我还要执着于写出超越《圣诞快乐，劳伦斯先生》的作品呢？当然，这首曲子是我的代表作，为世人所知，但我真的很讨厌公众印象就此固定，因此有十年左右的时间，我坚决不在演奏会上弹它。不论我走到哪里，都会被人问："您能演奏一下《圣诞快乐，劳伦斯先生》吗？"真是没完没了，让我受够了。

那我又是为何再次演奏这首曲子呢？其实契机是 2010 年我在日本的时候，去武道馆看了卡洛尔·金和詹姆斯·泰勒的演唱会。我和其他观众一样，都在等着卡洛尔·金唱她的名曲《你有个朋友》(You've Got a Friend)，但那天卡洛尔像故意吊观众胃口一样，迟迟不唱。等到最后的最后，卡洛尔终于唱了这首歌，我心满意足，觉得能在现场听到太好了。后面还有返场曲目，但听完这首我就回家了。

想着"我才不要弹《圣诞快乐，劳伦斯先生》"而固执地拒绝演奏的我，轮到自己去别的艺术家的演奏会，却因为听不到代表曲目而烦躁不安。所以那时我就想通了：我不应该否定那些冲着《圣诞快乐，劳伦斯先生》来坂本龙一演奏会现场的观众的存在。

当然，直到现在，我还是会对"因《圣诞快乐，劳伦斯先生》而扬名的坂本龙一"这种介绍方式有些反感。所以在一段时间里，我也在努力破除世界对我的刻板印象，这种想法转了一圈，到了"为这种事耗费我宝贵的心力，实在是太无聊了"的阶段。

我不愿意把改变他人的看法当作自己的动力，只要能默默地做自己想要做的音乐就足够了。虽然我的最后一首作品不一定是好的，但我不会把打破"坂本龙一等于《圣诞快乐，劳伦斯先生》"这种刻板印象当成余生目标。如果为了这个目标来使用我剩下的时间，实在太傻了。这就是经历了各种心境变化之后，现在我对这首作品的真实想法。

父母的辞世

我想在这里也回顾一下父母的辞世。我在《音乐即自由》（2009）里也写到过，2002年9月28日我父亲坂本一龟[24]去世时的事。那时我正在欧洲举行Bossa Nova音乐的巡回演出，[25]途中收到母亲的消息，说肾脏不好、常年在做人工透析的父亲病情恶化了。

如果当时能找到代替我演奏的人，或许我还能见到父亲最后一面。那时，我面临要不要放下演出回日本的抉择，非常痛苦，思前想后最终决定留在欧洲，继续巡回演出。我想父亲会理解我的选择。

得知父亲去世的消息是在一周后，在从比利时开往法国的巴士上。当时应该是凌晨4点左右。虽然早已做好心理准备，但我记得那时还是有种"父亲终究没能熬过来啊"的巨大无力感。

我母亲那时一直在照顾住院的父亲，在她离开病房去吃早餐的15分钟里，父亲去世了。所以我想，要家人临终时陪在他们身边，也不是一件容易的事情啊。

父亲辞世之后，母亲一个人在东京生活了一段时间。她也得过包括甲状腺癌在内的各种疾病，每次手术之后都展现出惊人的恢复能力，还算是健朗。

但原本所有生活琐事都亲力亲为的母亲，渐渐连打扫也无法顺利完成，这让我越发担心起来。因此 2009 年夏天，我说服她住进了医院。本来我也考虑过临终关怀的设施，鉴于母亲对此有些排斥，我便先带她去普通医院进行治疗，后来又带她住进了专门照顾老人的医院。

母亲一开始抱怨说"自己的家才是最好的"，后来似乎渐渐喜欢上了那位年轻的男性理疗师，在医院里看上去也心情愉悦。

我那时还住在纽约，把母亲托付给医院之后，告诉她"下次回日本工作时我再来看你"便暂时告别了她。当然，我明白她已经八十多岁，就算突然生变也在意料之中，但好在那年 12 月我又有了在日本的钢琴演奏会，巡回演奏的间隙能频繁前往医院看她。

其实那一年年末我本来是要回美国的，突然想去和一位住在纽约的熟人商量一下是否应该离开日本。这位女性熟人平常就总说"我能够看到未来"，而且实际上也因预言成真而备受推崇——听起来她像是装神弄鬼的可疑人物，其实她曾经活跃在日本的演艺行业，有不少厉害的成绩。

这位熟人告诉我："新年后的 1 月 9 日，我就看不到你母亲的能量了。"听了这话，我也半信半疑，心想她要是算不准当然最好，可还是延长了待在日本的时间。结果，我母亲在次年 1 月 9 日与世长辞，真的让我非常惊讶。

母亲辞世的时候，我也恰巧没能在那个瞬间陪在她身边，但能马上赶到医院。我作为母亲丧事的丧主，主持了守灵夜、葬礼和告别仪式，等到所有仪式结束后的 1 月 20 日回到了美国。我订了 1 月 20 日的机票之后，想想这也确实应验了那位熟人在上一年年末时所说的让我待在日本的话。

我在给出席母亲葬礼的各位宾客准备的葬礼手册上，引用了母亲生前喜欢的歌者柿本人麻吕的一首和歌：

隐国泊濑山，山间云不去，莫非娘子化烟云？[26]

相传，这是奈良时代柿本人麻吕为火葬泊濑山的土形娘子写下的一首挽歌。因为我是独生子，母亲去世之后，家里真的就只剩下我一个人了。我没有任何想要守护家族制度或墓葬文化的想法，但想到这一点，还是让我心生寂寥。

生命原本的形态

在过去的几万年间，生活在不同国家或地区的人在爷爷、奶奶生病时，往往无法提供太多帮助，能做的只是默默地看护他们直至离世。当然，即便在没有现代医疗的年代，当时的各个部落也会传承使用草药或念咒之类的习俗来缓解老人的痛苦。

我之前问过中泽新一[27]，得知在文化人类学研究领域，并没有留下太多研究人将死之际的成果，这让我很意外。如果有人特别了解这个领域的话，我也很想向他请教。著名的古埃及《亡灵书》[28]，尽管对死后的世界有所记载，却也对陪伴亲近之人离世一事只字未提。

我出生长大的家庭本质上也是现代城市家庭，所以并没有积累丰富的生死观。如果是两三代前的乡村家庭，情况可能会有所不同。志贺直哉[29]在小说中描述了这样的家庭面对家人临终时的情景。

然而，与此同时，我感到现在支撑日本人生死观的"脊梁骨"似乎都已经消失。所以我正努力从听闻的藏传佛教故事中收集有关生死观的片段，来思考自身的死亡问题。

顺便提一下，南希·伍德[30]将美洲印第安人的哲学总结成了一本书，书名叫《今天是个死去的好日子》(*Today Is a Good Day to Die*)。我觉得她这种感性很有意思。我不确定这种说法是不是带有一种类似斗士的傲慢，但我想她直接否定了现代思维中尽可能延长生命才是正道的想法，这种干脆的、顺其自然的态度令人向往。

我还想起这样一件逸事。有一位名叫肥田春充的武术家，不高大却拥有极强的力量，能够将地板一踏而穿。他创立了肥田式强健术，同时是一位知名的思想家。据说在他72岁的某一天，他因为担忧人类的前途而进行了长达49天的断食，最终就这样离开了人世。这种方式无法模仿，但我觉得确实是一种非常壮烈的死法。

从被诊断出癌症的那一刻起，我就一直想着这件事：如果这是一百年前，没有对症治疗的方法，我早就已经死了。我还经常做一个比较，那就是夏目漱石在大正时代因为胃溃疡恶化去世时才49岁，与他相比，即使我在2014年，也就是62岁发现癌症时去世，也已经活了足够长的时间。我已经顺利度过"还历"[31]，身边的人也能接受了吧。要知道"还历"，就是人生的一个循环节点啊。

人类能够活到八九十岁，也就是最近三四十年的事情吧。想到人类长达20万年的历史长河，想到没有高科技医疗的时代，我真的不确定到底是否有必要为了延长寿命而逼迫自己接受治疗。

我认为，想要拒绝痛苦的治疗，只接受最低限度的护理以迎来生命的最后一刻，这样的价值观应该更多被社会接受。从这个角度来说，我也对在瑞士与荷兰合法化的安乐死感兴趣。

尽管如此，我接受了放疗，做了外科手术，还愿意接受化疗这样的治疗方式，这和我的想法其实是矛盾的。让我感到困惑的还有，我的身体远比我的意识保守得多。不过，我还是认为，自然地活着和自然地死去，是动物原本的生命方式，只有人类从这种方式中抽离了出来。

40岁之前我从未思考过健康的事情，过着野兽一般的生活。之后，由于视力开始下降，不得不正视自己的身体，并接受了野口推拿[32]和长寿饮食法[33]。但我开始日常服用西方医学的药物，也是在 62 岁第一次确诊癌症之后。我想罹患癌症肯定有其原因，而如果我最终因此离世，也能心平气和地觉得这就是我的人生吧。

2021 年 1 月的手术后，我发布了一则声明："此后的日子，我将与癌症共生。希望接下来可以继续进行音乐创作，感谢各位一如既往的陪伴。"我选择"与癌症共生"，而不是"与癌症战斗"这样的表达，也许是因为在我心里，即使强行战斗也没有意义吧。

死后的世界

有一部由罗伯特·泽米吉斯执导、朱迪·福斯特主演的电影，名为《超时空接触》。这是一部根据美国航空航天局（NASA）行星探测队领袖卡尔·萨根的小说改编的科幻巨制，上映时引起过轰动，许多人应该看过它。

福斯特饰演的主人公艾莉是一位天文学研究者，从小就对宇宙中可能存在的其他文明感兴趣。然而，她最亲密的理解者，即她的父亲在年轻时就去世了。电影的后半部分，登上太空船舱的艾莉穿越虫洞，穿越时空，在一片蔚蓝的大海前再次遇见了她最爱的父亲——就站在白色的沙滩上。其实是地球外的生命体以她父亲的姿态出现，但艾莉仍然因为这次重逢获得了救赎。在这个广阔的宇宙中，我们每一个人并不孤独——这也是这部电影的主题。

卡尔·萨根是康奈尔大学的教授，我想以他的学术生涯和资历，一般来说应该会对撰写如此浪漫的故事感到反感。然而，作为一流科学家的萨根，也具备了这样的想象力，我觉得这一点有着重要的意义。

我也想起了我敬爱的安东尼奥·卡洛斯·裘宾的故事。裘宾深爱着他的国家巴西的自然，他以环保主义者的身份闻名，并为在里约热内卢举行的地球峰会制作了乐曲。这样的他，对亚马孙热带雨林的砍伐应该比常人更感到痛心。

裘宾在世时留下了这样一段话：

> 神让亚马孙的 300 万棵树被如此轻易地砍倒，一定是在别的地方赋予了这些树新的生命。那里一定有猴子，有花，有清澈的水流。等我死了，我要去那里。

父母和孩子一起仰望夜空时常会对孩子说："那颗闪闪发光的星星就是已经去世的爷爷哟。"从科学角度来说，发出强光的是远在万里之外的恒星，具有太阳数千倍的能量，不可能适合人类居住。但孩子们有时候，也想要相信父母说的这些话。

此刻的我，不会去否定萨根和裘宾的想象力，以及人死后会变成星星的天真幻想。虽然我不知道是否存在一个死后的世界，但我会隐约地思考这些事情。

1 铃木正文（Masafumi Suzuki），出生于1949年，日本记者、编辑。曾任男性时尚杂志 *GQ JAPAN*、汽车杂志 *ENGINE*、*NAVI* 总编，后独立成为自由编辑兼记者。担任坂本龙一自传《音乐即自由》及本书采访者。——译者注（若无特殊说明，本书注释皆为译者注）

2 贝纳尔多·贝托鲁奇（Bernardo Bertolucci，1941—2018），意大利编剧、电影导演。凭电影《末代皇帝》获第60届奥斯卡金像奖最佳影片与最佳导演，以及金球奖最佳导演等多个奖项。坂本龙一为《末代皇帝》创作了部分的电影原声音乐，并实际参与演出。

3 保罗·鲍尔斯（Paul Bowles，1910—1999），美国作曲家、作家和翻译家。

4 当时为防止新型冠状病毒传播，日本政府针对海外入境者实行居家或在酒店等地自主隔离两周的政策。

5 日本的第二诊疗意见是指，在患者接受主治医生的诊疗意见后，如果对诊断或治疗方案有疑虑或不满，可以寻求另一位医生的意见和建议，以便做出更明智的医疗决策。

6 谵妄是指伴随急性脑功能障碍产生的轻微意识障碍，患者可能出现判断力及理解力下降的情况，伴随幻觉和妄想，也称作"急性器质性意识错乱状态"。

7 日本二手钢琴交易公司竹本钢琴（タケモトピアノ株式会社）的电视广告曲中的一句，该广告曲由财津一郎演唱并参与表演。

8 超现实主义自动化是一种艺术创作方法，艺术家在创作中抑制有意识的控制，探索自动书写和绘画。尝试这种创作方法的代表人物有安德烈·马森、让·阿尔普等。

9 卡斯滕·尼古拉（Carsten Nicolai），出生于1965年，德国实验音乐家和视觉艺术家，与坂本龙一共同创作了多部音乐作品。2005年，两人曾共同举行欧洲巡回演出。

10 电影《荒野猎人》（*The Revenant*）是2015年上映的美国电影，由莱昂纳多·迪卡普里奥主演。该电影改编自迈克尔·庞克的同名小说，讲述了19世纪美国西部的一个猎人在一次狩猎中遭遇灰熊袭击、同伴背叛而奋力求生的故事。

11 池田亮司（Ryoji Ikeda），出生于1966年，日本实验音乐家、视觉艺术家。他的作品涵盖了音乐、视觉艺术、实时演算、数据艺术等多个领域，其中以大型声音和光影装置作品为代表。

12 SPIRAL 是位于日本东京南青山五丁目的一个多功能艺术和文化空间，由建筑大师槇文彦设计，于1985年开业。

13 约瑟夫·博伊斯（Joseph Beuys，1921—1986），德国著名行为艺术家、雕塑家、绘画家、社会活动家和教育家，他提出的诸如"社会雕塑""扩展艺术"等概念，对当代艺术的发展产生了深远影响。

14 白南准（Nam June Paik，1932—2006），著名美籍韩裔现代艺术家、多媒体艺术家，被誉为"视频艺术之父"，其作品主要涉及电子媒介和新技术，探讨了技术与文化、社会的关系。

15 高谷史郎（Shiro Takatani），出生于1963年，日本艺术家，1984年创立艺术家团体"蠢蛋一族"（Dumb Type），其作品多为使用多媒体的舞台及装置艺术作品。曾与坂本龙一、野村万斋等人有过多次跨界合作。

16 日本东北青年管弦乐团（Tohoku Youth Orchestra, TYO），在2013年9月举办的音乐活动"琉森音乐节·新方舟·松岛2013"中负责策划和组织工作。琉森音乐节是欧洲三大主要音乐节之一，1938年由意大利指挥家托斯卡尼尼创办，因举办地在瑞士中部城市琉森而得名。乐团成员以"3·11"东日本大地震受灾三县（岩手县、宫城县、福岛县）的小学、中学和大学的孩子们为中心，由坂本龙一担任音乐总监。

17 莱纳·马利亚·里尔克（Rainer Maria Rilke，1875—1926），诗人、小说家和文艺理论家，德语现代主义文学运动中的重要人物之一，代表作有《新诗集》《杜伊诺哀歌》等。

18 尾崎喜八（Kihachi Ozaki，1892—1974），日本诗人、散文家和翻译家。

19 小林秀雄（Hideo Kobayashi，1902—1983），日本文艺评论家、翻译家。翻译过兰波的《地狱的季节》等作品，对兰波的作品和思想有着深入的研究和理解。

20 阿蒂尔·兰波（Arthur Rimbaud，1854—1891），19世纪法国诗人，创作时期仅在14—19岁。他是法国文学史上浪漫主义诗歌的代表人物之一，也是象征主义诗歌的先驱者。

21 《4分33秒》是美国先锋派作曲家约翰·凯奇创作的曲子，此曲演奏者从头至尾都不需要演奏出一个音。

22 《喷泉》（*Fountain*），是美国法裔艺术家马塞尔·杜尚于1917年创作的作品，也是他称为"现成品"（ready-made）的系列作品之一。该作品使用了杜尚在纽约的第五大道的商店内购买的男性小便器。1917年4月，杜尚将这件作品交给美国独立艺术家协会举办艺术展览。

23 《圣诞快乐，劳伦斯先生》（*Merry Christmas, Mr. Lawrence*）是坂本龙一最广为人知的一首钢琴曲，也是他为同名电影创作的主题曲。

24 坂本一龟（Kazuki Sakamoto，1921—2002），坂本龙一的父亲，文艺编辑。1947年进入河出书房工作，曾担任野间宏、岛尾敏雄、三岛由纪夫、丸谷才一等多位著名作家的责任编辑。

25 坂本龙一与莫雷伦堡夫妇以"Morelenbaum2/Sakamoto"的名义共组三重奏，并于2001年发行了共同创作的专辑 *Casa*。2002年，三人在欧洲举办了巡回演出。

26 传日本奈良时代歌人柿本人麻吕（生殁年不详）在土形娘子火葬泊濑山时所作的歌，后收录于《万叶集》。

27 中泽新一（Shinichi Nakazawa），出生于1950年，日本宗教学家、人类学家。1983年出版的《西藏的莫扎特》在日本引发了学院派讨论热潮。

28 古埃及的一种陪葬物品，供"死者"阅读。内容多为对神的歌颂和除魔咒语，同时也保存了古埃及神话和民间歌谣。

29 志贺直哉（Naoya Shiga，1883—1971），日本小说家，"白桦派"代表作家。代表作有《到网走去》《和解》等。

30 南希·伍德（Nancy Wood，1936—2013），美国作家、诗人、摄影师。其作品的主题主要来自美国西南部的原住民文化。

31 在日本，"还历"指60岁，意同中文语境的"花甲"之年。

32 野口推拿是野口晴哉（1911—1976）在20世纪40年代开始提倡的推拿手法，强调"恢复人本身具有的活力"。

33 长寿饮食法（macrobiotics），源自日本的一种饮食指导方法，旨在通过健康饮食来实现身体、精神和自然的平衡，强调以谷物、蔬菜、豆类、海藻和水果等天然食物为主，尽量避免动物性食物，并采用适当的烹饪方法来摄取均衡的营养。

第二回
献给母亲的安魂曲

在意大利雷焦艾米利亚排练

《音乐即自由》

2009年年初，我出版了自传《音乐即自由》，总结了57岁之前的人生经历。说实话，我并不喜欢整理记忆片段并将其编织成一个故事，也对线性时间叙事有些抵触，但在生病之后，我不得不去考虑自己剩下的时间，觉得此刻回顾过去十多年的活动亦未尝不可。因此接下来，我想回顾自己2009年以来的经历。

《音乐即自由》(音楽は自由にする)这个书名，乍一看会觉得怪怪的："は"这个助词在这里的用法有别于一般日语语法。[1]其实，这个短语模仿了德国纳粹政权在犹太人集中营门上挂的标语"Arbeit macht frei"（劳动使人自由），"音乐使人自由"用德语说是"Musik macht frei"，换成英语就是"Music sets you free"。

书名诞生的背景，是我在这本书的最后提到的2001年发生在美国的恐怖主义袭击事件（"9·11"事件）和在那之后世界的变化。恐怖主义当然是非常可怕的。我在纽约目睹了世界贸易中心崩塌的瞬间，也切身感受到了那种恐惧。然而与此同时，

"9·11"事件之后，美国开始以"反恐"为名表现出的帝国主义倾向，也让我察觉到了同等程度的危机感。在 21 世纪之初，追随美国还是追随恐怖分子这种非此即彼的决裂，展现在我们面前。

在无论如何选择，都无法避免武力冲突的情况之下，音乐是否能做些什么呢？虽然这种想法可能过于乐观，但当时我仍然将这样质朴的愿望寄托在了《音乐即自由》这个书名上。后来我身患癌症，在政治问题之外又拘于病痛的桎梏之中，这种感觉变得更加强烈：就算身体无法自由行动，在创作和倾听音乐的瞬间，也能忘却疼痛和悲哀。这就是"Music sets me free"啊。

我想，月亮也有和音乐一样的功效吧。我曾经参观过京都的桂离宫[2]，庭园里有一座专门为赏月而建的茶庵，名为"月波楼"，这让我感动不已。想必江户时代的贵族们到了晚上，就是在这里一边赏月，一边喝茶、饮酒，悠哉享乐的吧。现在看起来，月波楼只是一座陈旧的建筑，它的走廊正好对着池塘，贵族们应该也欣赏过倒映在水面的明月美景。我们聆听音乐时内心可以获得片刻的放松，我想月亮也有同样的效果。

这些都是比语言更超前的享受。20 世纪 80 年代，索尼 Walkman（随身听）的电视广告里曾经有猴子戴着耳机听音乐，一脸享受地闭上双眼的影像片段。我想动物们听着音乐望着满月，也一定会有感触。诗人可以将这些感受用语言表达出来，可没有这种能力的普通人唯一能做的，就是用身心去感受。在那个瞬间，人类大脑里发生的反应与动物大脑里发生的完全相同。我们每个人都拥有与远古时代的恐龙同样的感受。

在生物学和哲学领域，都会看到关于"动物是否有情感"的争论。这个问题如果让我回答的话，只有一句："开什么玩笑！它们当然是有情感的！"

大概十年前吧，在法国有一组连拍的照片引起了轰动。路边有一对燕子夫妇，妻子好像遭遇了交通事故。在妻子受伤之后，丈夫一次又一次拼命衔着食物来到妻子面前，鼓励它活下去。但最后妻子筋疲力尽，还是死去了。目睹这一切的丈夫悲痛欲绝，张开嘴，奋力地大叫——整个过程被相机捕捉了下来。这真是一个令人心碎的场面。看到这组照片时，我不禁在想，人类的情感是从动物那里继承来的。

北极圈之旅

《音乐即自由》出版后不久，我在 2009 年 3 月发行了 *Out of Noise*，这也是 *Chasm*[3] 之后时隔 5 年的原创专辑。*Out of Noise* 于 2008 年进行制作，所以接下来我要回顾的事情，会与《音乐即自由》中的内容有一些交集。

Out of Noise 的创作与 2008 年我的格陵兰岛之旅密不可分。那年夏天之前，我突然收到了"要去北极圈看看吗"的邀请，尽管因为当时在进行专辑制作，我有过一瞬间的犹豫，但机会难得，还是果断决定前往。这个名为 Cape Farewell[4] 的项目由英国艺术家发起，当时每年都会举行一次，2007 年高谷史郎也曾参加。我们于 2008 年 9 月出发，50 多人的团队中还有美国艺术家劳瑞·安德森[5]。

格陵兰岛是地球上最大的岛屿，相当壮观。我们乘坐 20 世纪 60 年代苏联间谍船改造的观光船，开始了为期 10 天的旅程。巡游的地方主要在格陵兰岛的西侧，据说因为纬度太高很难看到极光。但到了晚上，我们还是幸运地看到了极光。

极光是太阳发射的粒子"风"撞击地球大气圈产生的自然现象。即使有这些知识，当变幻莫测的绿色光幕真正出现在眼前时，我还是深受感动。我想这也是一种动物本能。面对如此壮观的景象，我感到自然的力量远远超出我们的想象，人类为保护地球环境做出的努力显得不自量力。不论人类是否存在，作为天体的地球，接下来的 50 亿年都会是纹丝不动的吧。

然而，在北极圈这样的地方也有人类居住，当船停靠在人口约为 4 000 的伊卢利萨特镇时，我惊奇地发现巨大的超市里摆满了可口可乐的瓶子。超市附近还有中餐馆。一直生活在这里的因纽特人，其主要食物是鲸鱼和海豹的生肉，以及鱼干。身为日本人，我早就习惯了吃马肉刺身和生拌肉，对此并没有抵触。但跟我一起旅行的西方人大多是动物保护主义者，同时也认为身为自由主义知识分子应该尊重当地风俗，因此非常困扰。大家面露难色，战战兢兢地品尝着生肉。

这次旅行中，我在游船上近距离看到了大量的冰山。如湖面般平静的海面上，无数的冰山轻轻浮现，缓缓移动，就像是《风之谷》[6]里登场的神秘生物"王虫"。它们如同生物一般，我还给特别喜欢的一块取名叫"冰山宝宝"，并从船上伸手去抚摸它。据说海面上露出的部分只是它们的1/7，所以也有"冰山一角"这种说法。由于重量平衡的问题，有时它们会翻倒，其实过于接近它们是很危险的。

冰山原本是冰川露出海面的部分折断后形成。如果是大型冰川，最下面的部分甚至可以追溯到2万年前，厚度高达2 000米。即使是比较年轻的冰川，据说其底部也是在5 000年前结晶而成的。由于承受着相当重的重量，冰中几乎没有空气，因此具有从未见过的美丽色彩。

随后，我们的队伍在一片相对年轻的冰川上登陆。刚过夏天，但一旦踏上冰川，仍然会感到难以忍受的寒冷。不过由于参加者都是艺术家，有的人匍匐前进观察冰川，有的人用胶片进行拍摄，每个人都在以自己的方式记录。

至于我，发现了一个金字塔形的洞穴，于是决定走过去看看，周围的景色一片雪白，过于壮观，所以费了好大的力气。就像电影中经常出现的沙漠场景一样，看上去离得近，实际上却很远，我到达金字塔形洞穴已经是 45 分钟之后了。到达后，我在洞穴里敲打钟铃[7]，并录下了它的声音。

此外，我记录了雪融化的过程，还把麦克风沉入海底等。*Out of Noise* 这张专辑充分使用了这些在格陵兰岛野外录音的成果。

更重要的是，这次旅行的经历对我的价值观产生了巨大影响，回来后我一度精神萎靡，就像把灵魂留在了冰山上。由于我的内在也发生了一些变化，原本已经录制的专辑几乎全部废弃，回到纽约之后我重新开始制作。最终录制的 12 首曲目，整体呈现出安静祥和的氛围，如同一幅大型的山水画。

在船上眺望格陵兰岛的冰山

Out of Noise

这个标题其实省略了前面的部分，对我来说，这个项目的名称是"Music Comes Out of Noise"，也就是"音乐产生于噪声"。然而，与雕塑家米开朗琪罗看到大理石时，眼前就会浮现出大卫形象的感觉略有不同，对我来说，这句话要表达的更类似于玩沙子的感觉。

在公园的沙堆里，孩子们对自己要创作些什么没有预设，在玩耍的过程中，他们手中的沙子有时变成桥，有时变成王宫，并没有事先准备好的设计图。制作 *Out of Noise* 也是这样，我希望能做出让听众在听着杂音时脑中渐渐浮现出音乐的作品。在模拟信号电视[8]时代，当天节目结束后的深夜，电视上会出现黑白的"雪花"图案和"吱——"的刺耳声音。当你喝醉了，盯着这些"雪花"图案看，渐渐眼前可能会浮现出一些图像或音乐。制作 *Out of Noise* 的目的，可能就是要接近那种感觉。

我想建筑师会采取相反的方法来工作。他们会先制作建筑完成后的模型，精细计算结构，确认它有多坚固，然后才开始建造。但就像柏拉图的理念论[9]一样，我无法感受到向预先设定好的蓝图靠拢的创作手法的有趣之处。

其实，为了考上东京艺术大学（以下简称"艺大"），我也被教过这种方法论。在艺大作曲科的技能考试中，考生会拿到类似于"请以此主题作赋格曲"这样的题目,被关在教室里5个小时。而想要获得高分,其实是可以遵循一些规律的。所以高三暑假时,我连续40天都去老师家里备考。分数应该很不错,但负面影响也许是我开始厌烦这种作曲方式。

在给定主题的情况下,只能将音符放到设计好的空间中。首先,分析题目是否应该以19世纪浪漫主义的风格进行创作,如果是,就决定是19世纪前叶还是中叶的风格。然后,考虑具体应该向哪位作曲家(贝多芬、舒曼等)靠拢。接下来确定乐章各部分是20小节还是40小节等细节。最后自然能完成满足要求的作品。

例如,奏鸣曲大致可分为三个部分:主题部分、展开部分和再现部分。其中第一部分有多少小节,中间部分有多少小节,最后有多少小节,各自的比例其实也大致固定。最后只需要按照规律填充音符进去。

外界评价我擅长创作电影音乐,也许跟"如果有需要,我就能够采取这种构建性的方法创作"有关。但在制作自己的原创专辑时,我总想采用完全相反的方法去创作。

来自法国政府的表彰

Out of Noise 这张专辑发布之后,我在日本进行了24场巡演。

这是我的钢琴独奏音乐会。虽说是钢琴独奏，但这次巡演使用的钢琴是一组两架的特殊设备：一架由我演奏，另一架则预设了键盘动作，自动演奏。

这次巡演的现场音源，在演出结束后 24 小时内上传到了 iTunes Store，精选 27 首曲目收录在 *Playing the Piano 2009 Japan* 这张专辑中。*Out of Noise* 中的最后一首曲目"Hibari"在所有场馆都演奏过，因此光听一遍 24 个版本的"Hibari"就要花 4 个小时，非常辛苦。

在春季进行的这次巡演中，巡演路线和樱花前线[10]正好重合，由日本的西部向东部移动。旅途中令人印象深刻的是，乘坐名为"北越"的特快列车从新潟市到富山市时遇到的山樱。当我无意中从列车车窗望向山中景色时，苍郁的树木间突然出现了一片粉色，美不胜收。我想一年之中山野染上那样的粉色应该就只有短短的一两周时间，我恰好赶上了那个时机。

我不太喜欢上野公园那种排列整齐、供人观赏的染井吉野[11]，因此突然看到自然中的山樱时，我确信樱花原本的美就应该是这样的吧。

2009 年 7 月，法国政府授予我艺术与文学军官勋章[12]。在电影《圣诞快乐，劳伦斯先生》中给予我关照的大岛渚和北野武也曾获得同样的勋章。

授勋仪式在东京的法国驻日大使馆举行。我 14 岁时认为自己一定是德彪西转世，将来会住在巴黎十六区，在布洛涅森林里散步——对此深信不疑的我，真是个不忍直视的家伙。因为有这个背景，当大使馆工作人员念出授予理由时提到德彪西的名字，我感觉像是童年的梦想实现了，非常感慨。

法国文化部颁发的勋章包括司令勋章、军官勋章和骑士勋章，这些勋章的名字来自军队内部的军衔。如果十字军再次远征耶路撒冷，我会不会也要作为军官被召集呢？因此在授勋演讲中，我开玩笑说希望这样的事情千万不要发生。

虽然我已经是老头子，再怎么样应该也不会被派到前线打仗，但确实可能会被要求为军乐队创作乐曲。此外，当时我还收到了军官勋章作为纪念。虽然还没有佩戴过，但如果我戴着它，去一家预约不上的法国餐厅，会受到特殊礼遇吗？

卧铺巴士巡演

2009 年 10 月到 12 月初，我举行了大规模的欧洲巡演，包括在法国的公演。这次和春天在日本国内进行的巡演一样，是使用两架钢琴的独奏音乐会。

全球音乐市场正在不断萎缩。在这种情况下，*Out of Noise* 索性就让我自由发挥，同时也应该制造一些机会，让更多人知道坂本龙一的作品。特别是在日本以外的国家，观众对坂本龙一的钢琴演奏会呼声很高——有兼任制作人的伴侣的建议，我们决定不计成本地举行这次欧洲巡演。

因为这次独奏会采用同时使用两架钢琴的特殊系统，我们必须自己将设备运到欧洲各地。虽然只有我一个人在台上演出，但实际上有两架钢琴（另一架由电脑控制），再加上视频等设备，工作人员比普通的钢琴独奏音乐会要多得多。说实话，我们巡演的场次越多，亏损就越大。

欧洲巡演时通常会租用英国公司运营的大型卧铺巴士，巡回各个演出场地。巴士的二层设有大约 20 个床位，一层配备有休息室、小型厨房和卫生间。这辆巴士甚至能行驶穿过意大利的小巷子，紧随其后的是载有两架钢琴的卡车。

据说这种大型巴士在整个欧洲数量有限，同一时期如果滚石乐队也在巡演的话，设备更好的巴士会被调配到那边。每辆巴士有两名司机，按照规定，每个司机每天只能驾驶 8 小时，到时间就会换班。

在另一场欧洲巡演的过程中，发生了这样的事情。从法国巴黎前往意大利米兰时，超过了原定到达时间，司机也没有通知下车。因为没有颠簸，我想应该正在停车，就闭上眼睡了一觉。几个小时后我睡醒了，巴士还是没有动静，我开始觉得奇怪！战战兢兢地打开窗帘，才发现我们似乎停在了一个巨大的仓库里。司机说，是巴士出了故障，但不巧那天刚好是假日，机械师也在休息，他们正打电话联络。

后来我才知道，巴士停在斯特拉斯堡这个靠近法国和德国边境的城市，距离米兰还很遥远，我们就在仓库里被困了大半天。这一天是巡演中难得的休息日，工作人员本来讨论着去购物、吃饭，十分期待在米兰度过的假日，但所有计划都因为巴士故障而泡汤。当时这些伤脑筋的经历，现在看来却都成了愉快的回忆。

演奏升华的夜晚

欧洲巡演之前也有过好几次为期一个月的巡演，但因为当时我已经五十多岁，出发大概四周后，肉体和精神上都渐渐越来越吃力。因为行程安排得异常紧凑，每天或每隔一天就必须像苦行僧一样反复演奏，而每一次演奏都是需要认真对待的"比赛"。

我从小就不喜欢练钢琴。我的理论是，只有在观众面前演奏才算是真正的练习，这不是炫耀，我也基本不怎么排练。观察其他音乐家，我的理论也可以成立。我觉得演奏很厉害的音乐家，因为各种原因，在观众面前表演的机会减少，几年之后再看，他的演奏就失去了往日的光彩，实在令人心痛。演员也一样，只有实际在观众面前表演才能真正成为专业人士，在家里再怎么练习也没有意义。

反过来说，经过巡演过程中在观众面前完成的几十次公演磨炼，我的演奏水平也会得到提升。在走遍欧洲各地之后，2009年11月底我在伦敦的卡多根音乐厅[13]举办了演奏会。这个场馆只有900多个座位，绝不算大，但我非常清楚地记得那个晚上的演奏。

常有运动员会说"进入状态"这样的话，那天这种感觉也出现在了我身上，没有一丝杂念的我不知不觉弹了两个小时。说得夸张些，就像音乐之神从天而降，用钩子钩住我，把我提升到了更高的舞台上。

在那之前，我脑子里还是会有试图去控制钢琴的念头，但那天这些杂念消失殆尽，只剩手指在琴键上行云流水般地移动着，弹错音也不再让我分心。一直在身旁看我演奏的伴侣说，从那天开始，我的演奏水平明显提高了。

这种情形偶尔会发生，上一次体验到这种状态是在希腊雅典的圆形剧场[14]。那个剧场建于公元2世纪，可以容纳4 500人。我记得是1996年，当时我和另外两位音乐家进行了一场三重奏音乐会。我把手指放在键盘上准备弹第一首曲子，之后便一发不可收地弹了下去，有30分钟左右的时间，都是我一个人完全忘我地在演奏。

过了一会儿，我意识到大提琴手和小提琴手正盯着我看，一下子回过神来，这才开始进行三重奏。曲间休息时，我望了一眼背后，一轮明月在希腊建筑的圆柱间缓缓现出身姿。

"空即是色"的世界

巡回演出结束后，我回到纽约，随后在 2010 年 3 月，和高谷史郎在意大利罗马举办了一次展览，展出了我们共同创作的装置作品《生命–流动，不可见，不可闻……》(*Life-fluid, invisible, inaudible...*，2007)。作品的原型是 1999 年发表的以总结 20 世纪为主题概念的歌剧 *Life*。2007 年，我在日本山口媒体艺术中心（YCAM）的驻留项目期间，将这部歌剧解构后重新构建成美术作品，随后在不断更新的同时持续展出。

进入 21 世纪没多久，我去了非洲的肯尼亚旅行，在大草原上看着云移动，对云的原型"水"这一存在产生了兴趣。之后，在北极地区又邂逅冰山，进一步加深了我对水这一存在的关注。

作品名称中的"fluid"即"液体"，我想通过这个艺术装置，去展现一种没有实际形态的"空即是色"的世界。在和高谷史郎的讨论中，他提出将 9 个水箱悬挂在天花板上，让它们在内部各自产生水蒸气，然后从上方将图像投影在雾气屏幕上，我立刻表示赞同。

反过来，思考人类语言的功能时，我认为语言实际上为无形的事物划定了边界。听到"雾"这个词，就会感受到雾的存在；听到"天空"一词，就会感受到天空的分界线。就像孩子们画花的时候，他们可能会画花瓣、雄蕊和雌蕊，但这种选择可能很大程度上受到语言的影响。

本来自然界的一切都是相互联系的,语言却给出了界限。当然,这种界限有它的好处,但随着年龄的增长,我渐渐觉得这可能就是人类谬误的根源所在。因此,在《生命-流动,不可见,不可闻……》中,我想将不断变化的水的形态当作一个整体来表现。

本质上,我们的身体可能就是流动的,福冈伸一[15]在《动态平衡》中对这一点也做了详细解释。然而,一旦与语言联系起来,就会变得固定。回想起来,从这个时期开始,我有了逃避逻辑认知,接近自然本身的愿望。

电视的可能性与限制

2010年4月,NHK(日本放送协会)教育频道[16]开始播出《Schola:坂本龙一音乐学校》节目。音乐全集"commmons: schola"[17]系列从2008年起开始发行,一位对此感兴趣的制片人问我,是否可以将这个系列制作成一档针对初高中生的教育节目。"Schola"在拉丁语中意为"学校"。我认为这是个好机会,可以将在制作音乐全集过程中积累的知识传递给更多的人,于是答应了这个邀约。

在节目中,我担任主讲教师,决定要介绍的音乐风格和作曲家，并邀请浅田彰、小沼纯一、冈田晓生等嘉宾担任每次课程的讲师，[18]一起为学生们讲解。在以理论为基础的现场演示中，还邀请了曾经与我一起做YMO活动的细野晴臣和高桥幸宏。[19]花4个星期时间深入探讨一个主题，内容涉及古典音乐、摇滚乐、电子音乐等各种类别。到2014年，这个节目一共播出了4季。

然而，这项工作比我预计的要困难得多。不像commmons出版的CD手册那种文字作品，事后可以仔细核对并对不完美的地方做出修正，在电视上讲的内容可能会直接被使用。我知道自己有随便乱说的习惯，因此为了不说错话，在节目录制之前我认真备课。毕竟电视节目的观众数量要多得多，压力也更大。

其中特别令人印象深刻的是讲德彪西那一集。德彪西留下了题为《海》和《云》的曲子，我知道他也被水这个存在吸引，所以在那一集里，我和孩子们一起用装满水的桶作为乐器进行演奏。还有以摇滚音乐为主题那一集，和那些十几岁的乐队成员自由改编YMO的 *Behind The Mask*（1979）时，我收获了与年轻人一起创作的宝贵经验。

同时我也感觉到了电视节目的局限性。因为制作团队选择参加录制的学生时，首先会选择"好孩子"。我不知道他们是按学校还是按地区，抑或从哪里选择的，无论如何，他们都会找来听话的乖孩子。结果，节目变成了结论先行，很少有机会在录制过程中听到出乎意料的、有趣的声音。

除了这个节目，我还曾经在宫崎县的诸塚村开办过类似的音乐工作坊。当时，当地小学和中学的所有学生都参加了，其中甚至有一个有些自闭的孩子，但这孩子创作的音乐好得无与伦比。我并不是偏心说这样的话。我之前也说过，我总是天生反感向事先设想的蓝图靠拢的创作手法。

因此，最后我还是对把节目剧本安排得滴水不漏的 Schola 制作团队发火说："别逗了！让我们自由发挥吧！"明明是教育节目，成年人却比孩子还难教。我很不想表现得这么老气横秋，但从某种意义上说，这件事情让我感觉到了日本的退化。

在经济高速增长的 20 世纪 60 年代，整个日本社会好像更欢迎乱七八糟的东西。到了 70 年代，打开电视会看到很多奇怪的节目。我真心觉得，自从 Crazy Cats[20] 淡出观众的视野，日本就失去了自由的风气。

在电影《日本第一叛徒》[21] 的结尾，饰演议员秘书的植木等爬到国会议事堂顶端，对着观众大喊"怎么样，日本列岛，我连人带物一起卖了！"，以此招揽买家。以前这样的黑色喜剧每天都会在客厅里的电视上轮番播出，但现在人们会大声抗议说"太不妥当了！"，电视台也会收到大量投诉。甚至创作者可能会因为侮辱罪而被抓起来。真是一个叫人喘不过气来的时代啊！

绳文时代的音乐

与中泽新一合著的《绳文圣地巡礼》于 2010 年 5 月末出版,整理了杂志 *Sotokoto* 上对谈的文章。我第一次见到中泽是在 20 世纪 80 年代初期,当时正值现已被遗忘的"新学院派"[22]热潮,我应该也是在那时候认识了浅田彰。中泽新一的《西藏的莫扎特》、浅田彰的《结构与力》是畅销书,他们两位也成为时代的宠儿。在《绳文圣地巡礼》的策划中,我邀请了和我同代的中泽新一担任解说员,我们一起参观了日本各地的绳文遗址。

"绳文时代"四个字涵盖的范围长达一万年。即使是同一时期制作的陶器,由于在不同地区出土,其外观也完全不同。比如,在福井县的若狭发现的图案比较朴素,与后来弥生时代的陶器相似,十分漂亮,这可能与该地区面向日本海,靠近朝鲜半岛有关。而在隼人居住的萨摩,也就是现在的鹿儿岛县发现的文物,则与东南亚国家也使用过的陶器相似,都有用贝壳制成的图案。因此,即使从我这个门外汉的角度来看,也不应该简单粗暴地一概称为"绳文陶器"。

当时还没有"国家"这个概念,人们以 50—300 人为单位建立聚落,在日本列岛西部至东部自由生活。一开始,来自不同聚落的人们无法沟通交流,但随着贸易的发展,从神津岛采集的黑曜石不仅流向本土,还北上到了北海道。特别是在绳文时代中期，青森县三内丸山成了重要的贸易中心。我的假设是，为了与其他地区进行贸易，人们越来越需要共同的语言和数字的概念，于是现今日语的母语就这样自然地产生了。

我的这个假设，源于访问非洲的经历。东非的共同语言是斯瓦希里语，除此之外，当地人也能运用他们本地部落的语言。斯瓦希里语的起源据说是阿拉伯语。很久以前，阿拉伯商人为了贸易而周游东非，不同部落之间的共同语言也随之发展壮大。因此，斯瓦希里语并不一定是非洲的原生语言。

拥有广阔领土的中国不同地区之间也存在着语言差异，甚至越过一座山，语言就会发生变化。即使在法国，出生于南部阿韦龙的昆虫学家法布尔[23]十几岁离开家去巴黎时，在书信中记录下自己无法与当地人交流的困境。或许在民族国家的制度建立之前，所有土地都可以说是边缘地带吧。

当然，这在日本也是一样的道理。我从十几岁时就深信，日本人的根源并非只有一个。因此，我对日本是由单一民族的"大和民族"建立而成的国家神话也发自内心地厌恶。

在我小学入学时，新宿车站摆放着电视，直播摔跤比赛。路过车站的人们在那里驻足，近乎狂热地观看比赛。新宿车站挤满了向摔跤力士力道山齐声加油的群众，尽管力道山[24]出生于如今的朝鲜咸镜南道，却被视为"日本人"。我非常抵触成为那群人中的一员，独自为对手"铁人"卢兹（Lou Thesz）[25]加油助威。

有些跑题了，让我们重新回到绳文时代上来。在学校的历史课上，通常我们学到的是，人们开始种植水稻之后才会定居，但在和中泽新一旅行的过程中，我发现这个说法是错误的。属于狩猎民族的绳文人已经开始定居。据调查，三内丸山遗址的人们已经定居生活了1 700多年。但我们忽视了这一事实，认为农耕带来了定居并导致了国家的出现，因为这种叙事更简单易懂。我想，这也许是人类以语言为中心的大脑的不良习惯之一。

在这次"绳文圣地巡礼"中，我最感兴趣的是当时人们在演奏的是什么样的音乐。当时出土的文物中没有什么东西可以明确是乐器，但在青森县的博物馆里，我看到了一种工具，是用木头制成的，给它装上弦的话就能演奏。

如果用骨头制作乐器，它可以保存更长时间。在欧洲，曾经发现用鸟骨做成的笛子，距今已有4万年的历史。如果笛子只有一个音孔，说不定黑猩猩也会用它"噗噗噗"地吹奏玩耍。但是笛子被打开了好几个音孔，这就是想要改变音调的证明。我想这体现了文明的进步。

当然，现在我们只能想象绳文时代存在什么样的音乐了。但可以肯定的是，在当时的社会，祭典和向神祈祷是头等大事，因此，理论上应该存在某种形式的音乐。也许只是用手打拍子，或用木棍敲动物骨头这种非常原始的形式——我在和中泽新一参观遗址时，就这样想象着人类最初的音乐形态。

关于大贯妙子的回忆

2010年11月,我和大贯妙子合作发布了专辑 *UTAU*,并且在年底进行了两人的首次巡回演出。这张专辑的制作概念非常简单:我弹钢琴,大贯妙子唱歌。原本是纯音乐的曲目《探戈》《三只熊》和《花》等,她自己填上了日语歌词。我们在札幌郊外的艺森工作室进行了久违的集训式录音。

我们很早就有一起制作专辑的想法,但我工作很忙,而且觉得我们现在的音乐风格与过去相比有些疏离,所以一直逃避合作。然而在步入60岁之前,我开始想也许可以试一次。从年轻的时候起,大贯妙子就在很多方面给过我很多帮助,我给她添了很多麻烦,所以我也有想要回报的心意。毕竟我已经从野兽进化成人类了。

此刻我才能说,其实我曾经在二十多岁的时候,和大贯妙子住在一起。我后来因为和另一个人在一起,就离开了那个地方。我真的做了很过分的事情。后来,我母亲与大贯妙子关系很好,曾去看望"照顾过龙一"的她。大贯妙子还告诉我:"你母亲送给我一条很美的珍珠项链。"

当时,大贯妙子发表了新歌曲《新衬衫》。听到这首歌的歌词,我便会不由自主地流泪。但是哭的人不仅仅是我,当我在两个人的音乐会上努力忍住眼泪开始弹奏这首歌的前奏时,观众席上也传来呜咽声。我想可能是观众席上坐着知道我们过去关系的人吧。现在已经过了很长一段时间，我们已经成为像亲人一样的好朋友，*UTAU* 更是建立起两位成年音乐家之间的新关系。

不过话说回来，回忆起过去真是很怀念啊！和大贯妙子认识是在 20 世纪 70 年代，那时我们都还没有红起来，总之是有大把的时间的。想打麻将的时候，两个人也打不起来，就打电话邀请和我们关系不错的山下达郎[26]："来不来？"山下便立刻开着他在练马区[27]老家面包店的轻型卡车，赶过来打麻将。还叫上住在附近的吉他手伊藤银次[28]，我们四个人一直围着麻将桌打牌，连续三天熬夜简直是家常便饭。

想想当时我们谁也没有正经工作，到底是怎么过日子的呢？不过，我当时在艺大有学籍，虽然常常逃课，肚子饿了，还是可以用通勤月票乘电车去位于上野的大学。然后我就一直在食堂前蹲点，像张着蜘蛛网一样等待熟悉的面孔出现。"你有钱吗？""能不能请我吃饭？"如此这般地敲诈别人，非常厚颜无耻。反正那时候，一碗猪排饭也只要 90 日元嘛。

向日葵一般的母亲

正如我在前面所说的，2010 年对我来说是重要的一年，因为我和母亲在这一年死别。2009年夏天，母亲的身体状况突然恶化，我把她送到了一家老人医院。我在日本停留时，总会在商场的地下专柜买美味的便当去看她。从年底开始，母亲的意识逐渐模糊，直到次年1月9日她离开了这个世界。之前经历了父亲的去世，但与母亲的分别真的让我非常难过。还不至于陷入抑郁，但我的失落感真的很强烈。

作为一名文学编辑，父亲即使待在家里也会一直审阅稿件。平日里，他几乎不会在我醒着的时候回家，即使偶尔打个照面也会表现得很自大，是有点让我心烦的存在。相比之下，母亲活泼开朗，善于社交，我从小就可以跟她谈论很多事情。在我的内心，父亲和母亲有着两种不同的性格特质：一个是经历过战争的沉默寡言的九州男儿[29]，另一个则是向日葵般明媚的东京女性。两种截然不同的性格时常在我内心碰撞，有时会让我感到矛盾和冲击。

我母亲是帽子设计师，非常时髦，而且热爱意大利电影。我记得小时候看的第一部电影应该是费里尼的《大路》(*La Strada*, 1954)。我还有小时候在电影院坐在母亲膝盖上，抬头看着黑白屏幕的记忆。完全不记得故事情节，但一直记得耳畔响起的"♪嗒里拉里拉"的旋律，那是女主角杰尔索米娜的主题音乐。

母亲很喜欢意大利，也经常去旅行。有一次，我在佩鲁贾举办音乐会，她和朋友一起来玩。碰巧佩鲁贾市长那天也在场，他很喜欢我母亲,称她为"坂本妈妈",并特意护送她。

母亲的名字是"敬子",是外祖父为了向"一战"前的内阁总理大臣原敬致敬,原敬[30]最后在东京车站被暗杀。母亲是外祖父母的第一个孩子,下面有三个弟弟。在几个孩子中,母亲似乎是最能言善辩且最会念书的。外祖父是池田勇人[31]的好友,他(外祖父)曾经说,如果这个孩子是男孩,想让他成为政治家。母亲性格倔强,当我说"若尾文子真的很漂亮吧?"来寻求共鸣时,她会燃起对抗意识,淡淡地问"是吗"。即使在她去世后,我仍深深记得她那种坚定的表情。

值得一说,和母亲关系亲密的 Kimi Kaneko[32] 在诗集《草之身份》(草の分際)[33] 中,提到母亲年轻时牵着我的小手,参加女性主导的和平活动团体"草之实会"的反战游行。我对当时的情况一无所知,但也许从很小的时候起,母亲就在思想上对我产生了重大影响。

季节流转

母亲去世后不久,受筝曲家泽井一惠[34]委托,我第一次认真研究日本乐器,并创作了《筝与管弦乐团的协奏曲》。首演是在 2010 年 4 月的音乐会上,灵感其实来自 2009 年的欧洲巡回演出。

时值深秋时节，我在往返于英国国内的巴士上，突然想起了折口信夫[35]的话。折口说"冬"这个词来自动词"繁殖"[36]，意味着生命的繁衍；"春"则源自动词"张开"[37]，意味着种子在地下扎根、萌芽和能量扩张。因此，我认为四季并非以"春夏秋冬"的次序更迭，而是始于冬季。当然，季节的流转也会让人想起人的一生，那秋天就意味着生命的终结。

《筝与管弦乐团的协奏曲》由四个乐章组成："still"（冬）、"return"（春）、"firmament"（夏）和"autumn"（秋）。前三个乐章冬天到夏天，都采用了极简的结构，而最后的秋天乐章则有着优美的旋律，静静地迎来结束。我很内向，所以通常会在原创作品中尽量抑制自己的情感表达，但为其他音乐家创作乐曲时，有时会故意敞开浪漫情怀。泽井女士作为委托人，将这首具有情感起伏的协奏曲演奏得十分出色。

为纪念我迎来古稀之年，commmons 推出了"我喜爱的坂本龙一作品十佳"[38]策划活动。与我有着 40 年交情的友人村上龙[39]为这首协奏曲写了详细的评论，有点长，但请让我引用其中的部分内容。

> 我个人认为，坂本龙一最出色的作品就是《筝与管弦乐团的协奏曲》（2010）。这首由四个乐章组成的协奏曲，将春夏秋冬四季和"静止与胎动""萌芽与诞生""成长"与"黄昏·黑暗·死亡"等概念重叠，

像一股从极简主义音乐框架中暗暗涌出的清泉。同时，它还在"严谨与克制"中蕴含了"情感"的尖刺，交织着"浪漫"之美。这首协奏曲，其实是坂本龙一献给他逝去的母亲的安魂曲。我们在听完全曲后，可以感受到慈爱和悲伤的情感。

坂本从未通过音乐以这样的形式表达过慈爱和悲伤的情感。这种情感总是潜藏在他的音乐背后。坂本的母亲再也听不到这首曲子了。这是自然，因为它本身就是一首安魂曲。但如果可以的话，我真想让她听听这首曲子。在坂本的音乐会和电影试映会上，我总是坐在坂本的母亲旁边，或者坐在她旁边的旁边，总之都是离她很近的座位。说白了，都是很好的位置。看到她，我点点头，打个招呼之后坐下来，坂本的母亲回礼说"一直以来，承蒙关照"，但从来没有展露过笑容。她的表情很严肃。我想坂本就是被这样的人养育成人的。

不愧是作家，把这首曲子与我母亲完美地联系在了一起。我从未明确表示过《筝与管弦乐团的协奏曲》是为母亲作的安魂曲。不久前，我读了青柳泉子[40]写的《德彪西最后的一年》，了解了更多我以为已经熟知的德彪西，他对萨蒂的爱才之心和帮助,以及晚年与萨蒂的分道扬镳。之后再聆听德彪西的曲子,根据两人之间的一些细节,对曲子有了不同的感受。所以,对于从未听过这首协奏曲的人,我建议你将村上过度美化的解说先放在一旁。坦白地说,我希望你在没有任何背景信息的情况下,先听听这首曲子。

尽管如此,我在 2009 年秋天开始创作《筝与管弦乐团的协奏曲》时,确实一边想着四季从冬季开始到秋季结束,一边思念着远方的母亲,想象她在病房中的样子。所以从这个意义上来说,这首曲子的确是一首安魂曲。

1 在日语中，"は"通常用作主题标记，用于指出或者强调主题。然而，在这个书名中，"は"用作动作标记，表示音乐的作用是使人自由。

2 桂离宫是位于日本京都市西京区的皇家园林，建于江户时代早期，回游式的庭园被称为日本庭园建筑的杰作，是日本重要的历史文化遗产之一。

3 *Chasm* 是坂本龙一在美国"9·11"事件与伊拉克战争背景下，以"反战"为主题创作的音乐专辑，于 2004 年 2 月 25 日发行。

4 Cape Farewell 是一个调查气候变化影响的国际合作项目，由英国艺术家大卫·巴克兰（David Buckland）于 2001 年发起。该项目旨在通过艺术家、科学家和作家的合作，为人们提供一种更综合、更全面的方式来理解气候变化及其影响。

5 劳瑞·安德森（Laurie Anderson），出生于 1947 年，美国前卫艺术家、作曲家和电影导演。代表作为纪录片《狗心》。

6 《风之谷》是日本著名动漫导演宫崎骏的长篇动画电影，于 1984 年上映。影片讲述千年后世界的产业文明达到巅峰后，经历一场称为"火之七日"的战争而毁于一旦，幸存下来的人类，面对巨型昆虫和腐海森林的包围而积极求生存的故事。

7 坂本龙一在洞穴中实际敲打的乐器为指钹（参考纪录片《坂本龙一：终曲》）。

8 模拟信号电视，指使用模拟信号传输视频和音频的电视系统，在中国被称为"模拟电视"，在数字电视普及后逐渐退出市场。

9 理念论是柏拉图哲学中的一个重要概念，认为世界上的事物都有一个理念或理念形式存在于理念世界中。理念是永恒不变的，绝对的，是唯一真实的存在，而物质世界只是这种理念的具体表现或参照。

10 樱花前线，是预测日本各地樱花开放日期的地图线，将同一时期开花的地点相连而形成。一般情况下，樱花前线会从气候相对温暖的日本列岛南端向北推进。

11 染井吉野，又名吉野樱、东京樱花、日本樱花，日本原产的樱花杂交种，是目前最广泛种植于日本的樱花。

12 艺术与文学勋章（Ordre des Arts et des Lettres），是法国重要的荣誉勋章之一，1957 年由法国文化部设立，旨在表彰在文学艺术界有杰出贡献或致力于传播这些贡献的人物。最高等是 Commandeur，"司令勋章"，领绶；第二等是 Officier，"军官勋章"，襟绶加结；第三等是 Chevalier，"骑士勋章"，襟绶。

13 卡多根音乐厅（Cadogan Hall）是伦敦著名音乐厅之一，建于 1907 年，位于伦敦切尔西区。场馆可容纳 900 多人，因其优越的音响和奢华的环境，成为皇家爱乐乐团等英国顶级管弦乐团的首选场地。

14 指位于希腊雅典卫城入口南侧的圆形剧场"阿迪库斯音乐厅"（Odeon of Herodes Atticus）。

15 福冈伸一（Shinichi Fukuoka），出生于 1959 年，日本生物学家。其专业领域为分子生物学，积极从事基因研究，代表作为《生物与非生物之间》《动态平衡》。

16 NHK 教育频道于 1959 年 1 月 10 日开播，是日本最早的教育电视频道。

17 "commmons: schola"是由坂本龙一监修的"音乐全集"（包含书籍和 CD），旨在将世界各地的音乐传承给下一代。这个全集包含 30 个系列，介绍从古典音乐到摇滚音乐再到民间音乐的所有流派的音乐，作为音乐学校的教材，从教育角度对音乐的起源和历史背景进行梳理，并考察音乐与社会之间的关系。其中，commmons 是由坂本龙一创立的日本唱片厂牌。日本最大的独立唱片公司爱贝克思是其官方母公司。

65

18 浅田彰（Akira Asada），出生于 1957 年，日本艺术评论家、策展人，著有《结构与力》等。小沼纯一（Junichi Konuma），出生于 1959 年，日本音乐评论家、诗人，现任早稻田大学文化、传媒与社会学院教授。冈田晓生（Akeo Okada），出生于 1960 年，日本音乐学者，现任京都大学人文科学研究所教授。研究领域为艺术理论和西方音乐史，代表作包括《极简音乐史》《古典乐的盛宴》等。

19 细野晴臣、高桥幸宏和坂本龙一于 1978 年组建了电子乐队"黄色魔术乐队"（Yellow Magic Orchestra，YMO），于 1983 年年底宣布解散，又于 20 世纪 90 年代重组。细野晴臣（Haruomi Hosono），出生于 1947 年，日本音乐家，为《风之谷》《小偷家族》等电影配乐。高桥幸宏（Yukihiro Takahashi，1952—2023），日本作曲家、编曲家、键盘手、鼓手、歌手。

20 Crazy Cats，日本爵士乐队、喜剧团体，20 世纪 60 年代风靡一时。

21 《日本第一叛徒》（日本一の裏切り男），日本黑色幽默电影，制作于 1968 年，由植木等主演，是"日本第一"系列的第六部电影。电影以"二战"后的二十年为背景，讲述了一个男人反复背叛与遭背叛，凭着自己的机智生存下去的故事。

22 "新学院派"是 20 世纪 80 年代兴起于日本的现代思想潮流，发端于浅田彰的《结构与力》以及中泽新一的《西藏的莫扎特》。

23 法布尔（Jean Henri Fabre，1823—1915），法国博物学家、昆虫学家、科普作家，被雨果称为"昆虫界的荷马"，代表作《昆虫记》在法国自然科学史与文学史上具有重要地位。

24 力道山（1924—1963），原名金信洛，在日朝鲜人，是"二战"后日本最具代表性的职业摔跤选手，也是将摔跤引进日本的先行者，被誉为"日本职业摔跤之父"。

25 指阿洛伊修斯·马丁·泰斯（Aloysius Martin Thesz，1916—2002），美国著名职业摔跤手。

26 山下达郎（Tatsuro Yamashita），出生于 1953 年，日本创作歌手、作曲家、编曲家、音乐制作人。代表歌曲为《平安夜》《把握时间》等。

27 练马区是日本东京都下辖区之一，位于日本东京 23 区西北部。

28 伊藤银次（Ginji Ito），出生于 1950 年，日本歌手、创作人、编曲人、音乐制作人和吉他手。1976 年，曾与大洗咏一、山下达郎合作发表专辑《尼亚加拉三角 Vol.1》。

29 九州男儿，在日本主要是指九州地方出生的男性，他们大多纯真、勇敢、活泼，而且有大男子主义特质。

30 原敬（Takashi Hara，1856—1921），日本政治家，日本第 19 任首相。他打破萨长藩阀政治，成为日本第一位平民出身的首相，组织日本第一次政党内阁。他的政绩主要有实行新财政改革、推行军备削减、批准普选法案等。

31 池田勇人（Hayato Ikeda，1899—1965），日本政治家，日本第 58 任至第 60 任首相。最著名的政绩是 1960 年年底启动"国民收入倍增计划"，揭开了日本经济高速增长的"黄金时代"的序幕。

32 Kimi Kaneko（1915—2009），即金子きみ，日本诗人、小说家。她最初以口语自由律歌知名，后以小说家身份出道。代表作有《里山》《东京的鲁滨孙》。

33 《草之身份》是 Kimi Kaneko 的短歌汇编，于 2005 年 10 月出版。

34 泽井一惠（Kazue Sawai），出生于 1941 年，日本十七弦筝演奏者。1979 年，她与丈夫泽井忠夫设立了泽井筝曲院。

35 折口信夫（Shinobu Orikuchi，1887—1953），日本民俗学者、国文学者、国语学者，以"释迢空"为笔名的诗人和歌人。

36 原文为"殖ゆ",与"冬"的日语发音 fuyu 相同。

37 原文为"張る",与"春"的日语发音 haru 相同。

38 2022 年坂本龙一迎来 70 岁生日,commmons 建立了一个周年纪念网站,举办"我喜爱的坂本龙一作品十佳"策划活动,由世界各国的艺术家挑选自己最喜欢的十首坂本龙一的作品并加以解说。

39 村上龙(Ryū Murakami),本名村上龙之助,出生于 1952 年,日本小说家、电影导演。1976 年,他发表了处女作《无限近似于透明的蓝》,一举成名。

40 青柳泉子 (Izumiko Aoyagi),出生于 1950 年,日本钢琴家、散文家,德彪西研究学者。

67

第三回 难敌自然

在日本宫城县农业高中邂逅"海啸钢琴"

与韩国的交流

2011年,我的活动从1月9日在韩国首尔举办的音乐会开始。曾在专辑 *Chasm* 先行发售的单曲"Undercooled"(2004)中合作过的韩国说唱歌手MC Sniper是这场音乐会的嘉宾,在观众要求返场时,我们俩第一次同台演奏了这首曲子。我还记得观众被他的炽热能量感染,现场热浪沸腾的景象。

这一天的公演在Ustream[1]上进行了直播,并在以日本国内为主的400处场地进行了公共观影转播。2010年我在北美的独奏巡回演出,以及与大贯妙子合作的"UTAU"巡回演出,都曾在Ustream上免费播出过,我在西雅图演出时,在"推特"上和我有过交流的日本微软前会长古川享和多媒体创意者平野友康特意赶到现场,为演奏会的转播提供了技术支持。我从20世纪90年代开始进行演奏会的直播,这些年直播用到的器材越来越便宜和轻便,也确实让我感受到了技术给时代带来的变化。尽管直播的音质并不是很好,但看到观看直播的观众们发推文说"想去现场看真正的演奏会""想要亲身体验那样的氛围",我也十分高兴。

在韩国举办音乐会的时候,《音乐即自由》已经在韩国出版,签售会上排起了长龙。除了年长的男性,还有好多年轻的女性也来参加签售,这让我有些吃惊。在日本已经很久没有遇到这样的情形了。我还收到了好多粉丝的来信和礼物,甚至有人还画了我的肖像画。他们跨越了所谓的"日本人""韩国人"的国籍界限,支持同为亚洲人的我,让我感觉很温暖。有人告诉我:"您为《末代皇帝》创作的音乐获得了奥斯卡金像奖最佳原创配乐奖,您是第一位获得这个奖的亚洲音乐家,我为您感到骄傲!"我在纽约的时候,也常常感受到来自亚洲的支持,在美国的演奏会有很多亚裔观众来观看,我非常感谢他们能把我当成亚洲同胞来支持。

顺便一提,我也曾经收到一位中国高中女孩的来信,信中说:"最近在中国也能看到《圣诞快乐,劳伦斯先生》了,我看完之后很感动。但大卫·鲍伊[2]先生已经离开人世,所以我要做您的粉丝。"不论是以什么样的方式,我为现在仍能获得年轻一代的关注而感到非常荣幸。

我第一次在韩国举办音乐会,是在日韩世界杯比赛前,也就是 2000 年。"二战"后李承晚政权对日本流行文化进行的持续限制[3]刚有所缓和,我应该是限制令解除后在韩国举办音乐会的第二个日本人。当时,三星和现代汽车等韩国企业开始崛起,韩国经济的势头快要超过日本,我想许多韩国人精神振奋,觉得"马上就要打败宿敌日本！接下来是我们的上升期了！"吧——接下来发生的事实也确实是这样。

尽管如此，当我们在韩国与当地合作的音乐同行们聊天，称赞韩国的迅速发展时，他们会马上说："不不，在文化发展上韩国还有很长的路要走，我们还有很多地方要向日本学习。"他们的谦虚、冷静和看待事物的平衡感都给我留下了深刻的印象。20年过去了，现在以"防弹少年团"（BTS）和韩国电影《寄生虫》为代表的"韩流"（韩国流行文化）正在席卷全球。我自己也是一个"韩流"爱好者，从"韩流"电视剧鼻祖《冬季恋歌》开始，再到后来的《大长今》《阳光先生》，我沉迷于韩剧，现在也经常在"网飞"（Netflix）上追剧。

韩国在1980年发生了"光州事件"。那是光州市民发起的抗议当局"戒严令"的斗争，尽管在与警察、军队的冲突中造成了大量伤亡，但是在当时没有任何新闻报道。我只是听到一些传言，说"韩国正在发生一些很严重的事情"。

因为有"光州事件"，老实说我在1981年因为杂志的工作第一次访问韩国时有点紧张。但我踏上首尔的街道时十分惊讶。乍一看，这座城市的风貌与东京的几乎一模一样，只是街头的文字从日语变成了韩语。我觉得自己仿佛置身于科幻电影之中，穿越时空造访了另一个星球。首尔的气氛，与我去过的拥有亚洲都市独特热情的中国香港或马尼拉又略有不同。当我走在首尔的小巷里，迎面走过来的人看起来都像是我在学校里认识的同学，比如山田君或是小林君。东京和首尔这两座城市如同双生子一般，只是语言不同，真的很奇妙，这种感觉让我很难忘。

20世纪80年代的韩国还在实施戒严令，凌晨0点至4点之间禁止在街上活动。也许是这个原因吧，到了晚上，我住的酒店大厅里总有韩国女士等着和日本大叔进行交涉，达成一致后，他们便一起消失在酒店的房间里。那时就是这样的时代。

还有一次，我在集市上散步的时候看到了天妇罗的摊位，不禁喃喃自语，"是天妇罗啊"，老板娘便对我怒吼："不就是你们的父辈带到韩国来的吗？"我当下呆若木鸡，也不知道该如何向她道歉。加害者总是很快就会忘记，但被害者会世世代代记得受压迫的事实。因为有这样的经验，我一直对日本和东亚的历史很感兴趣。

我结交的第一位韩国友人，是中上健次[4]介绍的韩国音乐团体"四物游戏"[5]的创始人金德洙[6]。他是长鼓演奏者，我们是同龄人，所以很快就熟悉了起来。长鼓是朝鲜半岛的传统乐器，近似日本的太鼓。金德洙的伴侣是在日韩国人利惠女士，她是韩国传统舞蹈老师。我每次去首尔几乎都会与他们见面。

2011年的音乐会结束后，我从首尔回到了纽约，那年春天又因为别的工作在东京停留。然后，那一天来临了。

"3·11"东日本大地震

2011年3月11日，是三池崇史[7]导演的电影《一命》[8]的电影原声录音日。当地时间14点46分，我正在东京青山的Victor Studio为录音做准备，突然感到脚下地板一阵剧烈摇晃。那一瞬间我还没反应过来发生了什么，但出于音乐家可悲的职业本能，我马上先摁住了昂贵的麦克风，而不是先躲到桌子下面。虽然我出生和成长在东京，在此之前也经历过好几次地震，但这一次地震的震感明显和以往不同。剧烈的摇晃持续了5分钟以上，余震不断，我下意识地感到事态非常严重。

第二次猛烈的余震平息之后，我们先完成了迟来的村治佳织[9]的录音工作，便从青山的录音棚驱车前往六本木的酒店。一路上拥堵不堪，完全无法移动。我在车里无意中侧头看向人行道，头戴白色安全帽的女职员们都在朝涩谷的方向行走。可能这个说法很不恰当，那种情形下感觉哥斯拉[10]随时会出现，就像是特摄电影[11]中描绘的场景，一点也不真实。但作为首都的东京一旦发生直下型地震，紧急车辆根本就无法在拥堵的马路上行驶，只能任由火灾蔓延，想象这个场景就让我心生恐惧。最后，从青山到六本木的车程整整有三个钟头，为什么不走路简直是个谜，走路的话，大概只需要40分钟吧。

到达酒店时，大堂里已经坐满了避难者，每个人都得到了水和毛毯。幸运的是当天我刚好预定了酒店的房间，不过电车停运，应该有不少人因为无法回家滞留在酒店大堂过夜。村治女士也因为当晚无法回家，住在了酒店里。

第二天一早，新闻就报道了福岛第一核电站由于海啸失去电源，随时都可能发生氢气爆炸的情况。更糟糕的是，后来得知福岛核电站在地震当天就已经发生熔毁，我们赶紧去找能抑制辐射的碘剂，却发现已经无处可买。很可能在那个时候，碘剂就已经全部处于政府的管控之下了。当时我们无计可施，准备紧急撤离到日本的西部，但在查询酒店的空房时却发现，整个日本除了冲绳，所有的地方都已经没有空房。

在这期间，3月12日下午的核电站1号机、3月14日的3号机、3月15日的4号机相继发生氢气爆炸。我从20世纪90年代就一直致力于关注环境问题，2006年发起了"Stop Rokkasho"[12]项目，呼吁社会关注核能发电的危险性，但此刻，我目睹了能想象到的最糟糕的情景发生。

因为暂时无法离开日本，我留在东京完成了《一命》电影原声音乐的录音工作后，从成田机场飞往美国应该是3月20日以后了。通常情况下，飞往纽约的航班会直接从成田机场向北方的堪察加半岛方向飞行，但核电站事故之后，航班似乎为了避免飞过福岛县上空，而直接向东飞往夏威夷。我拍下了机内显示器上的航线照片。

回到纽约后，我于4月9日参加了临时策划的东日本大地震慈善音乐会。在这次演出中我只有30分钟的表演时间，但还是尽可能地做了许多尝试。

首先，在纽约活动的舞蹈家山口真世（Mayo Miwa Yamaguchi）演绎了表达哀悼之意的能乐曲《江口》，为了配合她的舞蹈，我有一段即兴钢琴演奏。同时，我播放了大友良英[13]从日本寄来的用"备长炭"燃烧发出的声音制作而成的噪声音乐，以及由大卫·西尔文[14]朗诵的阿尔谢尼·塔可夫斯基[15]（电影导演安德烈·塔可夫斯基[16]的父亲）的几首诗歌。接下来，我对合作过好几次专辑制作的友人、音乐家克里斯蒂安·芬奈斯[17]制作的电子音源进行了混音。最后，我与美籍日裔小提琴家安妮·秋子·梅耶斯[18]合作了二重奏，演奏了卓别林的《微笑》[19]。这是我和真世、梅耶斯的第一次合作，但作为拥有相同的日本文化背景的人，我们都有着为受灾地区做些事情的愿望。演出时间短暂，但非常充实。

在灾区体验到的无力感

日本的状况仍然让人担忧，但4月我还是前往德国与卡斯滕·尼古拉举行了欧洲巡演，巡演从5月持续到6月。巡演名称基于我们合作的专辑 *Summvs*（2011），取了专辑的首字母称为"S tour"。乐队成员多是天生冷幽默的英国人，大家彼此熟悉，在一起总是非常愉快。

我在第一回介绍了我的好朋友卡斯滕。不久前，他担心因为癌症治疗住院的我，发短信问我："能为你做些什么？"于是我效仿歌德，给他回复说："给我更多的光吧！"[20] 结果过了一段时间，卡斯滕给我寄来了一封信。打开信封，是他自己制作的信笺，上面满是他画的水彩画，还有鼓舞我的艺术字。他真的是一个很棒的家伙。

当时，卡斯滕住在柏林的米特区，这个曾属于德意志民主共和国的地区残留着独特的社会主义气息。据说在柏林墙倒塌后不久，这里就如雨后春笋般涌现出许多年轻人会去的舞厅和酒吧。在 21 世纪初，米特区成了柏林当代文化的中心。这里没有过度商业化，白天看起来像是一条妈妈们会推着婴儿车漫步的宁静街道。但到了晚上，当你走进逼仄的小巷，走进门口没有任何招牌、半毁坏的古怪大楼深处时，眼前会惊喜地出现一个宽敞的俱乐部空间。这里每周营业的时间并不固定，年轻人也只是随意地聚在这里玩而已。当时这一带便是这样的氛围。

卡斯滕带我去的酒吧也很有趣。这里看起来像废墟，没有椅子，老板会粗鲁地说："用地板上乱放的'大屁股电视机'[21]当凳子！"后来我才听说，这家酒吧是影像艺术家开的，每周只营业一天。

在米特区，随处可见各种拼贴艺术——手工艺术充满了创造力，让我感动不已。我太喜欢这里了，甚至在这里租过一间公寓，以便随时可以过来。然而遗憾的是，现在这里已经变得过于"正经"，卡斯滕本人也离开了米特区。但柏林物价相对较低，生活也比较方便，吸引了来自欧洲和世界其他地方的年轻人，他们中有许多人从事创意工作。与此同时，在这里能亲身感受到柏林才有的独特历史风貌。我认为这仍然是一座非常迷人的城市。

在随后的 7 月我回到日本，去了岩手县陆前高田市和气仙郡的住田町。此时距离东日本大地震已经过去 4 个月，当我真正目睹沿海地区散落的废墟时，仍然感受到了比想象中更强烈的冲击力。我深深地觉得，人类创造的一切最终都会被毁灭。在创作 *Out of Noise* 时，为了表达对大自然的敬畏之情，整张专辑最后呈现出来像是一幅大型山水画，但在大地震之后，我的想法又进一步确定，认识到人类根本无法与自然抗衡。

我喜欢一位名叫安塞尔姆·基弗[22]的德国艺术家。他以包括纳粹政权在内的德国现代史中的暗黑部分为主题，以用真实的稻草和灰烬等素材制作的大幅画作而闻名。但我想，在面对日本东北地区的废墟时，他那些震撼人心的作品也会黯然失色。毫不避讳地说，我认为我在灾区看到的场景是终极的装置作品，是人类无法企及的超凡艺术。当然，这样的想法反过来也影响了我对待工作的态度，我陷入一种即使人类努力创作音乐和进行表达，最终也会丧失意义的无力感。

然而与此同时，当我注视着这些人类花费了大量时间建造的东西在瞬间被摧毁后留下的废墟，也开始逐渐产生一种"是否能在这些废墟上添加一些东西"的想法。原本只是聆听微风吹拂的声音便可以感受到足够的美感，但人类一直孜孜不倦地创作着音乐。在承认"人类难敌自然"这个前提下，我也认为我们有去享受在自然之中加上两三个声音的权利吧。或许以前我也有着类似这样的模糊想法，但在震灾之后，我的想法更加明确了。

此外，在那个时期，我与通过"脸书"认识的朋友们联系，相互推荐一些有助于放松心情和启发思考的书籍。我们整理了一份书单，并在 8 月紧急出版了《此刻想读的书——"3·11"事件之后的日本》。这本书收录了从茨木则子[23]到 S. A. 阿列克谢耶维奇[24]等各个时代、各个领域的作家们的深刻洞见。编辑思路和我在"9·11"事件之后出版的《非战》[25]一样。

目睹震灾发生后日本的政治形势后，我认为日本的民主主义还没有完全成熟，于是重新阅读了丸山真男[26]的著作。他尖锐地批评了战前日本政府的决策体系，称之为"无责任的体系"，他的批评依然适用于当今时代。基于这样的问题意识，我在新书中介绍了丸山真男的代表作《现代政治的思想与行动》中的一篇文章——《现代社会的人与政治》。

"More Trees"的活动

2011年7月访问灾区，是为了我发起的森林保育再造计划"More Trees"的活动。陆前高田市面朝大海，而毗邻的山区住田町则一直以林业闻名。地震发生后不久，为了帮助在海啸中失去家园的陆前高田市民，我们与当地的土木建筑公司合作，用住田町产的木材建造了大约100座舒适的临时住房。

然而，住田町向岩手县政府申请补助金时，据说被告知"町政府[27]自发的决策不适用于灾害救助法"，遭到拒绝。我偶然在网上看到了这件事的报道，那种墨守成规的愚蠢把我气得冒烟。既然住田町在震灾后的项目如此出色，我决定通过"More Trees"计划帮助他们筹集所需的3亿日元，这就是我们紧急发起的"LIFE311"项目。

因为有这样的背景，我便开始了与当地居民的交流，并见到了住田町的町长，他是一个非常有男子气概的帅气的人。在我们的活动被媒体报道之后，岩手县政府突然改变态度，慌忙跑来说"我们还是会出钱的"，但听说町长自己拒绝了，让他们不要搞"马后炮"这一套。虽然通过"More Trees"计划筹集的捐款最终没有达到预期的目标，我们还是筹集到了约2.4亿日元。

在接下来"More Trees"的活动中，我还访问了日本宫崎县的诸塚村，这里同样以林业闻名，村长也是非常有见识的人。其实林业繁荣的土地通常位于日本比较偏远的地方，但这里的人一直关注着世界的变化。有位老先生对我说："坂本先生，日本也必须尽快转向低碳社会啊。"从事第一产业的人每天都与自然接触，他们一定能够非常敏锐地感受到环境的变化。在水产业领域，海水温度上升一摄氏度就会导致无法捕鱼，自然界的变化与他们的生计息息相关。

虽然诸塚村以林业为主，却没有完全依赖林业，还注重栽培香菇、制茶和畜牧业。据说是为了确保在气候不稳定的年份也能有收入，昭和三十年代（1955—1964）的村长带头构建了这样的产业体系。我认为，日本地方上的许多政治家比中央政府的优秀。

尽管如此，我们在2007年启动"More Trees"项目时，根本没有想到世界会变成这样。最初我只是随便想到了"No Nukes, More Trees"（无核，多树）这句口号，然后就做了印有这句话的T恤。随后，我们开始以社团法人的形式在高知县梼原町开始了植树造林活动。后来，"More Trees"的森林在全国各地不断增加，现在已经扩大到了日本国内的16个地方（12个区域）和海外的两个地方。我原本只是出于自己的兴趣开展活动，并非受到社会责任感的驱动和裹挟，但通过这样的活动，我有幸遇见了一些在音乐创作领域以外的了不起的人，真是太幸运了。

顺便一提，与"More Trees"项目相关，2017年还发生了这样一件事。生日那天，我突然收到了一份从海外寄来的植树证书。原来是中国的粉丝们共同出资，在我出生的1月17日那天，在内蒙古的沙漠地区种了1 170棵树。在得到事务所同意使用坂本龙一的名字后，他们在对我保密的情况下做了这件事。我真的感动得热泪盈眶。同一批粉丝在第二年还以我的名义，给中国贫困地区的村子建了音乐教室，赠送了乐器。起初，"No Nukes, More Trees"这句话真的只是随便说说而已，我真的没想到这句话能对世界产生如此大的影响，实在是让我吃惊。

儿童音乐再生基金会

从灾区回来以后，通过媒体看到当地废墟的照片和视频时，我发现瓦砾中有许多乐器的碎片。也许因为我是个音乐人，出于职业的原因，看着它们我不觉得那些只是普通的瓦砾，而是感到刀割般的心痛。能不能修复在地震中损坏的乐器，让它们再次奏响音乐呢？人们需要的除了水和食物，还有音乐——出于这样的想法，我与日本全国乐器协会会长商议，成立了儿童音乐再生基金会。

据说经历了震级6.0以上的地震的学校，仅在受灾的三个县就超过1 850所。基金会为受灾地区的学校免费修复损坏的乐器，无法修复的乐器则提供购买新乐器的费用支持。修理工作由当地的乐器店负责，尽可能地让资金回流到灾区。这一年年末，我们还在银座的雅马哈音乐厅举办了儿童音乐再生基金会主办的慈善音乐会。

后来，其实是在 2012 年年初，我得到消息说有一架钢琴被海啸泥水淹没，于是特地前往宫城县名取市观看。实际看到钢琴时，我的第一反应是钢琴的坚固程度超出了我的想象，即使遭受了如此大的灾难，它的形态也没有像其他乐器那样支离破碎。当然，由于长时间被浸泡在盐水中，金属琴弦已经完全生锈。木制琴键也因浸泡而膨胀，有一半按下去无法恢复弹起。它无法被轻易修复，即使能修复一部分，也无法用于一般的演奏。

然而，当我按下这架破碎的"海啸钢琴"的琴键，聆听着那些已经完全失调的琴弦发出的独具特色的声音时，不禁感到这些琴弦在被海啸的自然之力摧毁后，竟变得如此不同寻常。仔细想想，钢琴本身就是一种人工造物，它由产自自然界的木材，与钢铁相接，为了发出人类喜欢的声响而被制造出来。因此，反过来说，我也感觉到，自然的力量——海啸摧毁了人类的自负，让这架钢琴变成了更加接近自然本身的形态。

这架钢琴本来是高中的教学用具，因无法使用而一直被搁置，但又不能一直放着，所以学校最终决定把它遗弃。得知这个消息后，我不禁想要立刻接手它。我把它带回家之后，于 2017 年创作了装置作品《你的时间》(*Is Your Time*)。我也使用"海啸钢琴"的声音制作了同年发行的专辑《异步》。

回顾过去,从那时起,我的创作方向就开始摆脱五线谱的限制。五线谱是音乐作为线性时间艺术的一种便利规则。我投身装置作品的制作,也深深地与我想逃避规则的愿望有关。因为至少在艺术画廊中进行音乐演绎,不需要像一般音乐那样,一定要有开始和结束的故事线。

夏日音乐节的经历

2011年8月15日,我在大友良英的邀请下参加了"Project Fukushima!"[28]音乐节。这是一个可以免费入场的大型活动,旨在立足福岛发扬当地文化。"Project Fukushima!"的活动到现在仍在继续,我认为这是一件非常了不起的事情。为了筹集活动资金,他们事先建立了名为"DIY Fukushima!"的捐赠网站。我也对他们的活动表示支持,并提供了受福岛市诗人和合亮一的诗歌启发而创作的乐曲《寂静之夜》。

后来大友良英在《寂静之夜》中加入吉他和唱片机转盘的声音,使原曲脱胎换骨,重新制作了一首《福岛的寂静之夜》(*Quiet Night in Fukushima*),就像是一首"答诗",寄到了我担任共同代表的"kizunaworld.org"[29]。"kizunaworld.org"是震灾后,由我与我的朋友平野友康共同创办的项目。我们从世界各地募集给受灾地区的捐款，并向提供捐助的人们赠送赞同该项目的艺术家的作品，以感谢他们的支持。

在音乐节现场，和合亮一朗诵了自己的诗《诗的瓦砾》，我和大友配合他的朗诵，进行了即兴演奏。顺带一提，那时候我无论去哪儿都带着辐射计，当我靠近福岛车站前的花坛想要测一下看时，辐射值接近爆表，我顿时惊慌失措。然而，附近的孩子和年轻女性都在毫不知情地路过这片花坛。这情形让我非常担心。

音乐节的活动正式开始前，在会场"四季之里"的草坪上会举行一个仪式：大家一起来铺开一张巨大的方巾。[30] 我下车朝那里走，看见一路上摆满了摊位。其中一个摊位是一位老奶奶在卖水果，她笑着对人们说："福岛的桃子很甜很好吃，但孩子们最好不要吃哦。"她清楚地知道体内辐射[31]的危险性，同时还在卖那些桃子，看着这一幕我一时竟不知是喜是悲，心情十分复杂。老奶奶还说："但老人吃的话，没关系。"

YMO在这个时期也进行了多次现场表演。6月分别在美国洛杉矶的好莱坞碗剧场和旧金山的沃菲尔德剧场举行了一场演出，7月首次参加了富士摇滚音乐节[32]，8月参加了每年例行举办的World Happiness演唱会[33]。在洛杉矶的演出暌违31年，聚集了全美国狂热的YMO粉丝，这些粉丝应该31年前就听过我们的音乐吧。我们也在那次演出时久违地演奏了 *Seoul Music*（1981）和

Lotus Love（1983）等稀有曲目。

当时在好莱坞碗剧场举行的现场表演是以日本为主题的演出的一部分，还与小野洋子[34]进行了合作。但主办方的"富士山、艺伎"风的刻板印象真的很糟糕。都已经2011年了，还在搞"东方主义"那一套，甚至可以说是种族主义，整个让我很无语。

我还想顺带一说，在富士摇滚音乐节的舞台上，就连仙人一样超脱的细野晴臣和随和的高桥幸宏也发表了"应该停止使用核电"的言论，让我非常惊讶。我跟他们从二十几岁就开始交往，但我从来没有听说他们在公共场合发表过任何政治或社会性言论。看到这两个人明确表达反核主张，我既感到欣慰，也能感受到他们对事态严重性的担忧。细野晴臣甚至还随身携带着地震后购买的中国产的辐射计。

吉永小百合[35]女士与美智子皇后

长期以来，呼吁反核的人士中，一直有女演员吉永小百合的身影。自1986年参加在东京举办的和平集会以来，吉永小百合便将朗诵"原爆诗"视为自己毕生的事业。据说她一直以志愿者身份坚持参加这项活动。原爆诗是为广岛和长崎原子弹爆炸事件中的逝者与受害者们创作的诗歌，峠三吉[36]和原民喜[37]便是众所周知的原爆诗诗人。

吉永小百合开始关注这个问题的契机，要追溯到她年轻时曾参演过由大江健三郎[38]的《广岛札记》改编的电影《爱与死的记录》。后来，她还在20世纪80年代日本NHK电视台拍摄的电视剧《梦千代日记》中，扮演了在母胎中就遭受原子弹辐射的女性。在福岛核电站事故之后，她的活动变得更具有现实意义。

2011年10月，她应英国牛津大学的邀请举行了一次朗诵会，作为伴奏者，我也受邀参加。吉永小百合是日本家喻户晓的国民级女演员。我也一直是她的粉丝。吉永小百合是现代的卑弥呼[39]女王一般的存在，她发出的邀请，应该没有人能够拒绝吧。这也是她首次在欧洲举办朗诵会，能出席如此重要的场合也是一种荣幸，我二话不说就接受了邀请。

朗诵会的会场是位于大学校园内的历史悠久的礼拜堂。在这个只有200个座位的小型会场里，先由英国人朗诵英译诗歌，再由吉永小百合朗诵日文原文。或许是吉永小百合的声音拥有超越语言直击心灵的力量，从几乎不懂日语的观众席上，传来了阵阵抽泣声，我弹着钢琴，也不由自主地想哭。我还记得，在朗诵会上，礼拜堂里突然飞入了一只白鸽。

我与吉永小百合的第一次合作，是2010年夏天在东京举办的"吉永小百合和平之约"音乐朗诵会。当时的美智子皇后因为与吉永小百合的交情，也参加了在NHK大厅举行的这个活动。结束后，参演人员在 VIP 休息室与美智子皇后见了面。轮到我和美智子皇后说话时，她在我面前，我站得笔直，大气也不敢出，更别提直视她的眼睛了。她问我："你弹的那首钢琴曲有乐谱吗？"我回答说："没有，是即兴演奏。"她便说："这样啊，不留下乐谱吗？那很可惜。"我紧张到了自己也觉得羞耻的程度。对年轻时参加过"全共斗"[40]运动，对天皇制度也持批评态度的我来说，这简直太荒唐了。父亲受到军国主义教育的影响，曾被派往伪满洲国，或许我也从他那里遗传了些什么东西？[41] 虽说父亲在战后抱持自由主义思想，但我认为有些观念会不自觉地留在脑海中，萦绕终生。

然而，那时与我同台演出的音乐人比我年纪小得多，当被给予同样的谒见机会时，他们可以轻松地与美智子皇后直接对视，交谈非常随意，听起来甚至像是同辈之间的对话。看到这种情形，我半开玩笑地暗自想道："大不敬！"顺便提一下，2005 年时任美国总统布什访问日本时，从伊丹机场乘直升机直接在京都御所[42]着陆，我当时与浅田彰一起大怒："为什么右翼分子不去抗议美国的大不敬行为啊？！"

后来，应与美智子皇后交好的津田塾大学的早川敦子老师要求，我送过一份我作曲的钢琴曲谱给美智子皇后。我特别制作了一份印有花卉图案的曲谱。美智子皇后自己也喜欢弹钢琴，兴许是因为这样，她想要这份曲谱。我只见过她一次，她是一位非常有魅力的女性。

再会吉本隆明[43]先生

2011年10月底,与工作无关,我突然想去拜访吉本隆明先生,就去见了他。吉本隆明是战后日本具有代表性的知识分子之一,这一点毋庸赘述。他具有教祖般强烈的领袖气质,以至于在学生运动时,甚至会有"亲吉本派"和"反吉本派"之分。我当然是前者,在年轻时就受到他的强烈影响。1986年,我还与他合著了《音乐机械论》。当时,他特地来到我在东京的录音棚,以我专注的领域"音乐"为主题进行对谈,聊的内容多到足够出一本书,这对我来说是近乎奢侈的经历。

吉本先生原本身材高大。然而,当我们久违重逢时,我发现他竟然比我记忆中矮了一头。仔细一看,他已经年迈,腰弯得很厉害。但他一坐在椅子上,便又重新展现出了那种强烈的存在感,让我感到安心。吉本先生经常就核电发表言论,是著名的评论家。震灾发生后,他出版了《反核异论》一书,尽管是左派,但坚定地支持着作为文明象征的核电站,立场很特殊。在这方面,我的观点与他的正好相反。当时我应该有许多问题想要问他,但奇怪的是,我在冲动之下拜访了吉本先生,却完全不记得跟他聊了些什么。我想,我们并没有讨论很多政治或思想方面的话题。

我只记得,吉本先生喜欢喝酒,我当时好像带了一瓶黑龙或是什么不错的日本清酒给他做伴手礼，还有吉本先生因为老花眼，在用一个类似放大镜的工具放大文字以便读书。尽管吉本先生如此热爱读书，但他家中的藏书数量出乎意料地少。书架上只有一些经过严选的文库本和国外的出版物，足见他是真正珍视这些书籍。他好像从很早以前就经常利用家附近的图书馆。这种轻松自如的感觉也非常帅气。

之后过了不到半年，吉本先生就在 2012 年 3 月 16 日因肺炎去世，享年 87 岁。不敢说那时我对他的离世有什么预感，但现在回想起来，能在他生前见他一面真的太好了。

人生中最好的礼物

新的一年到来，2012 年 1 月 17 日，我迎来了人生的"还历"大寿。事务所的工作人员为我买了一套红色的婴儿服[44]，我赶鸭子上架般地穿上了它。一直在奔波忙碌的我，不知不觉间已经 60 岁，想着自己"竟然到了这个年龄"，觉得很不真实。

那时候，我收到了一张私人制作的致敬专辑作为生日惊喜礼物。我的音乐家朋友们，细野晴臣、高桥幸宏、高野宽[45]、小山田圭吾[46]、高田涟[47]、权藤知彦[48]、U-zhaan[49]等，还有我的女儿坂本美雨[50]，都参与其中，这是一份让我非常感动的礼物。这张专辑是非卖品，除了我曾经在自己的广播节目 *Radio Sakamoto* 中特别播放过细野晴臣给我唱的《生日歌》，其他音源都从未对外公开过。

这一年的生日我还收到了一份人生中最棒的礼物。生日当天，我的伴侣邀请我"出去走走"，我听她的话上了车。车开往曼哈顿 57 街，那里是钢琴制造商施坦威钢琴的总店。我一面想这里是格伦·古尔德[51]也曾到访的店，一面跑到地下一层试弹了几架钢琴。我的伴侣突然对我说："选一架你喜欢的钢琴吧，哪款都行！"我当下只有一个反应："真的吗？不可能吧！"

她告诉我，她早就看穿我在拿家里没有钢琴为借口不练习，这次就下定决心，要送我一架钢琴做礼物，让我无处可逃。那我就不客气了，最后挑了一架家里客厅也放得下的小型平台钢琴。从此我再也无法逃避练习了。想想看，这是我自小时候从深受影响的舅舅那里接手一架棕色的钢琴以来，在 60 岁第一次拥有自己的钢琴。

与发电站乐队[52]的羁绊

这一年春天，我和卡斯滕在中南美洲的国家举行了巡回演出，在第一次访问的阿根廷和乐队成员们一起大吃牛肉。7月 7 日和 8 日两天，在日本幕张国际展览中心举办的"No

Nukes 2012"音乐节上,我们的演出阵容强大,除了YMO,还有小山田圭吾、高田涟和权藤知彦。这个音乐节以"反核电"为主题,脱胎于我提出的口号"No Nukes, More Trees",除了有音乐演出,还有嘉宾对谈等活动。这个音乐节年初才开始准备,但意想不到的是,有许多艺术家对这个主题表示赞同,并表明了参加意愿,这是一个意外之喜。这一年夏天,继2011年后,我再次作为编著者出版了《No Nukes 2012:我们的未来指南》一书。

在"No Nukes 2012"音乐节上,我特别想邀请1975年发表了专辑《放射性》(*Radioactivity*)的德国电子音乐团体发电站乐队。于是我询问了乐队领军人物拉尔夫·哈特[53],他很快就答应了出演的邀约,甚至还关心地说:"你们的经费肯定不多,我去日本搭经济舱就行。"自1986年切尔诺贝利核电站事故以来,遭受了巨大核灾害的欧洲对核电站的反对声越来越多。但没过多久日本还是发生了福岛核电站事故。

拉尔夫想在"No Nukes 2012"音乐节的舞台上演奏发电站乐队的代表曲目《放射性》的特别版。这首歌的歌词中原本列举了遭受核灾害的地名——"切尔诺贝利、哈里斯堡[54]、塞拉菲尔德[55]、广岛",但他想要更新歌词,加入福岛。因此,我教他们福岛这个地名的发音,帮他们整理他们准备的日语歌词,我们几乎每天都会用邮件交流,就这样迎来了演出的那一天。

从1981年发电站乐队第一次来日本的时候,我便开始了与他们的交流。对于我们YMO来说，他们是开拓电子流行乐（Techno Pop）的前辈，所以一开始只是去他们的休息室打招呼，就已经非常激动。实际见面之后，我们立刻意气相投，还带他们去了当时时髦又有名的迪斯科舞厅——六本木的玉椿。因为他们创作的音乐那么酷，我们当时甚至幻想他们可能其实是赛博人。结果私下里他们穿着很土气的外套，让我们感到有些失望。而且，在迪斯科舞厅里，他们跟日本女孩跳舞、调情，也让我们感到幻灭："什么呀，不就是普通的大叔吗！"当然，我想当时也有人对YMO有相同的想法吧。

在这一年的"No Nukes 2012"音乐节上，我们终于和如此有人情味的发电站乐队久违地又合作了一次，这让我非常感慨。拉尔夫自然不用说，当时陪伴他们的经纪人也一直致力于反核运动。他们在演出结束后，通常不会和其他音乐家一起去庆功派对，但这次他们也非常兴奋，演出结束后跟我们的乐队（YMO）一起去了幕张酒店内的酒吧喝酒。

回想起来，在我人生的重要时刻，一直都得到了发电站乐队的帮助。在我创建"Stop Rokkasho"网站时，甚至更早之前的2001年为实现"地雷清零"计划发起"Zero Landmine"[56]项目时，发电站乐队就曾特别为我制作了声音商标，可以说我们就是志同道合的战友吧。

"No Nukes 2012"音乐节舞台

"只不过是电而已"的言论

2012年的这段时间，每次在日本停留，我都会参加在首相官邸前等地举行的反核示威活动。自20世纪70年代以来，从未有这么多人为政治话题大声疾呼过。7月16日，我在代代木公园举行的"告别核电10万人集会"上发表演讲，从众多的听众身上感受到了日本国民对政府核电政策的愤怒。然而，当时我的"只不过是电而已"这一发言却被媒体断章取义，随后我就受到了猛烈的批判。在我患癌之后，甚至有时候会被嘲笑："你好意思用电来治疗癌症吗？"

我惊讶于有如此多的人因为"只不过"这个词而情绪激动。但我从来没有想过要否定电的价值。我只是单纯地提出了一个疑问："人命和电力哪个更重要？"我想，对于这个问题，大多数人会回答"人命"。

我想表达的是，我们需要更安全的发电方式。在福岛核电站事故之前，许多人可能认为在日本国内，发电的方法只有化石燃料和核能。但事实上，在该事故发生前，核电在总发电量中所占的比例只有约30%。核电是最危险的发电方式之一，也需要莫大的成本。而且如果发生事故，后果不堪设想。实际上，自福岛核电站事故发生以来，有16万人被迫撤离，还有更多的人被迫在健康受到威胁的情况下继续生活。

在有其他选项的情况下，我不认为还有必要以风险最大的方式持续发电。全球气候也在发生变化，应该从太阳能发电开始，逐渐转向可再生能源——我的这个想法到此刻也仍然没有改变，甚至变得更加强烈。在福岛核电站事故发生10年之后的今天，连燃料都没有被回收，至于拆除核电站需要多少时间和金钱成本，没有人能给出确切的答案。我认为收拾这个烂摊子也会继续给日本经济带来沉重的负担。

我不后悔包括"只不过是电而已"言论在内的演讲内容。如果有人想要断章取义，那就随他去吧。但借现在这个机会，请让我再次写出演讲内容的上下文。请各位自行判断坂本龙一是不是真的在主张"不需要电"。

> 即便说要立即停止（核电），也无法马上执行，因此从长期来看，我们此刻能做的就是逐渐减少对电力公司的依赖。这样的声音传到他们耳中时，当然会给他们施加一些压力，而且如果电力公司的收费体系、分离发电和输电、地区垄断等问题，都能逐渐实现自由化，这就意味着我们市民可以自己去选择不依赖核电电力。
>
> 此外，要实现普通家庭或企业都可以开始自行发电。当然这个过程需要时间，但这样我们可以减少对

电力公司的依赖，我们的钱就不会流向电力公司，成为建设核电站等设施的资金。我认为，减少支付给它们的这笔资金至关重要。

说得极端一些，只不过是电而已。

为什么我们要为了使用电，而将人命置于危险之中？我不知道要等到什么时候，但我希望在21世纪中叶——2050年，家庭、企业和工厂自主发电成为社会的常识。我满怀希望地期盼这一天到来。

仅仅为了电，就让日本这个美丽的国家与未来希望般的孩子们的生命处于危险之中，我认为这是不应该发生的事情。生命比金钱更重要，生命比经济更重要，保护孩子们，保护日本吧。

最后，"Keeping silent after Fukushima is barbaric"——在福岛之后保持沉默是野蛮的。这就是我的信念。

慈善演唱会

2012年10月，我以三重奏形式发行了新的自我翻录专辑 *Three*。在前一年的欧洲巡演结束后，我们在巡演的最后一个目的地——葡萄牙波尔图录制了这张专辑。之所以选择先进行巡演，再进行录音，是因为我相信在观众面前反复表演后，乐队的演奏技巧会更加成熟，录音的效果也会更好。

大提琴手雅克·W.莫雷伦堡是久经考验的老友，他曾经参与上一张三重奏专辑《1996》(1996)的录制。雅克是巴西人，在裘宾的乐队中活跃多年。而小提琴手则是通过YouTube举行的选拔赛选出的新秀韩裔加拿大人朱蒂·康。

波尔图是负责调音的钢琴技师何塞·罗查的家乡，听他的讲述，我觉得葡萄牙首都里斯本和第二大城市波尔图之间的关系，就跟日本的东京和大阪一样。他经常开玩笑说："里斯本最美的地方是高速公路入口的指示牌，上面写着'往这边走是波尔图'。"

在 Three 发行后不久，我受邀前往澳大利亚布里斯班参加新西兰亚太电影节，并在那里与一起出演过《圣诞快乐，劳伦斯先生》的演员杰克·汤普森重逢。

接着，我们举办了 Three 的发行纪念巡回音乐会，在日本国内9个地方和韩国首尔的世宗文化会馆进行演出。顺着巡回演唱会流程，我于12月再次访问了陆前高田市，并为当地700名居民举办了慈善音乐会。我们迎来了自"3·11"东日本大地震以来的第二个冬天，但受灾地区仍残留着瓦砾，附近还有人们献上的千纸鹤，那场景依然令人痛心。当地人在沿海遭受了毁灭性打击的地区设立了祭坛，我去了那里蹲下来合掌默哀。我想向外国国籍的巡演乐队成员解释说"这里曾经是一座城市"，如今荒凉的状态根本无法让人想象过去的繁华。

在慈善音乐会之前，我们还参观了由"More Trees"项目发起的"LIFE311"活动支援的住田町的木制临时住房。因为当时天气很冷，我们和当地居民一起蜷缩在被炉里，进行了交流。三重奏的另外两位成员平时很活泼，但也因目睹受灾地区的状况而说不出话来，神情十分庄重。

在音乐会当天，大提琴手雅克和小提琴手朱蒂都发挥得非常出色，表达了他们对逝者的缅怀。而我也全心全意地弹奏着钢琴，希望能够和受灾的人们站在一起。在"9·11"事件发生后的一段时间里，我无法创作音乐，也无法聆听任何音乐，处于一种非常沮丧的状态，但在曼哈顿漫步时，邂逅了一位无名街头音乐家演奏披头士乐队[57]的《昨日》(*Yesterday*)，给了我再次直面音乐的勇气。这么说可能有些自以为是，但我希望能为受灾的人们做一些同样的事情。

实际上，把握与受灾的人们相处时的距离并不是一件容易的事。我绝不想重提悲惨的话题，也不敢轻率地对他们说"加油"。但我很希望能通过音乐向他们传达哪怕一点点支持的心意。这些就是在"3·11"东日本大地震灾害发生后的两年里，我在我的能力范围内所做的各种尝试。

1 Ustream 是 2007 年成立于美国旧金山的视频直播平台，向用户提供实时视频直播服务。2016 年，Ustream 被 IBM 收购，成为后者云视频服务的一部分。

2. 大卫·鲍伊（David Bowie，1947—2016），英国著名摇滚歌手、演员。1983 年，坂本龙一和大卫·鲍伊共同出演了电影《圣诞快乐，劳伦斯先生》。

3 自 1948 年韩国建国时第一任总统李承晚执政以来，韩国的法律禁止或严格限制播放日本的电视剧、电影和歌曲，直至 20 世纪 90 年代才逐渐重新放开。

4 中上健次（Kenji Nakagami，1946—1992），日本当代著名小说家，因其创作风格酷似美国诺贝尔文学奖获得者福克纳，被称为"日本的福克纳"。坂本龙一的父亲曾是三岛由纪夫、野间宏、中上健次等作家的编辑。

5 四物游戏（Samul-Nori）是由韩国传统音乐演奏者金德洙、金光洙、崔钟实、金永培四人组成的音乐团体，表演形式为韩国传统打击乐器组合"四物打击乐"，使用鼓、长鼓、大锣和小锣四种打击乐器演奏。

6 金德洙（Deok-Soo Kim），出生于 1952 年，韩国代表性的传统艺术家之一，也是韩国艺术综合大学教授，从幼时学习杖鼓（一种传统打击乐器）技法，并创立了韩国传统打击乐音乐团体"四物游戏"。

7 三池崇史（Takashi Miike），出生于 1960 年，日本演员、编剧、导演，代表作有电影《稻草之盾》《一命》《十三刺客》。

8 《一命》是由日本松竹映画制作的历史动作影片，于 2011 年 10 月 15 日在日本上映。该片由三池崇史导演，山岸菊美等编剧，市川海老藏、役所广司等主演，坂本龙一创作电影原声音乐。

9 村治佳织（Kaori Muraji），出生于 1978 年，是日本新生代古典吉他演奏家中的领军人物，被誉为"吉他公主"。曾与坂本龙一合作，为电影《一命》录制影片配乐。

10 哥斯拉源自日本小说家香山滋的同名科幻小说，是来自"1954 年日本的核战争"，因核辐射异变而进化的远古巨型怪兽。这个形象在日本电影《哥斯拉》（1954）及其相关衍生作品中登上银幕，如今已成为一个世界性的流行文化符号。

11 这里的"特摄"意为特殊摄影（Special Effects，SFX）。特摄电影是日本的一种电影类型，也是日本最具有国际知名度的技术与产品，其代表作《奥特曼》《假面骑士》以及《哥斯拉》系列是日本知名的国际流行文化象征之一。

12 "Stop Rokkasho"是坂本龙一曾参与的反核项目，为了强调青森县六所核燃料后处理厂的放射性污染的危险性而建，呼吁艺术家提供相关艺术作品。这些作品通过官方网站和播客进行传播，并由世界各地的人们自由转发，旨在让更多人了解这个问题。

13 大友良英（Yoshihide Otomo），出生于 1959 年，享誉国际的日本音乐家，其创作跨越了噪声音乐、即兴音乐、爵士乐、流行乐和影视配乐等众多领域。

14 大卫·西尔文（David Sylvian），出生于 1958 年，英国歌手、作曲家。曾演唱坂本龙一为电影《圣诞快乐，劳伦斯先生》创作的主题曲《禁色》（*Forbidden Colours*）。

15 阿尔谢尼·塔可夫斯基（Arseny Tarkovsky，1907—1989），苏联诗人、翻译家。去世后凭诗集《自青春至老年》被追授苏联国家奖。

16 安德烈·塔可夫斯基（Andrei Tarkovsky，1932—1986），苏联电影导演、编剧，与伯格曼、费里尼齐名。代表作有电影《伊万的童年》《镜子》《乡愁》《牺牲》等。

17 克里斯蒂安·芬奈斯（Christian Fennez），出生于1962年，奥地利音乐制作人、吉他手。自20世纪90年代以来一直活跃在电子音乐领域，曾与坂本龙一、Ulver乐队、大卫·西尔文等合作。

18 安妮·秋子·梅耶斯（Anne Akiko Meyers），出生于1970年，美国小提琴家。

19 《微笑》是查理·卓别林主演的电影《摩登时代》（1936）的主题曲，由卓别林作曲，曾被包括迈克尔·杰克逊在内的许多艺术家翻唱。

20 原文是"Give me a light!"，德国著名思想家、作家、自然科学家歌德弥留之际说的一句话。

21 "大屁股电视机"是指老式的显像管电视机（区别于液晶电视），因为它们通常都有一个相对较大的凸出的背部，这个部分被人们形象地称为"大屁股"。

22 安塞尔姆·基弗（Anselm Kiefer），出生于1945年，德国新表现主义代表人物之一。他的作品常以北欧神话、瓦格纳的音乐和对纳粹的讽刺为主题，并大量使用稻草、灰烬、沙子、照片、版画以及金属等元素，渗透着对历史与文化的反思和思考。

23 茨木则子（Noriko Ibaragi，1926—2006），日本诗人、散文家、儿童文学作家和编剧，被誉为"日本现代诗的长女"。代表作有诗集《对话》《看不见的投递员》《镇魂歌》《自己的感受力》等。

24 S. A. 阿列克谢耶维奇（Svetlana Alexandrovna Alexievich），出生于1948年，白俄罗斯作家、记者，获颁法国艺术与文学骑士勋章、2015年度诺贝尔文学奖。代表作有《切尔诺贝利的祭祷》《锌皮娃娃兵》等。

25 《非战》是坂本龙一在纽约亲历"9·11"事件时，于2001年出版的文集。

26 丸山真男（Masao Maruyama，1914—1996），日本政治学家、思想史家，东京大学法学部教授，专攻政治思想史，被认为是"二战"后日本影响力最大的政治学者。他的政治学被日本学界称为"丸山政治学"。

27 日本全国分为47个一级行政区（1都、1道、2府、43县），其下设1 741个二级行政区（市、区、町、村），包含市、町、村（主要按照人口依次定为市、町或村）及特别区（仅在东京都内设立）。

28 "Project Fukushima!"（福岛计划！）是日本福岛县的一个艺术项目，于2011年5月8日发起。该项目旨在通过音乐节、工作坊、视频发布等多种形式传达福岛地震后的现状，是一个跨越多个艺术领域的项目。

29 "kizunaworld.org"是一个支援日本东北地震灾区的项目。项目由坂本龙一和平野友康共同发起，通过向支援组织捐赠艺术家的作品来筹集更多的捐款。

30 当时有专家建议在会场的草坪上铺设一些布或者垫子来应对辐射物质的影响，音乐节便从日本全国各地征集布料，缝制成一张超过6 000平方米的日式方巾，取名"福岛大方巾"。后来铺设大方巾的仪式成为每年夏天福岛都会举办的活动。

31 体内辐射指的是人体内存在放射性物质时受到的辐射。这些放射性物质可以通过吸入、摄入或者皮肤接触等方式进入人体内部，导致细胞和组织受损伤，并增加罹患癌症等疾病的风险。

32 富士摇滚音乐节是1997年开始举办的户外摇滚音乐节，1999年迁至日本新潟县苗场滑雪场举办。该音乐节每次都有超过200组日本国内外的音乐人参与，是日本规模最大的户外音乐活动。

33 World Happiness演唱会是日本的一个摇滚音乐节，由高桥幸宏担任主要策划人，自2008年起每年举办一次，2016年之前在东京江东区梦之岛举办，2017年起移至东京葛西临海公园举办。

34 小野洋子（Yoko Ono），出生于1933年，美籍日裔音乐家、先锋艺术家及和平活动家，是约翰·列侬的第二任妻子。代表作有 *Yoko Ono/Plastic Ono Band* 等。

35 吉永小百合（Sayuri Yoshinaga），出生于 1945 年，日本女演员、歌手，是 20 世纪 60 年代日本最受欢迎的电影女演员之一。

36 峠三吉（Sankichi Toge，1917—1953），日本诗人，在经历了广岛原子弹爆炸事件后致力于反战、反核运动。

37 原民喜（Tamiki Hara，1905—1951），日本诗人、小说家，广岛原子弹爆炸的幸存者，以原子弹为题材的文学作品而闻名。他的小说《夏之花》《来自废墟》《毁灭的序曲》被称为"夏之花三部曲"。

38 大江健三郎（Kenzaburo Oe，1935—2023），日本当代著名存在主义作家。1994 年获得诺贝尔文学奖，成为川端康成后第二位获得该奖项的日本作家。代表作有《饲养》《性的人》《个人的体验》等。

39 日本公元 3 世纪时邪马台国的女王。曾多次和朝鲜新罗、中国曹魏遣使往来。

40 "全共斗"是"全学共斗会议"的简称，是指 20 世纪 60 年代末到 70 年代初，在日本发生的一场左翼激进派运动。这场运动的参与者主要是大学生、高中生、知识分子和一些工人。运动的主要目标是推翻日本保守派政府，建立社会主义政治体制。这场运动也经常与其他一些政治、文化和社会问题相关联，例如反对越南战争，反对日本的美国化，反对核能等。

41 坂本龙一的父亲坂本一龟，曾被派往伪满洲国从事通信类文书工作。后来他对军国主义非常憎恶，并且写了一部小说，主人公就是对逐渐走向战争的世界产生了怀疑。

42 京都御所（Kyoto Gosho），是位于日本京都市上京区的宫殿建筑群，曾是日本天皇的居所。

43 吉本隆明（Takaaki Yoshimoto，1924—2012），日本左翼思想家、评论家。曾任东京工业大学世界文明中心特聘教授。他在"二战"后的日本知识界有巨大影响力，被誉为"战后思想反思第一人"。

44 年满 60 岁的寿星在生日当天穿红色婴儿服是日本的风俗。日本人认为"还历"如一个轮回，60 岁的寿星像新生儿一样重获新生，因此会穿红色的无袖褂衫婴儿服。

45 高野宽（Hiroshi Takano），出生于 1964 年，日本音乐家、制作人、演员。

46 小山田圭吾（Keigo Oyamada），出生于 1969 年，日本音乐家、作曲家和制作人。他曾是 The Flipper's Guitar 乐队的成员之一。该乐队成立于 1987 年，1991 年解散。

47 高田涟（Ren Takada），出生于 1973 年，日本弦乐器演奏者。

48 权藤知彦（Tomohiko Gondo），出生于 1967 年，日本音乐家。曾作为坂本龙一所在乐队 YMO 的辅助成员参与日本、欧洲和美国的巡演。

49 U-zhaan，出生于 1977 年，日本打击乐手，与坂本龙一有过多次合作。

50 坂本美雨（Miu Sakamoto），出生于 1980 年，日本音乐家、演员，其父为坂本龙一。

51 格伦·古尔德（Glenn Gould，1932—1982），加拿大钢琴家，公认的 20 世纪最著名的古典钢琴家之一，以演奏巴赫的乐曲闻名于世。

52 发电站乐队（Kraftwerk）是德国电子音乐团体，成立于 1970 年，在电子音乐开疆拓土的历史中扮演十分关键的角色，对 20 世纪下半叶的电子音乐产生了巨大影响。

53 拉尔夫·哈特（Ralf Hütter），出生于 1946 年，德国音乐家、作曲家，以发电站乐队的主唱和键盘手而闻名。

54 哈里斯堡是美国宾夕法尼亚州的首府，位于萨斯奎哈纳河东岸。1979 年 3 月 28 日，位于哈里斯堡的三里岛核电站发生堆芯熔毁事故,这是美国商业核电历史上最严重的一次事故。

55 塞拉菲尔德是世界上第一座商业核电站,位于英国坎布里亚郡。1957年,这里曾发生世界上最严重的核事故之一。

56 *Zero Landmine* 是 N.M.L.(No More Landmine)的一首歌曲。N.M.L. 是 2001 年在坂本龙一的倡议下,为东京广播公司(TBS)主导的"地雷清零运动"而成立的限时音乐团体。2001 年由日本华纳音乐发行 CD,这张 CD 的所有销售收入全部用于"排雷"的慈善事业。

57 披头士乐队(The Beatles)是 1960 年在利物浦组建的一支英国摇滚乐队,被公认为史上最伟大、最有影响力的摇滚乐队之一。乐队成员为约翰·列侬、保罗·麦卡特尼、乔治·哈里森和林戈·斯塔尔。

第四回 旅行与创造

于冰岛雷克雅未克

向冰岛求教

尽管到目前为止我因为工作关系到访过许多地方，也还有很多国家是我尚未踏足的。我的2013年便始于与新土地的邂逅。

首先是刚开年的2月，我与卡斯滕·尼古拉作为搭档一起受邀参加在冰岛举办的声呐音乐节[1]——发祥于西班牙巴塞罗那的电子音乐节的"出差版本"，从这一年开始也在冰岛首都雷克雅未克举办。声呐音乐节也曾在东京举办。

我一直对冰岛很感兴趣，原因是我读了《冰岛之梦》（*Dreamland: A Self-Help Manual for A Frightened Nation*）这本书。由于2008年的"雷曼事件"的影响，冰岛也与许多国家一样受到了金融危机的打击，但此后，冰岛开始发起逐渐摆脱欧美式过度扩张金融业模式的运动，实现了一场奇迹般的经济复苏。而在思想上影响着这场运动的，就是这本于2006年出版的书——据说冰岛全国约30万人口中有一半的人读过。这本书具有划时代性，一方面毫不避讳地批判了冰岛政治家们过去所犯的错误；另一方面介绍了地热发电的相关措施，强调了作为小国的冰岛注重可持续发展的重要性。

这本书的作者是儿童文学作家安德里·赛恩·马纳松（Andri Snær Magnason），与他见面也是我此行访问冰岛的主要目的。他爽快地答应了我的邀约，我们的对谈内容后来刊登在了《妇人画报》[2]上。从21世纪开始，美国投资的大型铝制品厂相继在冰岛建成，引发了前所未有的投资热潮。然而代价是工厂的废弃物污染了环境，冰岛有名的候鸟栖息地也陷入了存亡危机。简单来说，就跟日本在经济高速增长时期遇到的公害问题[3]是一样的。事实上冰岛步了日本的后尘，经济泡沫很快破裂，商业和环保的拉锯对抗愈演愈烈。

然而正如我前面所说，当冰岛面临问题时，市民们的意见交流称得上是直接民主主义，我认为这真的很了不起。政治家们也会认真反省过去的失败。引发冰岛金融危机的银行业高层被问责，被判刑入狱。在金融危机之后，冰岛马上重新进行选举，有二十几岁时和比约克[4]在同一个乐队中担任主唱的音乐家，在从事音乐活动的同时当上了首都市议员。

冰岛在1944年脱离宗主国丹麦，成了一个主权国家。当然冰岛这片土地的历史更加悠久。记载了日耳曼神话故事的《埃达》[5]，是北欧地区最重要的文献之一，就像日本的神话源头《古事记》[6]一样重要。但这本书最早的版本被称为《斯诺里埃达》

（*Snorri's Edda*），相传出自 13 世纪冰岛诗人斯诺里·斯图鲁松（Snorri Sturluson）之手。

顺带提一句，冰岛人的姓名排列方式与西方国家的名字后面跟着姓氏不同，他们会在自己的名字后面加上父母的名字。如果是一个男孩，就在父母的名字后面加上"son"（儿子）；如果是女孩，就加上"dottir"（女儿）。安德里·赛恩·马纳松是马纳（Magna）的儿子，而如果安德里再有一个儿子，这个孩子的名字就将是"×× Andrison"。由于他们的名字相似，跟他们交谈时，我会渐渐觉得所有冰岛国民都像是亲戚。冰岛人的凝聚力强，在面临抉择时做决策的速度也很快，我想这可能也是其中一个原因。

如果是从日本前往冰岛，要花整整一天时间才能抵达；但如果从纽约出发，单程只需要不到 6 个小时的飞行时间，意外地近。相隔如此遥远的冰岛和日本，正好是位于亚欧板块和北美板块两端的岛国，地球的结构真的很有意思。据说由于大陆板块的地壳运动，冰岛的领土每年都会扩大几平方厘米。

目前冰岛是世界上可再生能源领域最先进的国家，听说它的总能源中的 70% 来自水力发电，剩下的 30% 来自地热发电。100% 都是自然能源，真是太让人羡慕了。参观当地的地热发电厂的时候，我惊讶地发现地热涡轮机是日本三菱重工业公司制造的。日本是温泉众多的火山国家，按理说应该也可以做到合理利用地热发电。我认为日本有成为自然能源大国的潜力，光是我立刻能想到的，像是地热、太阳能和风能等能源就可以被好好利用起来。日本的国土全方位被海洋环绕，我们还有很遗憾并没有得到充分利用的潮汐能源，感觉有许多地方可以挖掘。

这次访问冰岛后，我完全为这个国家所倾倒。第二年，即使主办方并没有邀请我，我还是厚起脸皮和泰勒·德普雷（Taylor Deupree）一起参加了声呐音乐节。泰勒在纽约经营音乐厂牌"12k"，本身也是一位音乐家，他是我认识的最安静的美国人。他做的音乐，也像他的性格那样沉静。因此，他非常容易相处。过去我也多次请他为我的乐曲进行混音，那段时间我们还一起推出了首张合作专辑 *Disappearance*（2013）。

中东的公主

紧接着在 2013 年 3 月，我又首次踏足了另一个陌生的国家——阿拉伯联合酋长国（以下简称"阿联酋"）。我应邀参加了由沙迦艺术基金会主办的沙迦双年展，沙迦酋长国是阿联酋的一个组成部分。沙迦艺术基金会由沙迦的公主主持，她是现代艺术爱好者，在伦敦的大学学习的美术史，英语自不必说，俄语和日语也能讲得很流利，非常聪明。我还从外面参观了她住的宏伟王宫，据说有 500 名人员在那里工作。然而，由于公主的面容并未公开，即使她就站在普通市民身旁，也能自然地融入其中。公主就像奥黛丽·赫本在电影《罗马假日》中那样，在街上自由漫步。

在沙迦双年展上展出的是我和高谷史郎、音响工程师小野诚彦（Seigen Ono）共同制作的装置作品 *Silence Spins*。我们模仿了茶室的构造，创造了一个 4 平方米多的空间，并在内侧墙上贴上了吸音材料。在这个特殊茶室里听到的声音，会与外面一般情况下听到的有所不同。这个作品的灵感，来自几年前我与高谷夫妇以及浅田彰在京都大德寺的塔头真珠庵[7]参观时的一段经历。

那时，我们在真珠庵里喝着茶，突然外面下起了暴雨。被这雨声吸引，我们都安静地在茶室里倾听，发现在茶室里听到的雨声和以往在室外听到的不太一样，有一种奇特的回响。在场的所有人都聆听着雨声，整整 30 分钟没有人说话。那间茶室仿佛是一个超越时间的声响空间，又像是整个被抛到了宇宙中。当然，宇宙中没有空气，一般的声音是无法传播的，但在真珠庵的体验对我和高谷来说都是极其震撼的，直到今天这段经历依然是我们创作的核心之一。*Silence Spins* 的创作灵感，便来自这段神秘的体验。

Silence Spins 在参加沙迦双年展前夕，曾在东京都现代美术馆举办的"艺术与音乐——追求新共感"展览上展出，那时一起展出的还有与高谷史郎合作的使用钢琴和激光的装置作品 *Collapsed*。"艺术与音乐——追求新共感"的策展人长谷川裕子也参与了沙迦双年展的策展工作，所以这些作品也得以巡回展出。

不只是阿联酋，其实中东地区我也是第一次到访。我发现地区不同，世俗化的程度也不一样，比如在沙迦便不允许饮酒。当地的工作人员告诉我们："如果想喝酒，请驱车30分钟去迪拜吧，在那里喝酒是合法的。"尽管如此，在旅程中我还是禁酒一周。沙迦是一个外籍劳工众多的国家，我们每天晚上都去当地的巴基斯坦餐厅，特意去吃那油乎乎的咖喱。

后来，在跟中东地区相关的工作事务上，我收到了沙特阿拉伯富豪艺术家的合作邀请，还收到了来自宏伟的音乐厅的演出邀请，甚至还被委托创作由中东地区投资的动画电影的音乐。可惜的是，因为病情，我没能够实现这些合作。

不喜欢旅游的性格

回想起来，2013年的那段时间我一直在旅行。从很久以前开始，音乐家就和旅行有着密不可分的关系。奥地利出生的少年莫扎特前往当时欧洲的音乐中心意大利旅行是众所周知的，而出生于德国的巴赫虽然从未访问过意大利，却一直对远方的那片土地魂牵梦绕，为此还模仿意大利式作曲风格创作了《意大利协奏曲》。巴赫对德国以南的这片土地一直有着向往，虽然从未踏足，但对异国情调的渴望仍然成为他创作的动力。

音乐家和旅行之间有着密切联系的一个原因当然是演出活动，在作曲家海顿生活的18世纪，演出活动的系统就已经确立。众所周知，海顿曾长期在匈牙利贵族埃斯特哈奇宫廷中任职，直至后来英国的演出经纪人注意到了海顿，向已经年老的他抛出橄榄枝："请您为伦敦管弦乐团的演出创作新曲吧。"海顿接受了他的请求，分两次创作了共12首"伦敦交响曲"。当时英国的市民阶层快速兴起，这场音乐会并非为了贵族阶层，而是为伦敦市民举办。演出取得了巨大成功，海顿也随之声名鹊起。可以说这就是现代音乐演出活动的起源。

虽然与我上面说的看起来有些矛盾，实际上我非常讨厌旅行，尽管在旅途中我可能会从目睹的事物中获得灵感。卡斯滕年轻的时候学过建筑，我跟他一起举办巡回演出时，只要有休息的时间，他就会跑出去参观当地的建筑，我基本上都会闷在酒店的房间里。当然，有时候卡斯滕也会邀请我一起出去玩。

我曾经为了宣传专辑去过葡萄牙，在那里发生了这样一件事。那时我独自在葡萄牙逗留，某天，当地唱片公司的工作人员一大早亲自开车带我在城里游览。当然，我也知道他是出于好意，便勉强跟着他出了门。在参观了几个所谓的旅游景点，一起吃过午餐，准备前往下一个景点时——正值下午三点——遭遇了堵车。我们的车在路上堵了好一阵子，完全没有前进的迹象。我的耐心被消磨殆尽，积累了一整天的压力爆发了——我打开车门,大声喊道:"我恨观光!"[8]然后就步行回了酒店。那位工作人员简直惊讶得下巴都要掉了。

在我离开葡萄牙的那一天,这位工作人员特地赶来送我,还向我低头致歉:"这次我没有征求坂本先生的意见就擅作主张,真的非常失礼。"他还递给我一瓶高级红酒赔礼。我反省着自己的不成熟,也理解他是出于百分百的善意才会带我去观光,于是一边说着"是我没有解释清楚,非常抱歉",一边接过了那瓶酒……一瞬间,我手滑了,红酒连瓶带酒砸到了地上,瓶子碎了,机场大厅的地板顿时染上了红色。空气中弥漫着红酒的芳香气味,显然这尴尬的气氛已经无法挽回。看着哭丧着脸的他,我想我真的做了一件很糟糕的事情。

白南准与约翰·凯奇

2013年4月,我参加了在华盛顿特区的史密森尼美国艺术博物馆举行的白南准大型回顾展纪念活动。自从念高中时在《美术手帖》上知道白南准,他对我来说就是偶像一般的存在。我特别喜欢他用小提琴创作的作品,比如 *Violin with String* 这件作品是在小提琴上系上绳子,艺术家本人在关岛街头像遛狗一样拖着小提琴走,而作品 *One for Violin Solo* 则因为捕捉了小提琴被敲烂的瞬间而闻名于世。在那天博物馆举行的纪念活动中，这两件作品融合在一起，藏在小提琴内部的小型麦克风和摄影机，将乐器"主观"视角所呈现的崩坏瞬间的声音和影像，投射在活动现场的大屏幕上。

我从十几岁开始就一直很尊敬白南准，直到1984年才有机会结识他。那一年，白南准的个展在东京都美术馆举行，我去探访正在布展的他。当我走向会场，他也从对面向我走来，说着"有朋自远方来，不亦乐乎"这个《论语》中的句子，伸出手来拥抱我，让我很感动。白南准是在日本殖民韩国时期接受过日语教育的那一代人，他自己也曾在东京大学读书，日语说得非常好。自那以后，我们变得十分亲密，我多次拜访过他在纽约SOHO区的工作室。那间工作室在一栋破旧的建筑物的顶层阁楼里，卫生间没有门，冬天去的时候，雪花穿过天花板上的洞飘进工作室。我还记得随行的浅田彰看到这一幕感慨道："这里就是真珠庵啊！"

我曾经跟着白南准去拜访过约翰·凯奇。我们聊了三个多小时，我对凯奇讲的一件事印象深刻。他说自己曾经在旅途中三次丢失行李，不巧三次都没能找回来，但他说每一次行李的丢失，都成了告别过去、重启人生的大好机会。凯奇深受禅学思想的影响，他认为我们不必为过往所束缚，舍弃过往的勇气反而至关重要，这也给了我很大的启发。

我虽然知道身为前卫作曲家的凯奇是一个"蘑菇狂人",对蘑菇的着迷程度超越了普通的"蘑菇爱好者",但当亲眼看到他家厨房里摆着的中式橱柜,以及上百个药品柜上排列整齐的蘑菇和草药时,我还是大受震撼。作为一名业余的研究者,他为蘑菇研究贡献了不少力量,还和友人一起参与创立了纽约菌类学会(New York Mycological Society)。据说凯奇喜欢蘑菇的原因之一是,在字典里"music"(音乐)和"mushroom"(蘑菇)是挨在一起的。他生前没有公开过自己的性取向。如果是在今天,我想他应该是一位"酷儿作曲家"。仔细想一想,蘑菇和其他菌类也都是非二元性别[9]的存在。

白南准和约翰·凯奇应该是在 1960 年认识的。当时凯奇去看白南准的演出,白南准发现凯奇来了,竟用手边的剪刀将凯奇的领带剪断并扔出窗外。2006 年,73 岁的白南准去世,纽约的艺术家们齐聚一堂,为他举行了盛大的葬礼。为了向这段逸事致敬,参加者中的数百位男性纷纷效仿白南准剪掉凯奇领带的举动,剪下自己的领带放进了白南准的棺木里。著名舞蹈家默斯·坎宁安也坐在轮椅上参加了葬礼,走之前还向我微笑致意。那真是美妙的瞬间啊。

在白南准去世 9 年后,他的伴侣久保田成子离开了人世,当时也举办了一场盛大的葬礼。如今久保田成子在日本也终于有了回顾展,逐渐为人所知。久保田还拍过一段名为 *Sexual Healing* 的迷人影像，记录了白南准晚年在医院里的生活。他们是代表纽约亚裔艺术家的非常有魅力的一对夫妇。

电影节的空间

那之后我的旅程还在继续。2013年8月底到9月初，我作为威尼斯国际电影节的评审访问了意大利。那一年主竞赛单元的评审团主席是贝纳尔多·贝托鲁奇，他在6月突然给我发了封邮件："我指定了你来当今年电影节的评审，所以你得来参加电影节。"对我来说，贝托鲁奇既是我的心灵导师，也是如同父亲一般的存在，他亲自拜托的话，无论如何我都不能拒绝。电影节的日程安排非常紧凑，评审们每天要看三到四部电影然后讨论，从20部影片中选出不同竞赛单元的获奖作品。

电影节的信息管理十分严格，评审在电影节举办期间不能接受任何媒体采访。可能也是出于这个原因，我们所有的活动路线都由主办方决定，在威尼斯机场下飞机，专用的豪华轿车早已等在那里。我们也不走普通旅客的通道，而是在一个特殊的房间里接受入境审查。当我在威尼斯市区的一家餐厅结账时，服务员对我说："坂本先生用餐不用付款。"评审的住所也是维斯孔蒂执导的电影《魂断威尼斯》[10]原著小说中主人公住的威尼斯丽都酒店——在这里，我受到了在日本无法想象的特殊待遇，也感受到了整个城市对电影节的重视和敬意。酒店位于丽都岛上，打开窗户就能看到阳光下闪闪发亮的亚得里亚海。

这一次，我终于有机会与贝托鲁奇共度一段悠闲的时光了。已经年过七十的他腰部不适，必须靠轮椅代步。一开始他非常厌恶轮椅生活，心情沮丧，很长一段时间都不愿出门。如果看过年轻时贝托鲁奇的照片就会知道他英气俊美，实际上他也是那种十分注重外表的人。毕竟他可是从小就被父亲的好友帕索里尼[11]疼爱，总是被牵着手去看电影的人啊。因为他有过一段不如意的日子，看到此刻他愿意以评审团主席的身份再次现身人前，我真的很高兴，我想他一定变得更加豁达了。

我觉得电影节是一个很不可思议的空间。与外界隔绝，却又能在内部与来自世界各地的电影人有密切的交流。这次来威尼斯国际电影节，我结识了一直以来都很喜欢我的中国台湾导演蔡明亮[12]。最初我们只是彼此随意地打了个招呼。四年后，我因为电影节再次到访威尼斯，在海滩上漫步时，突然听到有人喊："龙一！"我转过头，蔡明亮就像意大利电影中的角色般奔跑过来，给了我一个大大的拥抱。他是一位已经出柜的艺术家，表达爱的方式很丰富。后来，我们还在台北见过面，我也为他的电影《你的脸》[13]制作了原声音乐。

对我来说，通过担任电影节评审，可以接触到许多未知的电影，这也很有意思。2018 年在柏林电影节主竞赛单元担任评审时，一部在南美洲巴拉圭共和国（以下简称"巴拉圭"）拍摄的作品让我非常感动。巴拉圭是一个贫困国家，每年大概只能制作三部电影。这部电影将镜头对准了一对初老[14]女性伴侣，我想在巴拉圭的高压政治体制下这部作品可能很难上映，但我也对制作方敢于坚持完成这部作品并在国外电影节上展出表示钦佩。在柏林电影节上，我还观看了已经去世的中国电影导演胡波[15]拍摄的《大象席地而坐》[16]。他是匈牙利著名导演贝拉·塔尔的爱徒，被寄予了厚望，但在完成这部近四个小时的电影之后，他在 29 岁结束了自己的生命。整部电影中流淌的混在噪声中的原创音乐也非常出色。后来经过介绍，我认识了制作这部电影原声音乐作品的中国乐队花伦[17]，并与他们保持了联系。

在 2013 年威尼斯国际电影节短短两周的时间里，我邂逅了形形色色的电影，也结识了许许多多的电影人，还接触到了各种不同的国情。对于区域性趋向越来越强的音乐界来说，电影作品可以在全球范围内进行如此大规模的传播，让我十分羡慕。不论是在北欧还是在中东，我想之所以有这么多人知道我，不仅是因为我在音乐领域的活动，还因为我参演了大岛渚导演的《圣诞快乐，劳伦斯先生》或创作了贝托鲁奇电影作品的原声音乐。直到现在，意大利人还是会说我是"贝托鲁奇组"的成员，称呼我为"Luigi Sakamoto"[18]，并将我视为他们的朋友。

渐近能乐[19]之路

2013年是山口媒体艺术中心开馆十周年，我与其一直都有许多合作。这次我担任了周年纪念活动的艺术总监，并创作了音乐装置作品《森林交响曲》（*Forest Symphony*）和《水的样态1》（*Water State 1*）。我在《森林交响曲》中尝试将树木发出的微弱生物电流转化为音乐，并通过扬声器将建筑师矶崎新设计的山口媒体艺术中心的空间呈现为一片森林。而《水的样态1》则是以高谷和我长期关注的"水"为主要素材创作的作品。

此外，2013年10月，我与野村万斋合作了一场限定演出一天的能乐作品。长期以来，我对能乐、歌舞伎、茶道、花道等被视为日本传统艺术的领域有所避讳，因为认为它们会让人联想到民族主义和军国主义。然而，当我50岁到访非洲，为那里美丽的鸟儿着迷时，不禁苦笑："原来这就是我长期以来逃避的'花鸟风月'的世界。"从此开始逐渐对日本的传统艺术领域产生了兴趣。其实年轻时我也对能乐好奇过，但当时没有太多机会观看。我第一次将能乐融入自己的音乐创作是2011年3月11日录制电影《一命》的原声音乐，当时还邀请了大鼓演奏家龟井广忠[20]帮忙。

山口媒体艺术中心的能乐演出分为两个部分。第一部分是用新的排演手法演出了古典狂言《田植》、舞囃子《贺茂 素働》和素囃子《猩猩之乱》，我在《猩猩之乱》中进行了钢琴演奏。我选择上演这些剧目的原因，是它们描绘了水与大气向稻田、云和海洋逐渐变化的过程，都是我感兴趣的东西。

第二部分是名为《生命—井》(*Life-Well*)的新装置作品，我和万斋、高谷史郎一起准备。我很喜欢的爱尔兰诗人威廉·巴特勒·叶芝[21]生活在19世纪后期到20世纪初，他一生中从未到访过日本，却留下了好几部能乐剧本。和叶芝同一时代的美术史学家欧内斯特·费诺罗萨[22]当时生活在东京，他向自己的朋友、诗人埃兹拉·庞德[23]传授了能乐知识，庞德又将这些知识转授给了叶芝。叶芝凭借自己的想象力，创造出了一个原创的能乐世界，其中最著名的作品就是《鹰之井畔》(*At the Hawk's Well*)。作品讲述的是：凯尔特神话中的英雄库·丘林为了喝不死之水而来到山中的井边，但井旁的老人告诉他水已经干涸。这时，看守这口井的女子突然发出鹰一样的声音，并开始起舞，库·丘林被她的舞蹈吸引。舞蹈结束后井周围恢复了原样，库·丘林也忘记他为什么来到这里——这个故事中发生的一切都可以解释为老人的一场梦，整部作品具有神秘色彩。

《生命-井》演出情景

后来，《鹰之井畔》被反向输入日本。"二战"后，能乐研究者横道万里雄创作了改编作品《鹰姬》，至今仍在上演。在《生命-井》中，我们将《鹰之井畔》和《鹰姬》的内容混在一起，实验性地将两部作品无缝衔接为一个特别版。我们在之前与高谷先生在山口媒体艺术中心制作的装置作品《生命-流动，不可见，不可闻……》的水箱下搭建舞台，投射影像，万斋则亲自扮演了主角空赋麟[24]。能乐方面，万斋召集了一流的能乐师担任囃子伴奏。虽然很可惜客座只能容纳大约 200 人，但我认为那是一个拥有豪华配置的能乐舞台。

在能乐中，无论是太鼓还是笛子，都会发出仿佛可以撕裂空间的强烈声响。相比之下，钢琴的音色总是会显得比较柔弱。我想这是因为钢琴是一种需要串联音符才能演奏的乐器，确实无法与用一个音符就能散发出强烈存在感的日本乐器相提并论。因此，我使用了在钢琴琴弦上放了导管和石头的"预制钢琴"，故意制造噪声，来配合演出。

2012 年在纽约，受音乐家朋友约翰·佐恩（John Zorn）的委托，我在他经营的小型艺术空间"The Stone"进行了为期一周的即兴演奏表演，当时我为了每次都能演奏出新的声响，在钢琴琴弦上放置过铁丝、金属制的火筷子和报纸等。这是约翰·凯奇在几十年前就尝试过的手法，尽管早已不再稀奇，但我认为这仍然是将钢琴——这种为特定的音乐风格精心制作的乐器，变回一种发声的"物品"的有效手段。在这个连续即兴表演活动中的某一天,我邀请了居住在纽约的女性能乐师,提议一起来即兴演奏《道成寺》的乱拍子[25]。《道成寺》的表演者在一分钟内动用所有注意力来控制身体,因此需要精神高度集中。《道成寺》是我最喜欢的能乐剧目之一。

站在前沿的能乐表演者们,当然也包括万斋在内,以前就一直非常积极地渴望将西方音乐表现融入能乐表演中。例如,生于观世流[26]家庭,在战后不久横空出世的观世寿夫和观世荣夫两兄弟,便可以说是尝试了相当离经叛道的表现方式。特别是被称为"昭和世阿弥[27]"的兄长寿夫,在能乐舞台上使用 Aki Takahashi[28]的钢琴伴奏进行了极具创新的表演,而且活动领域并不局限于能乐,他参加的"冥之会"[29]也曾演出希腊悲剧和贝克特的《等待戈多》。

而我想,2021 年去世的日本法国文学研究者渡边守章[30]教授也继承了这种跨界精神。渡边教授除了从事文学研究,还活跃在戏剧导演领域的最前线。晚年时,他还以"马拉美计划"为名,在京都艺术剧场春秋座进行过他一直在研究的马拉美[31]作品的朗诵表演。我也曾收到他的邀请,为包括《伊纪杜尔》在内的几部作品进行音乐创作。高中时,我在 NHK 的节目《法语教室》上第一次见到渡边教授,他帅气的外表和一口令人惊艳的法语都让我印象深刻。但直到很久以后我才知道他不单是著名学者,还一直在从事戏剧领域的专业活动，而且是最早将米歇尔·福柯的著作译介到日本的人。十几岁还是学生的万斋，也很快注意到了渡边教授。这样说起来，很多东西是有联系的啊。

指挥家的风范

2014年年初，我与铃木邦男合作出版了《爱国者的忧郁》[32]一书。铃木先生是日本右翼团体"一水会"的名誉顾问，经常在首相官邸前的"反核"示威活动中露面，我们就是在那里认识的。一开始我也有点害怕他，但近距离接触后发现，他的眼神非常温和。实际交谈后，我们的见解意外地有很多契合的部分。我和铃木对震灾后的日本的处境都有着强烈的危机感。尽管我们在天皇制度、自卫队、领土问题等方面存在分歧，但通过与他的对话，我也学到了一些新的看待事物的角度。特别是他说的"先有个人，才有国家，没有人是为了给国家捐躯才出生的"这句话让我深受感动，我觉得这才是真正的爱国者应该有的态度。

从4月开始，我以石川县立音乐堂为开端，在日本国内共计7个场馆举办了"Playing the Orchestra 2014"音乐会的巡回演出。2013年我也举办过弹奏钢琴的管弦乐演奏会，但对当时的演出有些不满意，所以这次我决定弹钢琴的同时担任管弦乐队的指挥。

这就是所谓的"边弹边指挥"。

虽然没有正式接受过乐队指挥教育，但在上小学时，我就被电视上赫伯特·冯·卡拉扬[33]流畅的指挥风范吸引，拿铅笔当指挥棒，闭上眼睛模仿他的指挥。卡拉扬的指挥，有一种与其他著名指挥家不同的优雅。同时，我也非常喜欢与卡拉扬截然不同的威廉·富特文格勒[34]那种朴实无华的指挥风格。

年轻的时候，我有过几次指挥管弦乐队的机会，也曾经经历"乐队霸凌"。对于专业的管弦乐队演奏者来说，他们一眼就能看出我没有接受过专业的乐队指挥训练，所以会故意不听从我的指示，改变演奏方式，总之就是会搞一些小动作。但我也不是好惹的，有时甚至会冒犯年长的演奏家，对他们说："如果你不想干的话，就回家吧！"

指挥是非常有趣的事情。即使手头有相同的乐谱，演奏的是相同的管弦乐队成员，但指挥不同，呈现出的音乐也完全不同。指挥家给出的指示是"请——"还是"砰！"，乐队成员的反应显然也会不同。指挥家只是动动小指，也会产生某种意义，有时甚至一个眼神也会对乐队的演奏产生影响。因此，一流的指挥家绝对不会有多余的动作。

管弦乐队成员喜欢可操作性强的指示。他们希望听到的是"这里需要更大声""这里需要更强有力"等具体的指示。但我在指挥时偶尔会有意使用诗意的表达。例如，"想象这里是深林中一片人迹罕至的湖泊,就像是在镜子般的湖面上掀起微波那样——"。我想这样的指示也是因为沟通的对象是人类才有可能实现吧,对 AI(人工智能)来说也许就无法理解。

曾经有一次,我的指挥得到了黛敏郎[35]先生的夸赞,他表扬说:"坂本指挥得很好。"能从时髦又风度翩翩的黛先生那里听到这样的赞美,我自然很高兴。黛先生很尊敬三岛由纪夫,而我认为他是"二战"后日本作曲家中最有才华的人之一,与武满彻[36]先生可以平起平坐。他因为做什么都很厉害,也许反而会给人一种"多才多艺,却博而不精"的印象。

黛敏郎从学生时代开始就从事乐队和电影音乐的工作,所以生活得很体面。有一天,他听到这样的传言:"有一个叫武满彻的人很有意思,他是一位很有才华的作曲家,但非常贫穷,甚至连乐器都买不起。而且他和妻子都患有肺炎,现在还在病榻上。"他们彼此并不认识,但黛先生寄送了一架钢琴给武满彻先生。我觉得他做了一件非常优雅的事情。当然武满彻[36]先生本人也非常感动。

黛先生也一直很照顾我。1984 年,他邀请我参加他主持的电视节目《没有标题的音乐会》。当时,他在节目中介绍了我 8 年前,作为艺大研究生毕业论文写的管弦乐曲《反复与旋回》,还说"一直把这份乐谱带在身上"。后来,这个节目我还参加过好几次。

在谈山神社欣赏《翁》

2014年5月,通过能乐工作结识并成为朋友的小鼓演奏家大仓源次郎,邀请我一起去奈良县的谈山神社观看能乐《翁》的演出。谈山神社位于多武峰山顶,距离奈良县的明日香村大约一个半小时车程,作为"大化改新"[37]的历史圣地而闻名。参观神社时,我发现神社的侧面有山泉汩汩不断地涌出。这泉水流经奈良盆地,最终注入大阪湾。目前活跃在日本能乐界的能乐师们,都与这条小河有一些渊源,他们都是秦河胜这位"艺能之神"移民的后裔,而现在获得了"人间国宝"称号的大仓先生,听说本名也姓秦。

每年春季,谈山神社会以献祭的形式演出《翁》,这一行为也被认为是日本能乐的起源。然而,《翁》的内容非常难懂,就连能乐专家和能乐师也不能完全理解。我想作品中那句突然出现的毫无意义的台词"とうとうたらりたらりら"[38],也许正与这片土地的泉水和农业有关。

我个人认为,"翁"也许是天孙族来到这片土地之前山人的神明。我想"大化改新"的谋划也与神明有关,当时的中大兄皇子和中臣镰足在进行重要的政治改革时,应该会前往谈山神社求助神明之力。《翁》这个剧目,保持了作为供奉神的祭典活动的宗教特性,同时还受到了佛教、和歌等文化的影响,在经历了漫长的时间后,以能乐的形式在室町时代固定下来。我一边想着这些假设,一边观看了《翁》的演出。

这只是我的个人猜测,没有任何根据。即便如此,或许也不能说这个假设完全错误。《翁》这个剧目分为三个部分,没有类似世阿弥精心设计过的生动故事情节,充满了难解的谜团,也正因为如此,才有着经久不衰的魅力。我想在很久以前,日本列岛上可能有许多原住民。因此,不仅在奈良的纪伊半岛,甚至在距离东京很近的房总半岛、伊豆半岛,以及诹访等山区,像谈山神社一样在大和朝廷统一之前留下的"文化原石"意外地仍然存在——光是想象这些,就让我觉得非常有趣。

札幌国际艺术节

2014年举办的札幌国际艺术节是一场值得纪念的盛大活动。这一年,札幌国际艺术节首次举办。自从两年前被任命为客座导演以来,我多次前往北海道,踏踏实实地进行了准备。其实一开始收到邀请时我非常犹豫,但就像电影节的评审工作一样,我想艺术节的工作也需要机缘,不是主动请缨就一定有机会去做的,所以我最后下定决心接受这个挑战。

北海道是自明治时代以来,日本政府以"开拓"为名,建立的一块具有近代化象征性的土地。这片土地本来是阿伊努族的世代栖息之所,但大和族以暴力手段侵入,建设了札幌这样的大城市。所以,这次艺术节以"城市和自然"为主题,通过回顾包括环境破坏在内的日本近代化进程,反思过去犯下的错误,我希望为生活在 21 世纪后现代的我们提供一些重新审视生活方式的新视角。既然接下了这个工作,我就想举办一个有别于动辄用上亿日元交易艺术作品的现今行业趋势的、独一无二的艺术节。

当然,如此大型的艺术节的导演工作对我来说也是第一次,所以其实我不知道应该参与到什么程度。后来才知道,我似乎做了很多原本不需要去做的工作。我主动联系了有交往的岛袋道浩[39]和毛利悠子[40],让他们为艺术节提供新作品;以"北海道的雪"为主题,策划了中谷宇吉郎[41]的展览;找到了对近代化持有批判精神的沙泽比奇[42]和工藤哲巳[43]的雕塑作品。我甚至还想在艺术节期间展出安塞尔姆·基弗的装置艺术作品,因此我看了日本国内所有美术馆收藏的基弗的作品,并从中选择符合主题的,锲而不舍地追求每一个细节。当然,这些事我不可能一个人完成,担任联合策展人的专家饭田志保子给予了我非常多的帮助。

作为艺术节的参展艺术家,我自己也在北海道的空中玄关——新千岁机场——提供了展期播放的"欢迎音乐"。我不仅要邀请合适的艺术家,而且无论如何都想在艺术节上呈现让我印象深刻的西迪·拉尔比·切尔考维[44]和达米安·贾利特[45]的现代

舞作品 *Babel(words)*。由于艺术节本身的预算不够，我还策划了东京演出以寻找艺术节的赞助商。因为我觉得他们的舞蹈表演，是皮娜·鲍什[46]去世后全世界顶尖的水准啊。

那段时间，我同时承担了山口媒体艺术中心开馆十周年庆典和札幌国际艺术节导演的工作，完全沉浸在艺术的世界里。我从小学四五年级开始就喜欢看画册，尤其欣赏马奈、莫奈、雷诺阿、塞尚等印象派画家的画。我还尝试临摹过马奈的女性肖像画，尽管画技有些拙劣。进入高中之后，我正式接触现代艺术，最初是在杂志上知道了约瑟夫·博伊斯和安迪·沃霍尔等艺术家的存在。

上高中之后我看的书也和以前不同。一位尊敬的学长曾向我推荐埴谷雄高[47]的《虚空》，他在学校的图书馆里指着这本书对我说："你读一下这本。"我这才恍然大悟，这就是我父亲经常在家里与其通电话的那位 Yutaka Haniya（埴谷雄高）啊！那一瞬间，"Haniya"的发音和"埴谷"两个字在我脑中对应起来。

20 世纪 60 年代后期，东京街头还有艺术电影院。现在想想，我有点早熟，这也是典型的"中二"文艺青年的行为吧。在电影院看完戈达尔[48]的作品后，我会一个人去新宿的爵士咖啡馆逛逛。我经常光顾的是"维也纳"咖啡馆，还有附近名叫"风月堂"的音乐咖啡馆——那里有很多客人打扮得像前卫诗人，所以我老在心里笑他们有点装模作样。但我自己戴着校帽，大概从高二开始穿牛仔裤，走不修边幅的"Bankara"[49]路线。后来，我就读的新宿高中因为学生坚持抗议而取消了穿制服、戴帽子等规定。

话说，当时的市立高中实行学校群制度[50]，新宿高中和驹场高中属于同一组，会共同招生，从考上的学生中选择成绩差不多的统一分配学校。后来成为艺术家的冈崎乾二郎比我小三岁，不知道为什么，他当时应该连我长什么样都不知道，却十分崇拜我，还报考了我所在的新宿高中，但最后被分配到了驹场高中。新宿高中的男女比例大约是3∶1，而驹场高中是3∶5，我其实更想去的是驹场高中。

话题有点跑偏了。总之，从我在高中时期开始对艺术感兴趣以来，2014年可以说是我最认真对待艺术的时期，为了更新自己的艺术知识，我也做了很多努力。2013年秋天，我甚至为了看阿尼什·卡普尔[51]的展览而特意跑去柏林。在入境时被问到"您来德国的目的是什么"时，因为我根本没有在柏林观光的打算，便不假思索地回答："为了看卡普尔的展览。"那位工作人员听完目瞪口呆。卡普尔在震灾后与建筑师矶崎新合作，为琉森音乐节设计了可移动式音乐厅"新方舟"，因而在日本也很有名。

2014年春天，我还去建筑师菲利普·约翰逊[52]位于美国康涅狄格州的住宅"玻璃屋"（Glass House），观看了中谷芙二子[53]的"雾之雕塑"展。这个现代主义设计风格的房子本身很小，四面都是玻璃，没有任何隐私可言。但令人惊讶的是，据说这片土地，甚至包括能看到的地平线在内，都是约翰逊家族的财产。继承了父亲财富的菲利普，也是一位现代艺术收藏家。在这片土地上，还有一家比"玻璃屋"大得多的后现代建筑风格的画廊。

构想的开幕式

要承办艺术节，就必须与当地的政治家和名流搞好关系。札幌国际艺术节是使用了纳税人缴纳的税金的正式项目。作为艺术节的代表，我也去了商工会议所的青年部和当地名流聚集的地方，拜托他们"务必支持艺术节项目"。明明我最不擅长的就是这种社交应酬。有一次，因为压力太大，饭局结束后第二天我就发烧了。

尽管如此，札幌市市长上田文雄是律师出身的自由主义者，我与他在"反核"等问题上观念一致，因此在札幌举办艺术节其实相对容易。但山口市是时任首相安倍晋三的地盘，我们遇到了很多麻烦。山口媒体艺术中心是山口市的设施，市议会的保守派议员非常反对我参与，称："不能让坂本龙一这样的人成为总监！"在十周年纪念项目准备期间，恰逢山口县知事选举，我正好认识其中一位革新派候选人，他要与现任候选人竞争，所以现任候选人也通过认识的人向我施压，要求我"不能为对手发表支持演讲"。

对我来说，这次难得可以与行政方面联手，我也有一个目标——希望能在札幌这个日本的北方城市，建立一个与山口媒体艺术中心齐名的媒体艺术中心。当时，札幌市刚刚加入联合国教科文组织创意城市网络（UCCN），我想他们之所以任命并非专门从事美术行业的我来做导演，应该也是出于这个原因。如果在艺术节结束后，也能以新建的媒体艺术中心为基点，继续传播北海道的艺术文化，我们一定能够在世界范围内得到认可。

上田市长也很支持我的计划，赞成把历史悠久的札幌市资料馆改造成艺术中心，并且举行了翻新此建筑的竞标比赛。我们选出了第一名，很遗憾，计划最终未能实现。后来，市长换了人，市里的负责人三年后也换了另外一批。实在令人叹息。反过来说，虽然属于日本自民党的地盘，但山口媒体艺术中心目前仍然是日本唯一拥有研究所的媒体艺术中心，并持续运营，活跃在艺术领域的前线，这是很了不起的事情。

作为札幌国际艺术节的开幕活动，我们计划在由野口勇[54]设计的莫埃来沼公园上演《祝寿北之大地》，这场表演融合了能乐和阿伊努族古典舞蹈。我们邀请了野村万斋和观世清和，让他们表演我在谈山神社欣赏的《翁》，以及《高砂庆典之式》与《福之神》。同时在带广卡姆伊东乌泼泼保存会[55]会长酒井奈奈子的协助下，我们邀请了传承阿伊努族文化的人来表演《萨洛伦里姆塞》(丹顶鹤之舞)、《艾姆斯里姆塞》(剑之舞)和《卡姆伊尤卡尔》(神曲)等节目。

在北海道举办艺术节,我认为我们不能忽视这里曾是开拓者与阿伊努族之间的战场,以及曾经发生的近代日本人对阿伊努族人的歧视。我想我们首先需要一个和解的仪式,换句话说,我制订的计划旨在让"大和之神"与"阿伊努之神"共同为北之大地庆祝。然而,就在活动即将开始之际,天降暴雨,活动不得不临时取消。其实当时,我在家里的庭院里向阿伊努之神祈祷,希望活动能够顺利进行,但也许正是我的举动招致了突发状况。大家都觉得太遗憾了,万斋和他的团队在准备后台表演了《翁》中的《三番叟》这一部分,并通过视频向我们展示,希望能给我们一些安慰。

根据我的构想,还计划在开幕式上放飞鸽子。20 世纪 80 年代,我去尚未被开发成旅游胜地的巴厘岛,走在当地的稻田道上,突然天空传来"嗖——"的一声,我惊讶地仰头一看,发现有数十只鸽子佩戴哨子,在空中绕着大圈旋转。随着鸽子的移动,这哨声也成团似的去到远处,然后又返回我的头顶上方。

我被这个偶然看到的场景深深震撼,想着这便是终极的环境艺术吧。这个场景一直印在我的脑海里,因此我很想借艺术节这个机会,在开幕式上再现它。每次去札幌出差,我都会去当地的工厂探访,反复调整哨子的形状,希望它们能发出优美的声音。

同时也请求鸽子饲养员们的协助,为开幕式的表演——"Whirling noise– 旋转噪声"做准备。在开幕式当天,市长宣布"札幌国际艺术节现在正式开幕"的瞬间,我们将佩戴哨子的鸽子一齐放了出去。但出乎意料的是,没有一只鸽子在空中旋转,它们迅速地飞走了,美妙的哨声也根本没能在空中响起,真的就是一瞬间的事。也许是鸽子不习惯莫埃来沼公园的环境,迫不及待地想回到自己的巢中,抑或是它们感觉到周围有鹰之类的猛禽的存在而害怕了。总之,就是一个很尴尬的场面……

虽然现在看来这个滑稽的开幕式可能成了一个笑话,没能在现场亲自见证我还是觉得很可惜。当时我只能在纽约家中默默地注视着转播屏幕……我为这个艺术节花费了很多心血,也做了相当多的准备,最终却在整个展期都无法前往当地实际参与。因为我在艺术节举办前夕的体检中,第一次发现罹患癌症,自此不得不专注于治疗。

这简直是晴天霹雳。

1　声呐音乐节(Sonar)始于1994年，是欧洲最大规模的电子音乐节之一，每年6月在西班牙巴塞罗那举办。除了巴塞罗那之外，该音乐节也曾临时在全球其他城市举办。

2　《妇人画报》是日本历史最悠久的女性时尚杂志，由小说家、诗人国木田独步于1905年创办。

3　在"二战"后日本经济高速增长的过程中，重化工业得到迅速发展，出现了大气污染、水质污染等严重公害现象。由于当时未能采取充分的环境对策，这些问题给民众的健康造成了严重危害。

4　比约克，冰岛著名歌手、音乐制作人，曾是"糖"乐队主唱。2008年，曾在上海演唱会上突发不当言论，后被依法进行处理。https://www.chinanews.com/cul/news/2008/03-07/1185735.shtml

5　《埃达》(*Edda*)是古代冰岛两部文学作品的总称：一部通称《新埃达》，亦称《散文埃达》，传说编著者是冰岛诗人、编年史家斯图鲁松；另一部通称《老埃达》，亦称《诗体埃达》。内容多与北欧神话、传说有关。

6　《古事记》是日本古史书，由稗田阿礼口述，元明天皇审定，太安万侣编写，于公元712年(和铜五年)成书。记载了日本开天辟地至推古天皇间的传说与史事，也是日本最古老的文学作品。

7　真珠庵位于日本京都市北区紫野，是临济宗大本山大德寺内的塔头，开山祖师是日本著名的禅师一休宗纯，在应仁之乱中被烧毁，于延德三年(1491)由堺市的富商尾和宗临重修。

8　原文是英语"I hate sightseeing!"。

9　非二元性别，是指超越传统意义上根据生理特征对男女进行性别划分，不单纯属于"男性"或"女性"这一固有框架的性别自我认同。蘑菇和其他菌类的性别由被称为"性别位点"的DNA片段控制，由于蘑菇和其他菌类种类较多，性别位点可能有不止两个类型，因此也不符合传统的二元性别的认知。

10　《魂断威尼斯》(*Death in Venice*)是于1971年上映的意大利电影，由卢基诺·维斯孔蒂执导，德克·博加德等主演。故事改编自托马斯·曼的同名小说，描述一位中年作曲家在威尼斯度假时的经历。

11　皮埃尔·保罗·帕索里尼(Pier Paolo Pasolini, 1922—1975)，意大利作家、编剧、导演、演员，执导电影《十日谈》《坎特伯雷故事集》等。

12　蔡明亮，出生于1957年，中国台湾电影界代表人物之一。

13　《你的脸》(*Your Face*)为中国台湾导演蔡明亮的作品，2018年第75届威尼斯影展入选非竞赛单元，该片邀请坂本龙一制作原声音乐。

14　"初老"是指即将步入老年的人。原本和"花甲""古稀"等一样，是庆祝长寿的习俗之一。"初老"所代表的时期，随着时代的变迁而变化。在奈良时代，"初老"是指40岁。现在的日本，一般认为60岁左右是"初老"。

15　胡波（1988—2017），笔名胡迁，中国导演、编剧、作家。

16　《大象席地而坐》是胡波执导的唯一一部长篇电影作品，剧本改编自他的小说集《大裂》中的同名小说，由章宇、彭昱畅等主演。

17　花伦(Hualun)是中国摇滚乐队，2004年11月在武汉成立。

18　"Luigi"（路易吉）是意大利男性常用的名字，与坂本龙一的名字"Ryuichi"日语发音相似。

19　能乐是日本的一种古典乐剧，与狂言、歌舞伎并称日本三大传统技能。

20　龟井广忠(Hirotada Kamei)，出生于1974年，日本能乐大鼓演奏家，能乐嚼子葛野流大鼓方门派第

137

十五代传人。

21 威廉·巴特勒·叶芝（William Butler Yeats, 1865—1939），爱尔兰诗人、剧作家、散文作家，1923 年获得诺贝尔文学奖。

22 欧内斯特·F. 费诺罗萨（Ernest Francisco Fenollosa, 1853—1908），美国美术史学家、哲学家，著名东方学者，19 世纪末 20 世纪初活跃于日本。

23 埃兹拉·庞德（Ezra Pound, 1885—1972），美国诗人、文学评论家，意象派诗歌运动的重要代表人物，后期象征主义诗歌的领军人物之一。

24 主人公"空赋麟"的日语发音为"Kūfurin"，与《鹰之井畔》原作中"库·丘林"（为クー・フーリン）的日语发音相同。

25 乱拍子是日本能乐中的一种舞蹈，由小鼓伴奏，具有特殊的舞蹈步伐和形式。现在，乱拍子只在能乐剧目《道成寺》中表演，是一种难度极高的传统技艺。

26 观世流，日本最著名的能乐流派之一，以强调优美和雅致著称。14 世纪由观阿弥（Kanami, 1333—1384）创立。

27 世阿弥（Zeami, 1363—1443），日本能乐演员、谣曲作家，"观世流"一派的主要代表，与其父观阿弥共同改革和发展能乐表演艺术。

28 Aki Takahashi，出生于 1944 年，专门研究当代古典音乐的日本钢琴家。

29 冥之会（冥の会）是日本知名能乐师观世寿夫组织的一个艺术团体，由能乐师和话剧表演者组成，致力于将传统艺术与现代戏剧相结合。

30 渡边守章（Moriaki Watanabe, 1933—2021），日本法国文学学者、舞台剧导演。

31 马拉美（Stéphane Mallarmé, 1842—1898），法国象征主义诗人、散文家，早期象征主义诗歌代表人物之一。1876 年，作品《牧神的午后》在法国诗坛引起轰动。

32 在《爱国者的忧郁》这本书中，拥有截然不同的立场和思想的坂本龙一与铃木邦男，就日本社会存在的反核、和平演讲和日本的宪法等现实问题进行了对谈。

33 赫伯特·冯·卡拉扬（Herbert von Karajan, 1908—1989），奥地利指挥家、键盘乐器演奏家和导演。

34 威廉·富特文格勒（Wilhelm Furtwängler, 1886—1954），德国指挥家、作曲家。

35 黛敏郎（Toshiro Mayuzumi, 1929—1997），日本作曲家。"二战"后日本古典音乐、现代音乐界代表人物。

36 武满彻（Toru Takemitsu, 1930—1996），出生于 1930 年，日本现代音乐作曲家。在电影和电视等领域广泛开展了前卫音乐活动。

37 "大化改新"是 645 年日本实行的一系列社会政治改革。主要内容是废除当时豪族专政的制度，并效法中国唐朝体制成立中央集权国家，对后来日本历史的发展影响深远。

38 "とうとうたらりたらりら"是《翁》的开头唱词中的一句话，其确切意思在能乐界也尚不明确。根据不同的流派，也可能被写作"どうどうたらり"或"どうとうたらり"等。

39 岛袋道浩（Michihiro Shimabukuro），出生于 1969 年，日本艺术家，作品以与人类生存方式、新型沟通方式有关的表演、装置和视频为主。

40 毛利悠子（Yuko Mohri），出生于 1980 年，日本艺术家，作品常将日常生活用品、玩具、乐器和机械零件等东西结合，以感受磁力、重力和空气流动等无形力量的装置为主。

41 中谷宇吉郎（Ukichiro Nakaya，1900—1962），日本物理学家、散文家，北海道大学教授，以研究雪晶体著名，是制造出人工雪的第一人。

42 沙泽比奇(Bikky Sunazawa，1931—1989)，日本雕刻家，因 1971 年设计阿伊努族旗帜而闻名。

43 工藤哲巳（Tetsumi Kudo，1935—1990），日本当代美术家、造型艺术家。

44 西迪·拉尔比·切尔考维（Sidi Larbi Cherkaoui），出生于 1976 年，比利时舞蹈家、编舞家和导演，欧洲现代舞领域前卫代表人物之一。

45 达米安·贾利特(Damien Jalet)，出生于 1976 年，比利时裔法国自由编舞家、舞蹈家和表演者。

46 皮娜·鲍什（Pina Bausch，1940—2009）德国最著名的现代舞编导家，欧洲艺术界影响深远的"舞蹈剧场"创立者。代表作有《穆勒咖啡馆》《春之祭》等。

47 埴谷雄高（Yutaka Haniya，1909—1997），日本政治思想评论家、小说家。坂本龙一的父亲坂本一龟是埴谷雄高的责任编辑，两人私交甚笃。

48 让‐吕克·戈达尔（Jean-Luc Godard，1930—2022），法裔瑞士籍导演、编剧、制作人，法国新浪潮电影的奠基者之一。

49 Bankara(バンカラ、又写作蛮カラ)，与崇尚优雅整洁着装的 High Collar(ハイカラ)风格相反，摒弃精致、阴柔，崇尚粗野、不修边幅。19 世纪末兴起，后来在 20 世纪六七十年代日本新左翼学生运动中再次流行。

50 学校群制度是日本高中入学考试的一种选拔方式。该制度通过将几所学校组成"群"，并按平均学力将考生分配到各群中的方法来消除学校间的差异。这一制度仅适用于部分自治体的公立全日制高中普通科，2004 年被全部废止。

51 阿尼什·卡普尔（Anish Kapoor），出生于 1954 年，印度裔英国雕塑家、画家及造型艺术家。

52 菲利普·约翰逊（Philip Johnson，1906—2005），美国著名建筑师、建筑理论家。

53 中谷芙二子（Fujiko Nakaya），出生于 1933 年，日本艺术家，以使用人工雾创作"雾之雕塑"艺术作品而闻名。

54 野口勇（Isamu Noguchi，1904—1988），是 20 世纪著名的雕塑艺术家，他的作品不局限于雕塑创作，还涵盖家居设计、都市公共艺术、庭院空间设计等多个领域。

55 带广卡姆伊东乌泼泼保存会（带広カムイトウウポポ保存会）是日本北海道的一个组织，旨在传承和保护原住民阿伊努族人的歌曲、舞蹈、仪式等文化遗产。在阿伊努语中，卡姆伊（カムイ）意为"神"，东（トウ）意为"湖泊"，乌泼泼（ウポポ，音译）意为"歌"。

第五回 初次受挫

疗养期间在夏威夷感受微风吹拂

野口推拿与长寿饮食法

我第一次感受到"衰老"是在我 42 岁的时候。那天我像往常一样走进工作室准备录音,坐在椅子上,拿起乐谱,却发现眼前的五线谱有些模糊,不知为何看不清音符的位置。一开始我以为是灯光太暗的缘故,让助手又拿了一盏灯过来,可眼前的乐谱还是模糊不清。好奇怪啊,我又尝试调整了桌子的高度,但情况依然没有好转。我靠着椅背发了好一会儿呆,这样下去我没办法工作啊,这可如何是好。

过了一会儿,我又拿起乐谱,发现刚才看不清的五线谱和音符现在又清晰可见了。我将左手拿着的乐谱前后移动,发现与前一天相比,在我视力范围内能够清晰看到的点确实变远了。这就是我意识到自己变成老花眼的瞬间。我从小到大视力一直保持在 1.5,这种眼前的东西一片模糊的体验对我来说也是头一遭,这让我大受震撼,但确实也束手无策。即便对"老"字带有抵触情绪,无奈之下我还是决定配一副老花镜。第一次戴上老花镜的瞬间，我发现眼前简直可以说是一个崭新的世界，没戴老花镜的时候我错过了多少事情可想而知……这也让我感到失落。

数年后，我再次参与了大贯妙子的专辑制作，在纽约最后一天录音时，我们邀请了一些音乐家和附近的朋友，在工作室举办了庆功宴。在完成了有成就感的工作之后，喝的酒也比平常更加美味。在我开心地喝得醉醺醺的时候，那天的主角大贯妙子走过来对我说："给我看看你的手相吧！"她也喝高了。看着她笑嘻嘻的脸，我也很放松，毫不犹豫地把手掌伸了出去，但她看着我的手掌，神色渐渐凝重起来。我有一种不好的预感，接着大贯妙子好像很难以启齿似的，嘀咕道："你这样下去的话，来日不长哦！"她的口气很认真，绝不像是在开玩笑。

大贯妙子对我说，只有一种方法可以救我，那就是野口推拿。野口推拿是野口晴哉在"二战"后不久创立的治疗方法，与那种常见的用手"咔嚓"一下掰骨头的按摩不同，它似乎还有一些涉及改善人的心性的理论。大贯妙子也跟我说"一旦开始推拿治疗，以后就离不开它了哦，要活着可能会变得更不容易"，但当时我最小的儿子只有 5 岁，我还不能轻言放弃，至少得再活 15 年到他成年[1]为止。虽然我之前从未接受过推拿治疗，甚至连按摩也没有过，但我对这种"最后的手段"——野口推拿产生了极大的好奇心，决定去试试看。

我想野口推拿也算是东方医学中的一个集大成者了吧。大贯妙子介绍给我的是她的中学同学，三枝诚医生。三枝医生小时候身体虚弱，他自己也是在野口推拿的帮助下恢复了健康的体魄。我去拜访了三枝医生，他首先以轻轻触碰我脊柱的方式进行治疗，坦白来说，第一次我根本感受不到他手中的"气"，也真的不知道这套手法是否有效。但他说的话很有道理，再加上治疗本身让我像偷看了秘密组织一样兴奋，我变得更想了解这个治疗方法了。

我天生患有"痴迷症"，所以一口气将所有可以买到的野口晴哉的书都买了下来并开始阅读。自那以后，每次回日本我都会去三枝医生那里接受推拿治疗。回到纽约后，我尝试着自己模仿野口推拿的治疗方法，如果周围的人身体有问题，我就会像阅读《家庭医学手册》一样翻阅野口推拿的书，试图找出原因。

那段时间，随着对推拿理论理解的加深，我感觉身体状况确实得到了改善。三枝医生精通合气道，我也得到了他的教诲。我发现替代医疗[2]的医生在关注身体状况的同时，很多也精通武术。合气道不同于其他格斗技术，拥有强壮的肌肉并不意味着胜算更大。相反，对手的力量越强，合气道就越容易靠利用对方的力量施展技巧来打败对方，我觉得这很有趣。三枝医生后来向我介绍了擅长古代武术的甲野善纪。甲野曾经带着日本刀来过我的演奏会现场，演出结束后，他来到我的休息室，还和那天恰巧作为嘉宾到场、擅长空手道的山本耀司切磋了一番。

在听了三枝医生的建议后，我反思了之前用碳酸饮料搭配垃圾食品就心满意足的饮食习惯，开始尝试以糙米为主食，以蔬菜、盐渍菜[3]和干货为副食的长寿饮食法。我阅读了长寿饮食法创始人樱泽如一的著作，有一段时间还尝试加强版的长寿饮食法，成为一名不食用任何动物性食品（如乳制品、鱼和蜂蜜）的严格素食主义者。让人意外的是，我很快接受了这种饮食方式，虽然最后只坚持了半年。

"无论在多么恶劣的环境中，都要坚持下去"是我的信条，在年轻精力旺盛的时候，我连续三天熬夜也能神色如常。即使连续工作16个小时，也能保持精力集中，每晚都会待在工作室埋头工作到凌晨一两点钟，再跑到街上去喝酒，之后又回到工作室继续工作，这样的工作状态简直是家常便饭。因为我老是这样，当时我身边的工作人员一个接一个地因过度劳累而倒下，为此他们还半开玩笑地讨论过："为了能让我们自己休息，要不给坂本龙一下点药吧？"[4]

然而，与体力无穷无尽的时候相比，进入40岁之后，我开始像普通人那样体会到疲劳袭来的感觉。并且因为不怎么摄入动物性蛋白质，我的性格也逐渐变得温和。突然有一天，我意识到自己在不知不觉中，失去了为生存而战斗的精神。这很不妙。这么做反而是在逐渐接近死亡——我产生了这样的焦虑，于是决定结束素食生活。地球上还存在一些地区，比如格陵兰岛，由于自然环境的限制植物无法生长，人类只能将动物的肉作为食物。在极端情况下，为了活下去，甚至可能需要啃咬生老鼠。我意识到，过度追求苦行僧一样自律的饮食，反而会牺牲掉人的生命力，这是本末倒置的。

当然，我也不认为用半年时间实践素食主义是毫无用处的。我学到了包括长寿饮食法在内的饮食疗法的本质，并努力让自己在日常生活中接触的东西更接近自然。正如大贯妙子对我说的那样，从某种意义上说，我的生活变得"更不容易"了，但我学会了辨别对自己而言什么是重要的和我必须做的事情，并开始为了"更好的生活"而努力。即使现在正和疾病做斗争，在进行癌症治疗的同时，我仍在继续食疗、针灸、中医、推拿等辅助治疗以保持和提高身体的整体状态。

美国的医疗

在之后大约 20 年的时间里，我以接受野口推拿的治疗为中心重新审视了自己以前的生活方式，尽管体力有所下降，但一直也还算健康。觉得喉咙稍有不适时，不去医院，不吃药，靠泡脚就能好，健康状况没出过任何问题。进行了好几次全身体检，也一直没有异常。因此，我或许也在某些地方放松了警惕。2014 年

6月，感到喉咙有些不适时，我去了医院，为安全起见接受了精密体检。医生采集并检查了我的咽喉细胞后，告诉我得了口咽癌。我的第一反应是"癌症怎么可能发生在我身上？"，真的难以置信。

在我脑中最先闪过的是，即将在当年7月开幕的札幌国际艺术节。我作为客座导演，参与了整个艺术节项目，在开幕前夕推掉工作是非常不负责任的。我可以选择先不公开病情，一边私底下去医院治疗，一边按原计划出现在开幕式的会场。但经过一番深思熟虑后，我下决心专注于治疗，取消了艺术节相关的活动和年内剩下的工作，留在了纽约。

决定在纽约接受治疗后，我又陷入了另一个抉择中，就是选择西方医学，还是选择替代医疗的问题。正如前面所说的，长期以来，我都更偏好替代医疗，也向周围的人强烈推荐自然疗法。然而，查阅的资料越多，我就越意识到癌症是一种非常凶猛的疾病。如果只使用替代医疗治疗，效果会很不充分，甚至会导致病情加重。因此，我决定先采用西方医学对抗癌症，在免疫力下降时通过替代医疗来提供支持——使用这样的综合治疗手法。我想只靠其中一种方法是不够的。

我们在互联网上会搜索到许多声称对癌症有疗效的商品信息，例如胡萝卜汁、微生物酵素、蘑菇的提取物等。我不会轻易把这些东西全盘否定，认为它们都是骗人的。但这些商品标榜的"成功案例",可能是每一万人中仅此一例,而背后可能有九千九百九十九人已经去世,只是没有被提到而已。所以我认为,即使有因此治愈的案例真实存在,这世上也没有所谓的"服用了这个就可以根除癌症"的灵丹妙药。另一方面,西方医学中的例证,例如通过外科手术可以有多大程度的改善,抗癌药物治疗和放射治疗会有多大程度改善等,都是基于过去数据积累的事实。这是毋庸置疑的。

美国是西方医学的中心,也是替代医疗的中心。美国至今仍未正式建立覆盖全民的医疗保险制度,推动这一制度建立的政治家也会被认为是极左翼,如果想要接受正式的癌症治疗,医疗费用会非常高。对于真正需要住院治疗的癌症患者,如果保险公司认为他们没有支付能力,他们便会被拒绝收治。因此,人们对费用相对较低的替代医疗抱有很大期望。

另外,或许有些出人意料,我在纽约接受治疗的那家医院,也会向患者提供有关中草药和中医等的相关信息,并开设了瑜伽课程;如果有需要,医院还会向患者推荐针灸诊所。其实在美国,可以说西方医学和替代医疗之间的距离比在日本要近得多。像我这样,同时使用两种方法进行治疗的患者并不罕见。

这是我第一次在美国的医院接受全面治疗,所以有很多惊奇的发现。首先,整个医院很冷。我知道美国人喜欢吹空调,但他们竟然把医院的温度也调到 16 度!这和红酒柜的温度相差无几啊！当我看向周围，像我一样的癌症患者都穿着短袖，毫不在意地大口喝着可乐——在这家医院的候诊室里，可乐和咖啡可以随便喝。据说可乐中含有致癌物质，即便没有，可乐本身也含有大量的糖，不可能有益于身体。这里明明是美国国内顶级的癌症治疗中心，我认为这简直是一个国际玩笑。美国真是了不起，如果我在那里住院，一定是要吃汉堡的。

但有一说一，我认为美国医院服务的数字化发展十分值得称赞。每位患者都有个人账户，在医院接受检查后，当天就能在专门的网站上查看自己的数据。例如，和上次相比，这次检查血液中蛋白质的数值有什么差异，会非常直观地显示在网站上。通过这样的专门网站，患者也能与主治医生联系，轻松地预约或更改预约。此外，医院独立开发了应用程序，如果输入药草或中药的名称，也可以很方便地看到其研究进展情况和功效。从给患者提供的便利，以及电话通知和出具纸质报告等的成本方面来看，数字化都应该得到大力推广。如果有意愿，我想日本的医院必然也能马上提供同样的服务，希望真的可以早日实现啊。

在这次初步的癌症治疗中，我接受了主治医生的建议，选择了放射治疗，同时服用少量的抗癌药物。在为期七周的疗程中，通过用放射线照射癌细胞逐步进行治疗。前半段的治疗没有想象中那么痛苦，老实说，我当时还很乐观地认为，放疗也没什么了不起的。但是，随着疗程进行到后半段，口腔内的疼痛逐渐加剧，到第五周左右的时候，我实在疼痛难耐，哭着向医生请求"停止治疗吧"。然而主治医生说服了我，如果在那个时候停止治疗，癌细胞的力量反而会增强并反噬我的身体，"如果这个时候放弃治疗，肯定会死，请一定要坚持到治疗结束"。最终，我熬过了整整七周的治疗。放疗结束后患部的疼痛持续了大概一个月，但可喜的是，坚持治疗还是有效果的。

口咽癌最让我困扰的就是饮食。放疗的副作用不只影响到喉咙，整个口腔都发生溃烂，连吞咽口水都非常痛苦。特别是吃到带酸味的食物时，还会伴随着剧烈的疼痛。伴随着疼痛，我才发现连我最喜欢的香蕉也带有酸味，为了摄取营养，我不得不努力地吃东西，一时真的很伤脑筋。我试着吃一些黏稠且好吞咽的食物，比如山药和粥，并同时吃四种止痛药，仍然很痛苦。经过多次尝试，我发现西瓜才是最好的食物。不知道是不是因为它很像蔬菜，在水果中少见的没有酸味。自从发现了这个诀窍，就像川岛直美曾说的"我的身体是葡萄酒做的"那样，我吃西瓜吃到可以宣称"我的身体是西瓜做的"。

此外，过去曾经没命地喝酒的我，在首次治疗癌症期间，彻底戒了酒。有时去好餐厅吃饭，实在忍不住想要喝酒的时候，我就会向伴侣借一口品尝。现在我能够从酒的香气中感受到苦味和防腐剂的含量，感觉好像比以前更敏锐了。

纽约的生活

也是因为治疗，2014 年是我移居纽约以来，第一次几乎整整一年都待在家里的年份。我最初把生活重心移到纽约，并不是因为对这座城市有什么强烈的向往，而只是看重它的便利性。因为工作性质，我从年轻时就经常到伦敦、洛杉矶以及其他欧美主要城市出差，每次都要从东京来回很麻烦，就想着干脆搬到相对更近的纽约去生活。所以，从 20 世纪 90 年代初期在纽约安家落户以来，我其实仍然经常往返于世界各地，并没有长时间待在家里的习惯。事实上，我也没有"定居"的概念。

然而，在纽约逗留整整一年，经历四季流转，体验假日季的各种活动之后，我逐渐对这座城市产生了感情。保守派的人常常炫耀说"只有在日本才能体会四季之美"，那是瞎说。我在纽约，看着家里后院的树在深秋时逐渐染上红色，冬季树叶凋零后树枝被皑皑白雪覆盖，深深地感受到了这座城市的四季有多么美好。

在享受纽约生活的同时，我也在"充电"休养期间沉迷于台湾"新浪潮"电影代表人物侯孝贤和杨德昌等导演的作品，经常租他们的电影光盘观看。当时，杨德昌的很多电影还没有 DVD 版，我忘了从谁手里借了重复录制过好多次的 VHS[5] 录影带，画质很糟糕。

回想起来，自二十多岁正式开始做音乐以来，我第一次有这么长的假期。啊不，我有过唯一一次告假。那是 1988 年《末代皇帝》获得奥斯卡金像奖最佳原创配乐奖后，我向公司提了要求："我都拿了这么大的奖了，就给我一个月的假期吧！"然后我得到了一段时间的假期。那时我还年轻，什么都不做，只是呆呆坐着的话，很快就会感到无聊。在放假后的第三天，我又反过来抱怨公司："现在我怎么没有什么可做的！快给我安排工作！"真是太任性了。

顺便提一下，当时画家兼电影导演朱利安·施纳贝尔[6]住在我纽约的家附近，经常邀请我去他家玩，我身体状况不错的时候也会接受邀请。我通过《末代皇帝》的制片人杰瑞米·托马斯认识施纳贝尔时，他住在一栋四层的房子里，整栋房子都被涂成粉色，里面还有一个天花板很高的大型工作室。作为新表现主义艺术家，他的绘画作品尺寸很大。在那个大型工作室里堆积了几十幅他创作的画，去他家玩的时候，他会炫耀这些巨型作品，指着它们告诉我："这个是我最近画的。"

施纳贝尔结过好几次婚，有意思的是，每次更换伴侣，他的房子就会"向上延伸"。当他与第一位伴侣分手时，四层楼变成了七层楼，然后他又遇到了另一位伴侣，和那位女性分手后，房子变成了十一层楼。虽然不好意思跟他本人直说，但吸引我的其实不是他作为画家的才华，而是他作为电影导演的才能。尤其是他的《潜水钟与蝴蝶》，主人公是一个因闭锁综合征而全身瘫痪，只能通过眨眼睛记录回忆录的编辑，我觉得这部电影非常迷人。总的来说，胸肌发达的施纳贝尔是个充满活力又有趣的人，但要和他交往会消耗我的精力，所以我当时一直对他打来的电话置之不理。

夏威夷的历史

2014 年我几乎整年都在纽约度过，放射治疗的后遗症也得到控制。这一年的 12 月我终于可以吃固体食物了，于是我以"康复训练"为名前往伦敦，享受了"THE ARAKI"店的美味寿司。此外，我还回日本过了年，去伊豆的老字号旅馆住了几天。

从某个时期开始，我就有了年末要回日本住温泉旅馆的习惯。我特别喜欢并且经常光顾的是热海的"蓬莱"旅馆。在那里可以从温泉浴场看到相模湾的日出，旅馆的庭院有一棵大松树，眺望渔船从眼前穿过的风景也非常优美，仿佛浮世绘一般。母亲生前，我也曾带她一起来过。然而，"蓬莱"旅馆现在已经被一家大型度假酒店运营公司收购。2012 年年底，我熟悉的女主人很抱歉地对我说："之后，我们将委托星野集团来管理这家旅馆……"我想这也许是为了维持旅馆的生计而别无选择吧，但从此珍贵的旅馆招牌也改名了，实在令人叹息。

随后，2015年2月，我去了夏威夷。在纽约治疗癌症期间，通过熟人介绍，我认识了一位从事替代医疗的医生，对方在邮件里细致地给我介绍了许多治疗相关的信息。虽然从未谋面，但交流了几次之后我们建立了信任关系，所以我想亲自拜访那位医生在夏威夷开的治疗院。

这位医生是日裔美国人，主要提供针灸治疗，也会定期为患者抽血并用显微镜观察红细胞的形状和流动方式，是纳入了西方科学知识的混合型针灸治疗。我也在这里接受了针灸、芳香治疗和中药处方治疗。

这位医生的治疗还有一个特别环节，就是给患者全身涂抹绿色的糊状物。患者完全赤裸身体，像木乃伊一样用绷带缠绕全身，然后在绷带上涂上大概是由草药制成的糊状物，接着趴着静待30分钟左右。据说这种方法有排毒作用，可以排出体内因为放疗积累的毒素，但长时间趴着不动也很辛苦。而且，在这30分钟里要戴着耳机，强制收听由医生的母亲挑选的音乐，其中有些甚至是她自己唱的歌曲。这一点我绝对无法忍受，所以第一天就告诉他们："我不喜欢音乐，请不要让我听音乐！"其实他们母子俩都是服务精神特别强的好人啊。

来这个治疗院的患者中，也有那位在19世纪初建立了夏威夷王国的著名的卡梅哈梅哈大帝[7]的直系后代。卡梅哈梅哈一世有20多位妻子，经历了几个世代的变迁之后，如今他的直系子孙可能已经超过 2 000 人。医生介绍我认识的，就是一位继承了卡梅哈梅哈大帝形象的胖乎乎的男性，现在他在夏威夷原住民中仍然像国王一般受人崇敬。

人们都认为夏威夷是一个风光明媚的旅游胜地，但其实它有着悲惨的历史。夏威夷王国的辉煌并没有持续太久，在 19 世纪末，它被来自美国本土的海军的武力与商人的经济实力压制，于 1898 年被吞并而成为美国领土的一部分。几乎同时，1894 年日本陆军也攻占了朝鲜王宫，导致了后来大韩帝国被吞并。世界上到处都在发生这种事啊！

然而，我在治疗院遇到的那位卡梅哈梅哈大帝的男性后代，认为美国进行的是非法军事占领，绝不能被正当化。他一直在进行独立运动，也因此多次被逮捕。后来，他的诉求得到认可，1993 年，美国联邦议会决议正式就当年美国政府参与支持夏威夷王国政变的行为道歉，当时的克林顿政府签署了这项决议。伴随着政府的道歉，原住民设立了夏威夷原住民自治区，那位医生也在该地区提供替代治疗，我也随之去了那里参观。尽管属于夏威夷，但那里没有游客，是一个非常好的地方。我前面提到替代医疗和武术的密切关系，而夏威夷的这位医生也身怀绝技，以武术导师的角色活跃在当地，还展示了长期以来因为过于危险而秘不示人的功夫给我们看。

被创造的"传统"

我从前不太想去夏威夷,是因为我不喜欢所谓的夏威夷音乐的氛围。我从小就不喜欢那种拨弄夏威夷吉他发出的"♪锵~"的轻松调子。但在查资料的过程中,我发现这种"传统音乐"实际是近代才诞生的,是加了引号的。在夏威夷成为美国领土不久后的20世纪初,夏威夷的音乐家们为了取悦从大陆(夏威夷之外的美国其他地方)来的白人游客,将乡村音乐改编成了那种带有"异国情调"的音乐。换句话说,"夏威夷音乐"是为了在酒店晚餐秀或者游泳池边演奏而产生的,可以说是为了迎合支配者的欲望而创作的音乐文化。原本夏威夷当地的民族音乐与吟唱相似,相当有味道。然而,那些传承了夏威夷真正传统音乐的音乐家,同时会为了能在资本主义社会中生存,在度假胜地演奏假的"传统音乐"。对此我的心情十分复杂。我从小就对夏威夷音乐产生了那种生理性排斥,其实是有道理的。

话虽如此,我依然很好奇:在我们有迹可循的近代史中,最早一批到达夏威夷的人是如何知道那里有座岛的呢?据说他们来自距离夏威夷约4 000公里的波利尼西亚,但如果他们是乘坐用切割原木制作的原始手划船前往,少说需要两三个月,他们在旅途中要吃什么呢?在远离陆地的海面上几乎没有鱼,我想他们应该无法只靠钓鱼获得充足的食物,离岸没有珊瑚,甚至连鱼的食物——浮游生物也没有。我想他们肯定有每天能下蛋的鸡。我还在想：即使他们从波利尼西亚出发时就已经掌握夏威夷的大致方位，但在急流涌动的洋流中，他们是如何确认正确的前进方向的呢？应该只能在太阳下山后，靠星星和月亮来确认位置吧。这么想着，我觉得夏威夷这片土地格外神秘，充满了魅力。

真正的"治愈"

作为一个月的临时住所，我在夏威夷租的房子非常宽敞，有8个房间。而且因为在治疗院的治疗每天只需要一两个小时，剩下的时间很充裕。我没有带任何电影DVD去夏威夷，当时视频网站的订阅服务也还没有普及，所以我想利用这个难得的机会，去认真聆听那些我之前怀有成见的作曲家的音乐。现在回想起来，那时我的体力有所恢复，头脑也开始逐渐偏向工作状态。

有许多作曲家的作品我没有认真听过，无论他们的名气如何。可能说出来有些出人意料，但我长期以来就不太喜欢布鲁克纳[8]和马勒[9]，也从未认真听过他们的音乐。起初我还打算把这些我没怎么接触就说不喜欢的作曲家的作品全部听一遍，但最终还是选择了以《安魂曲》闻名于世的法国作曲家加布里埃尔·福雷[10]的作品。

为什么我不喜欢福雷呢？因为他的曲子太过甜美，毕竟都是沙龙音乐。另外，福雷还是巴黎音乐学院的院长，是学术界权威的化身。十几岁刚知道福雷时，我对于这个老头子成天写这些甜美的旋律，却还能作为教育权威而深受师生们崇拜感到非常不爽，所以我就开始无端地拒绝听他的音乐。这是非常典型的毛头小子的想法。后来，也算是一种误伤吧，我听说前卫音乐家一柳慧在学生时代写的曲子和福雷的风格近似，还因此嘲笑过他。真是太过分了。

然而奇妙的是，连续一个月每天听几个小时福雷的曲子，我开始逐渐体会到它们的美妙之处。可能是曲调与夏威夷舒适的气候相得益彰，听多了我竟会觉得与读普鲁斯特文学作品的感受有些相似。普鲁斯特也确实喜欢福雷的作品，他们相交甚笃，为此福雷还举办过小型音乐会。特别是福雷早期的作品《第一小提琴奏鸣曲》，与《追忆似水年华》的世界观特别接近，当然这只是我个人的感受。

这次我能专注地聆听福雷的曲子，与我克服障碍欣赏日本传统音乐的体验十分相似。之所以有这种变化，可能是因为我年龄的增长，也可能是因为疾病让我身心受损，福雷甜美到令人心醉的旋律因此深入我心。最重要的是，我反思了自己还没认真聆听就武断评价的行为，而且深切地意识到某些观念上的执着，可能会反过来限制我的创作。这也是我在有充裕时间休息的时候，第一次意识到的事情。

至于在夏威夷接受的替代疗法是否有效，我其实并不确定。但我认为，能住在一个远离夏威夷度假村的区域，吹着那里的风，就是最好的特效药。的确，我感觉，一旦去过夏威夷就深深迷上那里的人们，应该就是感受过这令人愉悦的风吧。当我的作品 *Energy Flow*（1999），在非我本意的情况下被评价为"治愈系音乐"时，我感到毛骨悚然。这些评价，让我感觉像是把它与牙医诊所里播放的廉价音乐相提并论，我非常不喜欢。我也很厌恶自己被媒体捧成"治愈大师"。所以我一直很反感"治愈"这个词，并一再避免使用它。但十多年过去了，当带病之身的我在夏威夷感受着微风吹拂时，我开始重新思考，也许这样的时刻可以被称为真正意义上的"治愈"。

那时，我被夏威夷宜人的气候吸引，深深地喜欢上了这个地方，而且还在夏威夷买下了一栋别墅。当时，我还隐约觉得，将来兴许可以搬到这片土地上生活。但在体力恢复后，我对夏威夷失去了兴趣，最终仅在次年住了一次后，就把别墅卖掉了。购买时当地的房地产经纪人告诉我："如果你现在在夏威夷买房，将来绝对不会亏本。"这也是我下定决心买房的原因之一，但在卖掉这栋别墅时，我实实在在地亏了本。这也是一个能说明我任性和不负责任的有点羞耻的经历。

回归工作

在夏威夷休养一个月后,我感觉身体恢复得还不错,可以考虑重新回到工作岗位上了。于是,我接受了大友良英的邀请,在纽约的音乐空间"The Stone"与他一起合作了连续一周的音乐演出。虽然那里只是一个能容纳 99 人的小型空间,但我们在 2015 年 4 月 14 日低调举行的这场演出,也成为我一年多以来回归音乐活动的首次演出。很多人以为我与大友良英相识已久,其实我们在"3·11"东日本大地震前才刚认识。他没有接受过专业的音乐教育,会采用与我截然不同的方式来创作音乐。我想,作曲时不拘泥于专业音乐知识正是他的优点,他很聪明,对优秀的音乐作品也涉猎甚广,所以跟他一起演奏也能带给我很多刺激,让我学习到新的东西。在我之后,2017 年大友也担任了札幌国际艺术节的客座导演。我作为观众去参观了艺术节的展览,在札幌市内各处让人们感受自由的音乐氛围是他一贯的风格,很有意思。

当我逐渐进入工作状态时,一通电话改变了我的命运。这通电话来自墨西哥电影导演亚利桑德罗·冈萨雷斯·伊纳里图的音乐总监,她打电话给我的事务所,直截了当地说:"能不能请您为导演正在制作的新电影配乐?"这部电影就是最终获得了 12 项奥斯卡金像奖提名的《荒野猎人》。然而,我当时仍处于康复阶段,工作状态也还没有完全恢复,所以正想回答:"其实我现在正在癌症治疗后的恢复阶段。"她却开口说："我也得过乳腺癌，但很快就回到了工作中，工作就是战胜病魔的最好方式！"完全没有商量的余地。于是我言听计从，2015年5月飞往洛杉矶观看了《荒野猎人》的样片（未经剪辑的影像）。

《荒野猎人》

从2000年上映的伊纳里图导演的首部剧情长片《爱情是狗娘》开始，我就关注他了。第一次看到影像，我就觉得他才华横溢。后来，在电影《通天塔》以东京为背景拍摄的高潮场景中，伊纳里图使用了我的《蓝天之美》（美貌の青空，1995）中的一大段作为配乐，他打电话问我："电影里该怎么用？"——这是我们第一次联络。《通天塔》赢得了当年的奥斯卡金像奖最佳原创配乐奖，阿根廷音乐家古斯塔沃·桑多拉拉[11]负责了电影配乐的创作，伊纳里图还跟他开玩笑说："把你的奥斯卡奖杯分给龙一一半！"

在那之后的2010年，伊纳里图来看我的北美巡演，那是我和他第一次见面，第二次见面就是在洛杉矶观看《荒野猎人》的样片。在那个阶段，电影只有一个雏形，CG（Computer Graphics）特效也还没做好，所以电影中袭击主演莱昂纳多·迪卡普里奥的熊也是披着绿幕的人假扮的。虽然有一些引人发笑的粗糙镜头，但我仍然能够清晰地感受到作品的力度，所以即使已经意识到这将是一份相当艰苦的工作，我依然下定决心接受了委托。当时我的伴侣也劝我接下这份工作，还对我说："你以为现在全世界有多少音乐人能让伊纳里图导演亲自邀请制作配乐？就算癌症复发死掉，你也要去做这份工作！"这也太残忍了吧……

伊纳里图不仅对影像十分讲究，而且非常注重音效。在电影《荒野猎人》的音乐的相关工作中，除了负责配乐的我，还有一个负责音效的团队，结果这个团队被更换了两次。最初的音效团队在工作了一晚之后就被解雇，接下来的团队也被撤换，最后只能向卢卡斯影业团队请求协助。导演和工作人员创造了与电影院相同的播放环境，仔细检查每一个细节，无论是战斗场面中印第安人发射箭矢的声音，还是角色奔跑时钱包搭扣碰撞的声音，都不会被忽略。如果有任何不协调之处，就会在当天重新制作音效。

与伊纳里图导演的会议

伊纳里图年轻时曾经是电台音乐节目主持人和音乐制作人，因此他拥有异常敏锐的耳朵，更值得一提的是，负责他作品声音设计的马丁·埃尔南德斯这个人物的存在。马丁和伊纳里图在十几岁时就认识，他们还曾经一起骑摩托车出游。马丁是一位拥有数万张唱片的收藏家，总之在音乐方面有着极其丰富的知识。他小时候就听我写的乐曲，甚至还记得连我自己都已经忘记的作品，无论如何，我真的没想到在墨西哥有人比我更了解我的音乐。

他不仅拥有专业知识，还擅长利用各种音响设备将脑海中的意象巧妙地整合在一起。除了伊纳里图，马丁还与引领当代好莱坞电影界的"墨西哥导演三杰"中的另外两位——阿方索·卡隆[12]、吉尔莫·德尔·托罗[13]一起工作。

在电影制作中，除了导演和制片人，摄影师也相对容易让人瞩目，但我一直认为，我们应该更多地关注像马丁这样的声音设计师。他们在电影中要处理的"声音"，其实细分为演员的台词、音效和音乐三种。声音设计师需要随着影片时间的推移，调整音量和声音在空间中的回响方式，思考应该强调哪种声音，再通过电脑精修细调，工作量非常大。

《如果和母亲一起生活》[14]

其实在2015年的同一时期，我也为山田洋次[15]导演的电影《如果和母亲一起生活》创作了原声音乐。这项工作在我患癌之前就已经定下。2014年，我在东京进行"Playing The Orchestra 2014"巡演时，山田导演和主演吉永小百合来看了演出，并在后台跟我打招呼，提出了希望我为电影配乐的事情。我当时真是诚惶诚恐。应该没有一个日本人能拒绝这两位的请求吧。所以我在推进《荒野猎人》工作的同时，还参与了这部类型完全不同的电影的配乐。即使在我还健康的时候，我也没有勇气同时进行两部电影的配乐工作，这不仅需要清醒的头脑，还需要充沛的体力，真的很不容易。

给这部电影配乐是我第一次为山田导演工作。在主题音乐完成后，我回日本，去了位于东京世田谷区成城附近的东宝摄影所（俗称"山田的房间"），在山田导演的办公室听取了他的意见。导演听完表示"非常好啊"，因此后续我能比较沉稳地推进剩下的工作。有时候，我还会收到山田导演关于音乐指示的亲笔信。

当时山田导演与住在附近的艺术家横尾忠则先生很要好，每到星期日，他们习惯在一起吃完荞麦面之后再去吃红豆汤圆。在山田导演办公室的角落里，设有一个"横尾角"，横尾先生在自己的工作室待得寂寞了，就去那里作画。横尾先生喜爱和人亲近，我曾有机会拜访他的工作室，聊了两个钟头准备走的时候，他不舍地说"欸，你怎么这么快就要走了呀"，然后再三挽留我。

山田导演是熟知20世纪五六十年代日本电影"黄金时期"的制片厂氛围的最后一代人。所以我在创作《如果和母亲一起生活》的配乐时，也有向小津安二郎[16]所代表的那个时代的日本电影致敬的念头。可能听起来有点奇怪，我太喜欢小津的作品，反而不太能老去看，因为一看就会流眼泪。在故事渐入佳境之前，当屏幕上出现日本传统建筑中的"土间"[17]和楼梯，还有时过境迁的黑色电话时，我就会控制不住自己的伤感。

这些场景在当代日本早已不复存在，这种"不复存在"的感觉反而无法遏制地唤起了我的怀旧之情。蓝调音乐是在19世纪后期由被强制带到美国为奴的黑人创造的音乐类型，但有意思的是，在他们的故乡非洲国家，却没有"蓝调"这样的音乐形式——人们对"不复存在"的故乡的思念之情孕育了新的文化。所以我认为，怀旧之情是艺术最大的灵感之一。

然而，过去我一直理解不了伟大的小津导演作品中的音乐。在小津安二郎的《东京物语》等许多作品中，一位名叫斋藤高顺的作曲家参与了电影原声音乐的创作和制作。我一直想不通为什么旋律竟如此平凡。小津导演的作品画面具有结构主义的美感，几乎可以与拉斯洛·莫霍利-纳吉[18]的作品媲美，音乐却过于松散，完全无法与画面相提并论。年轻时，我简直义愤填膺，甚至想如果以后有机会，我要为小津导演的作品重新配乐。

但是随着年龄的增长，我的想法也发生了变化。伟大的电影导演小津安二郎不可能对音乐不闻不问。我想他一定向作曲家提出了"请特意创作平凡的电影配乐"的指示。对小津来说，电影配乐不是一定像一部"作品"，而是像频繁出现在他的电影中的云彩、大楼、电车和灯笼那样的存在——他也许并不期望音乐能占据观众片刻的记忆。

我就是这样诠释小津导演电影中的音乐的。这样说有点对不起山田导演，但我当时就决定将电影《如果和母亲一起生活》的音乐特意制作得平凡一些。如果将这部电影的配乐与西洋作曲家的风格作比，我想可能与舒伯特比较接近吧。虽然我在夏威夷克服了对福雷的不喜欢，但舒伯特（的曲子）还是过于平庸，以至于我在十几岁时完全无法认真对待他的作品。即便如此，到了我现在这个年纪，勉强自己去听一听，还是会感到他的音乐深深触动了我的内心。

《如果和母亲一起生活》的 28 首配乐便是基于这样的想法创作的。幸运的是没费太大劲，我在 2015 年夏天很快就完成了这部分的音乐创作。这部电影的配乐在 12 月 12 日公开发行，也标志着我正式从癌症疗养回归工作。顺便提一下，正当我为山田导演工作的时候，日本上映了伊纳里图在《荒野猎人》之前导演的电影《鸟人》[19]。有一天，山田导演突然问我："你看《鸟人》了吗？"出于保密原则，我不能透露自己其实正在参与伊纳里图下一部电影的制作，只是简单地回答："是的，我看过了。"山田导演非常不甘心地说："那真是一部厉害的作品，对吧？让他拍出了这样了不起的东西，我还要怎么拍电影啊！"这两位导演即使处理同样的题材，他们的风格也会截然不同。而且当时已经八十多岁的山田导演，作为泰斗级人物，早就拍出了包括《寅次郎的故事》系列在内的许多杰出作品，《如果和母亲一起生活》也已经是他导演的第83部作品。他其实完全可以觉得《鸟人》与自己没有任何关系。但他是认真地在嫉妒比他年轻三十多岁的伊纳里图的才华。听到他说这样的话，我很高兴，因为这种"饥饿精神"才是一流巨匠的证明。尽管如此，我同时在与伊纳里图合作这件事，直到现在我都没能亲口告诉山田导演。

相信我！

让我们把话题拉回到我接受了伊纳里图导演给的重要任务，就是给电影《荒野猎人》配乐这件事上来。到目前为止，我一直在故意简化自己的说法，只说了自己被委托创作电影《荒野猎人》的原声音乐。其实在我接到那位女性工作人员的电话邀请时，她告诉我："我们需要声音的层次。"也就是，从严格意义上来说，他们需要的是声音的叠加，而不是明确的旋律音乐。

如果只需要创作一般意义上的电影配乐，那还是比较容易理解的。导演会给出"这里需要现代音乐风格""那里需要美丽的旋律"等指示，我可以根据这些指示进行创作。但仅仅收到"我们需要声音的层次"这样抽象的要求，我真是伤透了脑筋。我相信伊纳里图导演自己也没有一个确切的答案。因此，我认为我唯一能做的就是配合影像，制作有层次叠加的声音，在洛杉矶观看了样片之后，我立刻返回纽约的工作室着手创作。与导演讨论过之后，我决定为这部作品创作的曲目中不使用普通的钢琴演奏音乐。

我制作了几个录音样带，发给伊纳里图确认，再根据他的意见进行修改。伊纳里图也曾来纽约与我一起进行调整。例如，在枪战场景中常见的是与枪声配合的"砰砰、砰砰"类型的音乐，但是也可以配合"咻咻、咻咻"这样相对曼妙的音乐。要采用什么取决于导演的直觉。我与任何导演合作都是从这样的互相探索开始的，我们会互相抛出想法，然后给彼此反馈，并持续以这样的方式来确定原本未知的目标位置所在。

在此期间，电影的剪辑也在同步进行中，从 5 月看到的样片"1.0 版"开始，逐步升级为"1.1 版""1.2 版"和"2.0 版"，他们把每一个版本的数据都发送到我的电脑上。由于全球气候变暖的影响，原定的取景地加拿大的雪量不足以拍摄最后的场景，因此听说他们还在 8 月特地前往南半球的阿根廷进行了拍摄。

2015 年夏天，我还邀请了冰岛女大提琴家希尔杜·居兹纳多蒂尔到纽约的录音室进行录音，以便将音乐融入电影。我们使用钢琴和大提琴演奏了主题曲，还进行了长时间的即兴演奏录音。马丁配合影像，巧妙地编排和使用了这些音乐。

除了希尔杜，我们还邀请了几乎独自完成《鸟人》的原声音乐创作并友情出演电影的划时代鼓手安东尼奥·桑切斯。我请他在录音室里即兴演奏，并使用了其中的部分音源。此外，我还邀请了我在网上发现并非常喜欢的德国组合"疯狂打击乐团"（Frantic Percussion Ensemble）参与项目。虽然无法去柏林参与录音，但我指挥当地长期合作的录音工程师，在尝试多次之后，终于成功地录制了震撼人心的音乐。

为了参与次年 2 月举行的奥斯卡金像奖评比，《荒野猎人》必须在 2015 年年底之前上映。在美国国内的超前点映日期也已经定档 12 月 16 日，为此已经预约了剧院。倒推时间，电影最晚也必须在前一个月完成。剪辑工作也在稳步进行中，到 11 月，已经有了"8.5 版"。我想全片我应该看了至少 300 遍。

《荒野猎人》片长为 156 分钟，时长较长，因此需要相应数量的配乐。面对即将到来的截止日期，我被迫不断地赶稿。以前我可以连续工作 16 个小时而不知疲倦，在 60 岁以后我也可以集中精力工作 12 个小时，但因为生病后体力不支，我那时最多只能集中心力工作 6 个小时。还是来不及，所以我得每天脸色苍白地工作 8 个小时。即便如此，有些日子我待在录音室里整整一天，却连一首曲子也写不出来。

我判断单凭自己已经无法完成这项任务，于是向好友卡斯滕·尼古拉寻求帮助。平时很忙的卡斯滕碰巧在那个时候有空闲时间，听到我的请求后，他马上带着电脑来到了洛杉矶。幸运的是，他以电子音乐为特色的处理方式与伊纳里图脑海中的意象不谋而合。这就是起初虽是我独自受邀接下工作，但最终《荒野猎人》的电影原声配乐由"坂本龙一/阿尔瓦·诺托"合作完成的原因。

即使我已经拼尽全力，其实还是有一些曲目因为不符合伊纳里图严格的评判标准而被否决。电影的粗剪版本出来时，就有"参考曲目"——由导演提供的接近他的想法的曲目。尽管我原本打算为电影创作一些新的作品以超越那些"参考曲目"，但最终还是有导演更喜欢"参考曲目"的情况发生。

如果导演做出这样的决定，过去的我会奋起反击，即使时间很紧，也会尝试创作更好的曲子吧。但在这个时期，我必须承认我的体力和智力已经到了极限，我已经无能为力。当然，我心里仍然有很多未竟之志。我仍然很后悔那个时候没有尽我所能地为《荒野猎人》创作出完美的作品。

过去我经常说："我讨厌努力。"实际上，我也没有经历过太大的磨难就获得了今天的成就，对自己的体力也很有信心。毕竟，电影《末代皇帝》的部分配乐我只用两周时间就完成了。然而在《荒野猎人》的工作中，我的生命第一次尝到了受挫的滋味。现在想来，我当时确实有"化疗脑"的症状，头脑昏昏欲睡，难以集中注意力。我也确实遇到了为了满足伊纳里图的要求引入新设备，却很难立刻上手的困境。但这些都不过是借口。

如果要举个例子的话，这种感觉就像曾经能以 10 秒的成绩跑完 100 米的运动员，在受伤后重新全力奔跑，却只能拿到 10 秒 5 的成绩吧？他仍然相信自己能像以前一样肆意奔跑，脑海中也保存着当时的成功体验，但身体和大脑总是无法跟上节奏。这种沮丧的感觉只有当事人才能理解。虽然我自己没什么记忆，但据我的伴侣说，为这部电影制作配乐期间，我每晚都在做噩梦。《荒野猎人》的音乐未能获得奥斯卡金像奖最佳原创配乐奖提名，但获得了金球奖最佳原创配乐奖的提名，并且我在洛杉矶的颁奖典礼上与卡斯滕重逢，这让我心情稍微好了一些。

尤为重要的是，这份辛苦的工作为我打开了一个新世界。说我接下来制作的电影原声音乐，如《怒》（2016）和《南汉山城》（2017），都是《荒野猎人》创作的延伸亦不为过。而我现在也能回忆起，自己曾经在那样严格的伊纳里图导演面前坚持自己观点的一件事。在电影中段，濒死的主人公进入治疗庇护所，并在梦境与现实之间和他早已过世的儿子重逢。为了这个梦幻般感人的场景，我与导演进行了直言不讳的热烈讨论，并在截止日期前的最后一刻坚持不懈地创作了音乐。然而，伊纳里图当时仍然希望使用他最初选择的"参考曲目"。

我当下毅然决定，向导演喊出了"Trust me!"（相信我！）这句话，并设法完成了这首曲子的录制，最终它被正式采用。因为曲子很受欢迎，电影完成后，我制作了一件印有"TRUST ME"和"THE REVENANT Music Team 2015"（《荒野猎人》音乐团队2015）的 T 恤，并分发给所有的工作人员。在 T 恤背后，我还写上了"6M23"——这首配乐的场景和曲子的编号。这件 T 恤我到现在依然视作珍宝。

1　自 2022 年 4 月 1 日起，根据日本《民法》修正案，日本成年的年龄从 20 岁下调至 18 岁。

2　替代医疗，指现代实证医学和生物医学之外的医疗行为，比如针灸、按摩等。

3　盐渍菜，主要是将蔬菜用盐、糠、味噌、曲菌、酱油、醋等腌制而成。

4　原文中的"药"指"乌头"，是一种有剧毒的植物，中医里主根可炮制后入药。

5　Video Home System，即家用录像系统，1976 年由日本 JVC 公司等联合推出。

6　朱利安·施纳贝尔（Julian Schnabel），出生于 1951 年，美国新表现主义画家、电影导演、编剧。

7　又称卡梅哈梅哈一世（King Kamehameha I, 1758？—1819），夏威夷王国的开创者，1810 年统一夏威夷诸岛，建立了卡梅哈梅哈王朝，这是夏威夷历时最久、史实最详的王朝。

8　安东·布鲁克纳（Anton Bruckner，1824—1896），奥地利作曲家、管风琴演奏家、音乐教育家。他一共创作了 12 部交响曲。

9　古斯塔夫·马勒（Gustav Mahler，1860—1911），奥地利作曲家、指挥家。代表作有交响乐《巨人》《复活》《大地之歌》等。

10　加布里埃尔·福雷（Gabriel Fauré，1845—1924），法国作曲家、管风琴演奏家，被誉为"法国的舒曼"。代表作有《月光》《安魂曲》等。

11　古斯塔沃·桑多拉拉（Gustavo Santaolalla），出生于 1952 年，阿根廷音乐家、电影配乐家与制作人，凭借《断背山》《通天塔》两度获得奥斯卡金像奖最佳原创配乐奖。

12　阿方索·卡隆（Alfonso Cuarón），出生于 1961 年，墨西哥电影导演、编剧，首位获得奥斯卡金像奖最佳导演奖的墨西哥人。代表组有《地心引力》《罗马》等。

13　吉尔莫·德尔·托罗（Guillermo del Toro），出生于 1964 年，墨西哥电影导演、编剧、演员，代表作有《水形物语》《潘神的迷宫》等。

14　《如果和母亲一起生活》（2015）的主要内容是，1945 年 8 月 9 日，美国向日本投下原子弹，青年浩二因此去世，三年后的一个夜晚，浩二"出现"在了母亲福原伸子身边，一场生者与亡者的对话和羁绊就此展开……

15　山田洋次（Yoji Yamada），出生于 1931 年，日本编剧、导演，代表作有《黄昏清兵卫》《远山的呼唤》等。

16　小津安二郎（Yasujirō Ozu, 1903—1963），日本电影导演、编剧，代表作有《东京物语》《秋刀鱼之味》等。

17　日本传统民居室内被分成两部分：一部分是高于地面并铺设木板的床或榻榻米，另一部分则是与地面同高的土间，土间一般使用三合土制作，主要功能是做饭、吃饭和储藏等。

18　拉斯洛·莫霍利－纳吉（László Moholy-Nagy，1895—1946），匈牙利裔美国设计师、画家、摄影师、雕塑家，20 世纪最杰出的前卫艺术家之一。

19　《鸟人》是伊纳里图执导的一部喜剧片，2014 年 10 月在美国上映。影片讲述了一个过气的"超级英雄"演员，企图借百老汇咸鱼翻身的故事。该片获得第 87 届奥斯卡金像奖最佳影片、最佳导演等四项大奖。

第六回

朝更高的
山前进

制作《异步》时的备忘录和参考资料

一日限定的"教授"岗位

"教授"这个绰号是高桥幸宏给我起的。和他第一次见面时,我还在艺大攻读硕士学位。我想大概那时搞音乐的人念硕士学位很少见吧。后来我们一起在录音棚里工作的时候,我一本正经地用音乐理论解释"和声",幸宏便打趣地叫我"教授",这个称呼就这么沿用下来了。

等我年纪渐长,也有一些大学真正邀请我去担任教授。但因为之前在 NHK《Schola:坂本龙一音乐学校》的工作已经让我筋疲力尽,我明白自己并不适合教学,也不喜欢在时间上受到限制,便找了各种理由逃避。年轻时,我曾被多摩美术大学的东野芳明老师邀请去做嘉宾,却因为喝酒喝到授课的当天早上,又懒得跑到八王子市去,就临时放了他鸽子——我确实太不靠谱了。

然而,2013 年艺大联系我,问我愿不愿意担任客座教授时,我却鬼使神差地接受了这个邀约。我虽犹豫再三,但艺大毕竟是我的母校,即使知道是拿我去当"招揽客人"的由头,也还是不好意思一口回绝。当时的艺大校长总是自夸从国家争取了几亿日元的拨款,让我很失望。后来,他当上了日本文化厅长官。比起艺术和学术,我想他应该更喜欢搞"政治"之类的东西吧。

作为客座教授,我的工作就是每年在学生面前做一次讲话。但 2013 年因为工作行程的关系,次年又由于生病治疗都没能如愿,直到 2015 年年底《荒野猎人》的大型项目结束后,我才终于开展客座教授的工作。只要是在艺大就读的学生,无论是本科生还是研究生,都可以报名参加我的讲座,因此申请人数远远超出了最初的招募计划,需要给出考题进行选拔。学校安排了三轮考试,我审阅了所有申请者的答卷,最终挑选出了 28 名我觉得有趣的学生。

讲座当天,我久违地来到了位于上野的艺大教室。这次讲座对我来说也很难得,于是我先让这些被选上的学生进行了自我介绍。我想知道现在的学生都对什么感兴趣,便让他们来聊聊各自的专业领域和喜欢的电影,结果他们都能很清晰地解释自己的专业,比如"正在研究文艺复兴时期的音乐"等,大家也聊得很开心。聊到电影的时候,他们竟不假思索地说出"最近看了宫崎骏导演的电影《起风了》,很感动"之类的话。当然,我不是说吉卜力工作室不好,但我本来很期待大学生,尤其是艺大的学生能给出更特立独行的答案,所以非常失望。我问了在场所有参加的学生同样的问题,只有一个人提到了戈达尔的名字。

我很疑惑：难道这些孩子在自己的专业领域才华横溢，却对其他的艺术类型没有兴趣吗？艺大学生的素养已经变得如此贫乏了吗？这简直让我目瞪口呆。结果，听完每个人的自我介绍再进行讨论就已经过去3个小时，我也疲惫不堪。从某种意义上说，或许是我对学生的期望太高了吧，但我也感觉自己肯定做不到每周都来学校讲课，这会完全占用我的工作时间。当然，如果我此刻正在艺大念书，听说"坂本龙一要来大学开讲座"，我也绝对不会去。但反而就是这样的家伙，才有点意思吧。

"物派"与塔可夫斯基

2016年2月到3月间，我创作了电影《怒》的原声音乐，这部电影于同年9月上映。与电影《如果和母亲一起生活》一样，这也是我在患病疗养前就已经定好的工作。李相日导演告诉我，这是一部以"信任"与"不信任"为主题的电影作品，希望我能创作出一首具备"辩证性"的曲子。一开始我不太有自信真能做到，但还是尽力满足了他的要求。

4月8日到10日，我举办了名为"健康音乐"的活动，来纪念我2006年创办的音乐厂牌commmons成立十周年。虽然我从年轻时就一直听"不健康"的音乐，也一直在制作这样的音乐，但在生病后，我开始认真思考"健康"与"音乐"的关系，于是引申出了"健康音乐"这个概念。除了 commmons 旗下艺人的现场演出之外，我还策划了落语[1]会、广播体操、呼吸课程和瑜伽工作坊等活动，并对食品展位进行了精心设计。

接着，我从 4 月底开始了新专辑的制作。这次我没有特意设定交稿日期，想要把之前学到的和积累的音乐知识全部忘掉，尝试像面对一块空白的画布那样去创作。但开始制作后的前 3 个月，我完全没什么主意。尽管如此，我还是想要动动手，于是尝试改编了一些我喜欢的巴赫的曲子。在制作了大概 5 首有点缥缈的带有忧郁氛围的混音作品之后，我开始觉得，也许把整张专辑都做成由巴赫的曲子改编也挺有趣的。

但与此同时，这张新专辑是 *Out of Noise* 后暌违 8 年的原创专辑，所以整张专辑都在致敬其他作曲家是否妥当我也十分犹豫。就在我迷迷糊糊地思考这些的时候，李禹焕[2]老师的作品给了我很多灵感。我并未直接接受他的教导，但他对我来说仿佛是一位心灵导师，所以我总是不自觉地称他为"老师"。1970 年左右，李老师和菅木志雄[3]等人在美术界隆重登场，并被统称为"物派"。他们主张应该抛弃人类狭隘的想象力，去正视那些沉甸甸的"物"的存在。李老师认为，将石头和木材等天然材料原样展示出来本身就蕴含着力量。

刚刚进入大学时，我被如此有型的"物派"哲学深深折服，但我并没有立即将这个概念应用到自己的音乐中。说实话,我不知道该如何将其应用于音乐创作。但是半个世纪过去了,当我再次把新专辑制作进行到一半的巴赫改编放在一旁,回归心无旁骛的状态时,李老师的绘画作品——用粗粝线条在大画布上勾勒出的短线——闪过我的脑海。

我们仰望夜空中的繁星时,总是不自觉地在脑海中用线条连接亮点,画出星座,我想这大概是人类大脑的一种习性。实际上这些星星彼此之间相距数万光年,但我们会把它们看作同一平面上的物体。同样,我们在白色的画布上打下一个点之后,又打下第二个点时,就会用直线去连接这两个点。如果再打下一个点,我们就会画出一个三角形。换成音乐,我们也有相同的习惯,比如《荒野猎人》的主题曲,我们只听到曲子的前两个音符,就会感受到其中蕴含的意义。

受李老师作品的启发,我想要在新专辑中否定人类大脑那种不由自主地寻找所有事物的意义的习性。此外,我从生物学家福冈伸一那里获得了启示。福冈伸一是日本青山学院大学教授、美国洛克菲勒大学客座教授,他在纽约期间,我们经常一起吃饭。据福冈说,自顾自地想要将夜空中的星星连接起来的人类大脑特性,也就是理性,被称为 logos[4](逻各斯),而星星的真实存在被称为 physis(自然)——physics(物理学)一词的词根,意为"自然本身"。从某个时候开始,每次和福冈在一起,我们都会讨论人类要如何超越"逻各斯"而接近"自然"的状态，可以说是到了不厌其烦的程度。

通常意义上的音乐，建立在音与音之间精密架构的关系之上。但在这张新专辑的创作中，我尝试了完全相反的手法。重新开始专辑的制作时，我用从纽约街头捡来的石头互相敲打摩擦，记录下石头发出的声音，也正是想要尝试能否用音乐来体现"物派"的精神。我还去了夏天的京都，在寂静的山中记录了蝉鸣之声，还去录制了法国巴谢兄弟[5]的"声音雕塑"的声音，并到访曼哈顿的美术馆，记录了意大利裔美国雕塑家哈里·贝尔托亚[6]的"声音雕塑"的声音等。

经过不断试错，我最终花了大约7个月的时间推进新专辑作品的录制，其间没有进行其他任何大型的作曲项目。在某个阶段，我突然想到了另外一个整体概念，这也对创作起到了推动作用。这个概念是，"虚构的塔可夫斯基电影原声音乐"。正如塔可夫斯基在《雕刻时光》一书中所主张的那样，电影本来不需要音乐。与麦克风一同拍摄收录的画面本身已经有了声音，为什么要特意在后期制作中添加音乐呢？电影本身就充满了音乐。

例如，在电影《牺牲》中，塔可夫斯基使用了对他来说亦影响深远的巴赫的《马太受难曲》，但在片中其他地方使用的尺八[7]乐曲，最初听起来像是风的声音。同样，在电影《乡愁》中，使用最多的音乐是水的声音。经过精心设计的水的声音就是电影配乐。我重新回顾了塔可夫斯基留下的 7 部长篇电影作品，并逐渐有了一个大胆的想法：如果我有机会为某种意义上否定电影音乐的塔可夫斯基的作品配乐，我会怎么做呢？我想，与导演伊纳里图一起工作时，他给我的那句"声音的层次"的指示，肯定也对我的专辑概念产生了影响。

在纽约家中庭院进行野外录音

在专辑的混音阶段，我也听取了我的伴侣兼制作人的建议，在车里进行专辑的试听。在美国，很多人边开车边听音乐。所以她告诉我混音的时候要考虑一点：当引擎声等车辆自身产生的噪声和外部环境的声音混在一起时，会被这些声音盖过的混音其效果可能会不理想。她认为之前的作品 *Out of Noise* 的音乐太过细腻，在车里播放的话会听不清。所以这张专辑在临时混音阶段就刻录了 CD，我们和音响工程师一起乘车，在曼哈顿的大街上边开车边进行了专辑试听。

令人惊讶的是，这张专辑的音乐与外界的声音混合之后，反倒变得更有意思。当汽车停在红灯处时，旁边巴士的引擎声轰响，和音乐一起形成了极妙的混合效果。哈得孙河畔，在绝佳的时机有一架直升机正在降落，我本来觉得太吵了，但即使我们的车靠近它，也能听到音乐声在细细流淌，并未消失。我和大家一起开车确认过之后，就对这张专辑的混音方向放心了。

《异步》

《异步》这个标题是在专辑制作快结束时想到的。也许给作品起名字本身就会陷入一种"逻各斯"的概念化困境，但即便是"无题"，作品也还是需要一个标题的。我二十多岁的时候，曾经和作曲家前辈诸井诚先生对谈，那时我还在作为 YMO 的成员开展音乐活动，诸井先生对我说："你们现在做的是非常有规律的音乐，但以后你也许会想追求偏离规律的东西吧。"当时年轻的我并不理解他的点拨，这句话却一直在我脑海里萦绕，我时不时会想起来。我想就是在制作《异步》的时候，朝着"偏离规律"的方向迈进的时机终于到来。另外，这段时间我刻意开始与曾经很着迷的推特等社交媒体保持距离，有意避开这些追求同步化的时代潮流，去追求"异步"——我也将这样的想法放进了专辑标题中。实际上，在这张专辑中，确实有几首曲子名副其实地体现了"异步"的概念。

这张专辑完成之后，在 2017 年 3 月 29 日开始发售。与以往完成一张专辑后马上满世界飞不同，这一次我强烈地希望能够将辛苦制作的《异步》进行更多延伸。同时，我认为这张专辑本来的面貌应该是一种在三维空间中的听觉体验，就像自然环境中的声音一样，而 CD 等媒介只会将立体音乐束缚在二维媒体中。因此，《异步》发布后不久，我便在东京和多利美术馆（WATARIUM）举办的"坂本龙一——装置音乐展"中，力求实现这个理想的听觉空间。

在"装置音乐展"的主展馆，我使用了自己非常信任的音响制造商——德国 ME Geithain 公司的扬声器，实现了能在 5.1 声道环绕声中体验《异步》所有曲目的听觉环境。虽然实际上可能需要为每个音频分配一个单独的扬声器，但为了尽可能地接近现实世界中的声音环境，我也下了一些功夫。一到春天，乡下的田地里会有成百上千只青蛙同时鸣叫，但它们的音高和节奏其实各不相同。还有雨声，人类往往想要寻找雨声的某些共同规律，其实它也受风和降水量的影响，是"异步"之物。我的整张专辑旨在追求"事物原本的声音"，所以我想尽可能地再现自然界的声音环境。为了实现这个想法，我邀请曾和我一起制作过多个声音装置的高谷史郎担任影像装置以及整个展览的顾问。自同年 12 月起，我们还在位于东京初台的 ICC[8] 举办了"装置音乐展 2"，进一步对"装置音乐展"进行了延展。

举办"装置音乐展"时，我还不认识李老师，但他来到展览现场观看并在便签上留下了感想，后来我从美术馆的工作人员那里拿到了他的留言。此外，泰国电影导演、艺术家阿彼察邦·韦拉斯哈古[9]也为此次展览特别制作了影像作品。我是在 2013 年的沙迦双年展上认识的阿彼察邦，但当时只是在擦肩而过时稍作问候。之后我们有一段时间没有联系，直到他 2016 年 12 月来日本东京都写真美术馆举办个展，我们又再次会面。当时我把还没有正式发行的专辑《异步》的混音版交给他，并厚着脸皮问他："如果这里面有你在意的曲目的话，能否请你为它配上影像呢？"

阿彼察邦是在戛纳国际电影节上获得过金棕榈奖的著名导演，我当然没有期望他会轻易答应，但他欣然允诺说："我先听听看。"过了一段时间，他便提出建议："如果把这首和那首结合起来，可能会更好。"于是我准备了曲子的特别版本寄给他，他以合作形式制作了名为 First Light 的视频装置作品。他的影像结合了梦幻、神话和丛林的意象，不论看多少遍都会让人为之折服。尽管有些难懂，甚至有人说"让人昏昏欲睡"，但我觉得，就连观众的沉睡似乎也是作品的一部分。后来，阿彼察邦再次邀请我为他的首部"虚拟现实"（Virtual Reality，以下简称 VR）作品《与太阳的对话》（2022）制作原声音乐，我们的交流一直持续。

在日本无法实现的表现形式

随后，从 4 月 25 日到 26 日在纽约公园大道军械库举办的演奏会开始，我进行了多次基于《异步》的现场表演。虽然最初的演奏会以忠实再现《异步》的专辑内容为主，随着时间的推移，高谷史郎也参与了现场导演，我们在演奏会中逐渐增加了舞台艺术或装置艺术的元素。尽管纽约的演出场地只能容纳 100 人左右，但比约克、Oneohtrix Point Never（OPN）[10]、约翰·约翰逊[11] 等音乐家，以及福冈伸一和表演艺术家玛丽娜·阿布拉莫维奇[12] 等人，都来观看了我的表演，观众席阵容反倒十分豪华。

顺便提一下，玛丽娜·阿布拉莫维奇是在美术界被称为"行为艺术之母"的传奇人物，以激进的行为艺术作品而闻名。在舞台上，她用刀快速刺向自己的手指缝，表演"俄罗斯游戏"，一直坚持到自己真的受伤为止。在名为《节奏0》的表演中，她在意大利那波利的 Studio Morra 像人偶一样任人摆弄，请观众用放在她面前桌子上的 72 件物品对她做任何事情。这些物品甚至包括手枪和子弹，虽然最终子弹没有发射，但她还是被具有攻击性的观众用剪刀剪碎了衣服。因为知道她的这些经历，我一直觉得玛丽娜是个很可怕的女人，但实际见到时，却意外地发现她很友善。她非常善解人意，给人的感觉就像可爱的姐姐一样。

此外，约翰·约翰逊在纽约演出次日来到我家做客，说要玩一下高谷和我合作创作的玻璃乐器或者说音响装置。他好像非常喜欢，花了大半天时间在那里弹奏和录音。他还说想在他正制作的原声音乐作品中用这个装置来录音。当时他看起来很健康，但很可惜，那之后不到一年，他就离开了人世。

在接下来的 2018 年，我在法国进行了 6 场演出，这些演出都以 *dis·play* 为题，也是以专辑《异步》为基础的表演。当时正逢艺术团体"蠢蛋一族"在巴黎举办个展，我们在个展会场——坂茂设计的蓬皮杜梅斯中心也进行了演出。在巴黎日本文化中心表演时，正在当地制作作品的李禹焕老师也来到现场，我们终于有机会见面了。

2019 年，我们在新加坡进行了以 *Fragments* 为名的演出，这场演出给我留下了深刻的印象。高谷史郎的舞台作品 ST/LL 被邀请参加新加坡国际艺术节，我负责其中一部分音乐，所以非常想去现场观看。主办方得知此事后，表示机会难得，问我愿不愿意在新加坡演出。因此，在 ST/LL 上演几天后，我们决定使用同一个舞台进行基于《异步》的现场表演。

我们在舞台上建了一个游泳池，里面装满了水。水上漂浮着几个发出声音的"岛屿"，是包括钢琴、吉他和玻璃在内的装置。我会根据需要在水中走动，拿起这些乐器和"物品"，即兴演奏。水面的波纹也以影像的形式实时投影。这场表演脱胎于《异步》，我自己也十分满意。一眼看上去就知道这不是普通的钢琴音乐会，所以当时我也没感受到来自观众席的压力，比如希望我演奏《圣诞快乐，劳伦斯先生》。

仔细想想，包括每张 CD 的录制时间约为 60 分钟这个条件在内，专辑不过是为了在音乐市场上流通而制作的一种"形式"。当新的音乐作品创作完成，其实可以邀请少数客人在特定场所，比如茶室，以款待他们的"形式"演出、发行。在如今这个 CD 销量不振的时代，也许这种方式获得的收益更多。

在朝日出版社出版的周刊本系列杂志中，我曾经策划过一期名为"本本堂未刊行图书目录"（1984）的专题。这个专题收集了我当时主持的出版社——"本本堂"出版社计划出版但可能无法实现的书。高松次郎和井上嗣也等人也参与其中。在确定内容之前，先完成了50本书的标题和装帧。其中一本的构想是，以活页夹的形式，每天更新中上健次的小说。那个时候还没有互联网，这个构想最终未能实现。但从20世纪80年代开始，我就产生了要打破"一本书"或"一张专辑"这种固定形式的想法。

这次脱胎于《异步》的演出后，我感觉自己的艺术表现登上了一个新台阶，很遗憾，这样的演出至今未在日本国内呈现过。在法国的演出吸引了新加坡国际艺术节的从业者，实际上他们也在第二年邀请我去了新加坡。中国香港的演出活动经纪人也来看了我在新加坡的演出，对我说："下次请务必来我们这里表演。"但没有一家日本公司或剧场有他们那样的热情。换句话说，日本人几乎不知道我正从事这样的音乐活动，也不会特意跑到海外去看我的演出。日本积极邀请海外艺术家来国内演出的热忱也曾领先于世界，可现在似乎进入了新的"锁国"时代，这让我感到很寂寞。当然，如果我的事务所联系相熟的娱乐宣传人士，也会有公司想邀请我去演出吧。但如果让我许愿，我希望他们能够积极主动地了解我最近在表现些什么，至少具有去新加坡观看我演出的热情——那儿离日本也不远。但我想可能是我要求太多了吧。

我在专辑创作上一向随心所欲，但反过来说，每部作品都有不同的风格，说明缺乏作为艺术家的统一感，这也是我的心结所在。换句话说，就是没有标志性特征。比如，如果是山下达郎或布莱恩·伊诺[13]，无论听他们的哪张专辑都能感受到其个人标志吧。但我和他们不一样，只做自己喜欢的事情，所以这也无可奈何———一直以来我都是这样想的。

创作出《异步》与确立个人标志的意义略有不同，但我决不愿失去在此次创作中收获的东西，甚至强烈地希望今后能延续《异步》的成就，攀登更高的山峰。完成这张专辑时，我曾说"我太喜欢它了，以至于不想让任何人听到"，也是因为背后有这样的心路历程。所以在《异步》之后的创作中，我努力延伸从这张专辑中收获的东西。

我在 18 岁时开始接触李老师的作品，也许当时就可以走"物派"音乐之路。然而，年轻时的我因为迷恋金钱和女性，并没有选择这条路。具体发生的事情就交由大家想象吧，但我现在并不后悔那段人生。我想，直到过了 60 岁，经历了严重的疾病，脱离世俗欲望回归质朴状态后，那座我该去攀登的山峰才显露出身影。也可以说，我兜了一个大圈子，又回到了原点。

亚洲的项目

发表《异步》之后，我连续做了几个与韩国合作的项目。其中一个项目是根据绘本原作改编的动画电影《你好霸王龙》[14]，于 2017 年 4 月进行了第一次会议。导演是日本人，作画工作也由日本的手冢制作公司负责，但主要的制作公司是韩国企业，中国的电影公司也投资了该项目。负责项目的年轻韩国制片人指名让我来创作电影原声音乐，因为受这个项目的中日韩三方合作背景吸引，我接下了这个工作。我有很长一段时间没有为动画片创作原声音乐，加上动画片的音乐要让孩子们理解，还是有一些难度的。但我从几个主要的恐龙角色身上获得了灵感，完成乐曲创作的过程还是挺开心的。

《你好霸王龙》在2018年10月的釜山国际电影节上首映后，于次年正式在韩国上映，但由于受新冠肺炎疫情的影响，日本的上映多次延期，直到2021年年底才上映。当然，延期不是任何人的问题，有点可惜的是，作品错过了最佳上映时机。虽然对观众来说都是第一次看，但我认为作品完成后如果不能马上上映的话，作品的势头就会减弱。像茄子一样，放久了会蔫，而不是像葡萄酒或者威士忌那样越陈越香。

2017年6月，我在创作韩国电影《南汉山城》的原声音乐，这部电影由李秉宪和金伦奭共同主演。制作方并非通过中介公司，而是直接通过我的个人网站投递了工作邀请，我被他们的气魄打动，迅速做出了积极的回应。《南汉山城》是一部以1636年在朝鲜半岛发生的"丙子之乱"为主题的历史大作，主要描绘了在君主仁祖的领导下，李氏朝鲜拒绝向清朝臣服的47天守城战的故事。在清军的攻打之下，李氏朝廷退避到了南汉山城，在求和与交战的夹缝中摇摆不定。当时正值冬季，在严寒和饥饿之中，李氏朝廷仍尝试抵抗。我剧透一下，朝鲜一方最终失败，仁祖李倧不得不三跪九叩向清朝皇帝请罪。这部电影讲述的是清朝初期的故事，可以说与描写清朝末代皇帝的电影《末代皇帝》形成对照。

我是在参与这部电影音乐创作的过程中才第一次了解到这些史实。据说在朝鲜半岛的历史上，这次战役被认为是少有的一大悲剧。在韩国，李氏仍然是最常见的姓氏之一，但因为这一屈辱事件，据说有不少人不愿意承认自己是李氏朝鲜的后裔。我却被制作团队敢于描绘在韩国国内忌讳的"丙子之乱"事件的意志打动，一直以来也很希望有机会能为韩国电影创作原声音乐，因此能接到工作邀约让我感到非常荣幸。我也向前面提到的韩国友人金德洙寻求帮助，在他的介绍下，得以请到年轻的韩国传统乐器音乐家参与了电影音乐的演奏。顺便提一下，担任这部电影导演兼编剧的黄东赫后来还执导了网飞的电视剧《鱿鱼游戏》，在全球取得了巨大成功。

在《你好霸王龙》和《南汉山城》的工作之间，纽约曼哈顿的电影院 Quad Cinema 为庆祝重新装修后开幕，举办了"坂本龙一回顾展"。在我曾经参与的电影中，选择了由佩德罗·阿莫多瓦[15]导演的《情迷高跟鞋》（1991）和布莱恩·德·帕尔马导演的《蛇蝎美人》（2002）等 8 部作品，举行了特别展映。Quad Cinema

是位于纽约市中心的小剧场电影院，类似日本的"名画座"[16]，由年轻的电影人运营。他们像黑胶唱片发烧友一样，放映电影时，只要有机会就会坚持使用胶片放映，电影院的氛围也不错。我儿子在大学主修电影专业，老抱怨这家电影院"胶片放映的焦点不准"，或是"放映机的操作不熟练"。但我 2014 年几乎整年都在纽约接受癌症治疗，对这座城市产生了感情，因此能像这样被当作当地居民对待，我很开心。

《坂本龙一：终曲》

2017 年 8 月，暌违四年后我又一次参加了威尼斯国际电影节。但这次我并非评审团成员，只是一名普通参加者。拍摄我本人的纪录片《坂本龙一：终曲》，在电影节上进行了特别放映，所以我有幸出席。这部纪录片的导演史蒂芬·野村·斯奇博是日美混血，我们在"3·11"东日本大地震后相识。当时，核工程学者小出裕章在纽约进行有关福岛核辐射污染的演讲，我坐在最前排听讲。这一幕恰好被在场的斯奇博看到，他随后便联系我："能不能让我拍一部关于你的电影？"他最初的构想是以拍摄"No Nukes 2012"音乐会的现场影像为中心，重点关注我的反核活动。那时候，日本社会的风向也难得地有了一些改变，我想也许通过拍摄我的身影记录下那种激荡的时代氛围也很有意义，于是不假思索地答应了这个提议。

但在拍摄过程中，导演的想法逐渐发生变化，他打算多花一些时间，用影像来呈现坂本龙一作为艺术家的整体形象。我其实对把自己表现得很像英雄或是暴露自己的私生活没有任何兴趣，但在导演谦逊态度的感染下，逐渐产生了"就交给他来拍吧"的想法。在拍摄期间，我得了癌症，斯奇博对于是否要继续拍摄一度苦恼不已。我想，干脆我来给他加把劲儿，还用"挺好的，这样电影就能大卖了呢"之类的玩笑话来鼓励他。

话虽如此，在我养病期间，对于拍摄团队进入我家和私人工作室进行拍摄我还是有些抵触。因此尽管当初没有这个计划，我还是向导演提议可以考虑让我的儿子也参与拍摄，他在大学毕业后成了一名影像创作者。当然，儿子是否愿意参与以及导演是否认可他拍摄的画面，就是另外一回事了，决定权在他们手上。经过两人的直接沟通，我儿子表示愿意参与这个项目，2014年之后在纽约拍摄的画面几乎都出自他之手。

有一次，我一个人专心练习钢琴时，感觉身边有人，一回头发现我儿子在那里拿着摄影机拍我。这段影像和我说的"哎呀，被拍到了"的话，也收录在了电影里。但我想如果不是家人的话，我肯定不会允许别人把那么拙劣的演奏场面拍下来。

电影中我最喜欢的一幕，是我在森林里进行野外录音。镜头从我身上移开，拍摄了一只在树木上攀爬的毛毛虫，我觉得这个短镜头非常出色。我甚至威胁斯奇博说："如果你剪掉这个镜头的话，我就退出拍摄！"观众都知道这是一部关于坂本龙一的纪录片，所以我想我不需要每时每刻都出现在画面中。

在电影《坂本龙一：终曲》中，最后记录了制作《异步》的过程，可以把它当成这张专辑的制作花絮来看。"终曲"这个标题，意味着"乐章结尾部"，与我在1983年发布的同名专辑无关，是在电影制作的尾声由导演决定的名字。当然，在我突然重病这个意外发生后，导演很犹豫是否要继续使用这个可能有些过于沉重的标题，而我本人对好像要将自己的人生结束于此的标题也有一些抵触。虽然如此，我们依然认为这个标题，既保留了导演在拍摄开始时的问题意识——他认为自从核事故以来世界整体正走向一个尾声，又蕴含了这部电影记录了我创作新的音乐作品的全过程这个含义，因此我们最终还是决定使用这个标题将纪录片公之于世。更确切地说，我们也试图反向思考——从这个"结尾部"开始，会展开新的篇章。这部电影于2017年11月初在日本上映，我也难得地参加了首映式的舞台致辞。

回报古尔德

2017年12月,我被邀请为"Glenn Gould Gathering"这一活动进行策划,以纪念格伦·古尔德诞辰85周年。我从小学开始就非常迷恋古尔德,经常模仿他在演奏时的前倾姿势,结果养成了驼背的坏习惯,还因此被老师提醒过。我曾在各种场合公开表达过对古尔德的崇敬之情,加拿大的古尔德基金会听闻之后,在加拿大建国150周年之际,邀请我一同策划这一活动。1982年,50岁的古尔德早早离开人世,我与他并无一面之缘,但我一直受到他的影响。2008年和2009年,我曾经在索尼音乐推出过古尔德演奏曲目的精选专辑。这一次,我想再次回报古尔德的恩情,于是接受了基金会的邀请。这次活动的场地选在了草月会馆[17],距离东京的加拿大大使馆很近。

尽管古尔德也留下了少量的作曲作品,但他最为人所知的身份还是演奏家,巴赫的《哥德堡变奏曲》和贝多芬的《钢琴协奏曲》是他的经典演奏曲目。应该用什么样的方式向这样一位演奏家致敬呢?这个问题真的很难。我联系了我的朋友艺术家卡斯滕·尼古拉和克里斯蒂安·芬奈斯,并邀请了年轻有为的卢森堡钢琴家弗朗切斯科·特里斯塔诺一起参加。这是我第一次与弗朗切斯科合作,他也发行过古尔德经典演奏曲目的演奏专辑《哥德堡变奏曲》。弗朗切斯科还受巴赫曾为拜访前辈作曲家布克斯特胡德徒步400千米的故事的启发，制作了一张专辑——《长途跋涉》（*Long Walk*）。他将这两位作曲家的音乐与自己的作品混在一起演奏的概念十分有趣。我以前就关注他了。

弗朗切斯科演奏了明晰的钢琴音乐，而我弹奏了预制钢琴和合成器，再叠加卡斯滕的电子音和芬奈斯的噪声——以这样的形式，举办了向古尔德致敬的合作演奏会。其中卡斯滕的点子非常棒，古尔德在演奏时的哼唱很有名，卡斯滕注意到了这一点，将他女友的哼唱声叠加在了我演奏的巴赫曲目之上，真不愧是一位当代艺术家。我们还在舞台背景的屏幕上播放了古尔德故居、附近的公园和墓地的影像。在演奏会以外，我们还在活动中介绍了古尔德热爱的日本文化：放映了敕使河原宏[18]导演的改编自安部公房[19]小说的电影《砂女》，还设置了使用古尔德本人谈论夏目漱石《草枕》[20]的声音制作的装置作品。在草月会馆一楼由野口勇设计的花石水广场，即草月广场上，我们也放置了一架带有自动演奏机制的钢琴，可以按照古尔德生前的演奏方式弹奏乐曲。

对于以这样的方式来表达对古尔德的敬意是否合适，我有些犹豫，但很荣幸的是古尔德基金会的人非常高兴，他们希望我能将演奏会和这些装置作品一起带到包括加拿大在内的世界各地。但这过于兴师动众，我拒绝了。但想想看，这次演奏会只举办了3天，总共5场，每场按500名观众来算的话，3天里也总共只有2 500人观看。确实挺可惜的。

顺便再多说一点，草月会馆是我与前卫音乐邂逅的地方，10岁左右的时候，母亲带我来这里听了高桥悠治和一柳慧的音乐会。当时悠治用来演奏的那架红色贝森朵夫钢琴相当引人注目，因为颜色很少见，我一直记得它。我去查看古尔德活动的演出场地时，发现这架红色钢琴还放在舞台后面，真的非常激动。当这架钢琴映入眼帘时，五十多年前的音乐会的记忆瞬间清晰地回到了我的脑海中。我记得悠治曾让钢琴响起闹钟声，或是朝钢琴的琴键扔棒球。孩提时代的我惊讶于他那自由奔放的演奏风格，也感受到了自由的音乐之可贵。

告别贝托鲁奇

之后，很快迎来了 2018 年，在那一年，我告别了恩人贝托鲁奇。那年 2 月，我被邀请担任柏林国际电影节评审，在德国逗留。在评选电影作品的同时，我还与深受小津安二郎电影影响的导演维姆·文德斯[21]一起，为经典单元展映的小津作品《东京暮色》[22]做了演讲。是贝托鲁奇让我了解到电影节的乐趣所在，而就在那时他突然打电话给我："嘿，龙一，我跟你一样，也得了喉部的癌症。"他的语气并不沉重，还开玩笑说："这代表了我的爱！"[23] 不论什么时候，他总是爱开玩笑。

贝托鲁奇接着对我说："赶紧来医院探望我吧！"他还说："你从德国来意大利也不远啊。"但电影节闭幕后，我会马上去法国的三座城市举行演奏会。贝托鲁奇还是锲而不舍地对我说："这些东西取消不就行了嘛，快来罗马找我！我真的很想见你。"我犹豫了半天，最终因为调整不了行程，没能去见他。结果，他在那一年11月离开人世，那个电话也成了我们之间最后的对话。我现在很后悔，当时无论如何都应该去一趟罗马啊！

但据说，贝托鲁奇在停止延命治疗[24]后，最后一个月是在自己家里度过的，每天大口大口地喝酒，抽医用大麻，吞云吐雾，好不快活。他的朋友也每天都去找他玩。他去世之后，我听他的遗孀克莱尔说："他笑得好像从未那么开心，快乐地走了。"我想，对他来说，这是一个幸福的结局吧。

寻宗溯源

2018年3月，我在NHK演播室参加了《家族历史》节目的录制。这个节目旨在代替本人对家族历史进行采访。如果是年轻时收到这个节目的邀请，我很可能会拒绝。奇妙的是，当自己上了年纪，会萌生一种想法，就是如果能多问问已故父母和祖先的事情就好了。因此，虽然对了解家族的真相有点胆怯，但我还是下决心参加了节目的录制。

我的父母都来自日本九州,九州就是我的家族之根。除此以外的信息,基本上都是节目组的工作人员调查得来的:我的曾祖父兼吉是福冈藩主黑田家的步卒,他在三奈木村与旁边久留米藩接壤的地方监视敌人的入侵。他曾经住在英彦山山坡下,因此被藩主殿下封姓"坂本",这个姓氏是从"山坡下面"转变来的。我以前就有"祖上是败走的武士"的预感,从某种意义上说这种预感是正确的。虽然没有明确的证据,但据说兼吉的祖先还是隐藏的天主教徒,对异教徒十分宽容的黑田家很早以前就收留了他们。

兼吉后来搬到了现在福冈县朝仓市一个叫甘木的地方,开了一家名为"坂本料理"的料亭[25]。甘木是福冈和大分之间的交通枢纽,因此这家店生意兴隆。兼吉逐渐成为町上有头有脸的人物,现在当地神社的牌坊上仍然刻着他的名字,以表彰他的捐赠。当时在该神社内,还举行了业余相扑和职业摔跤表演,兼吉是主办人员之一。惊人的是,节目组的工作人员甚至找到了1975年当地报社采访甘木历史时当地长老的录音,其中还有与兼吉有关的证言:"此人是个大佬。大佬也分很多种啊。"尽管在节目中没有直接点名,但我想兼吉也许是以黑道人士的身份成名的吧。

兼吉的长子是我的祖父升太郎,他年轻时就因为热爱艺术闻名于街坊之间。他曾热衷于业余歌舞伎事业,当时的当地报纸上还留下了"甘木:演艺界最受欢迎的演艺达人"这样的描述。他还被称为"福冈团十郎[26]",是标准的瓜子脸美男子,据说在歌舞伎演员的人气投票中,也总是遥遥领先。升太郎与受雇于他父亲经营的"坂本料理"的一位叫 Taka 的女性结婚,并生下了长子——我的父亲坂本一龟。29 岁时,升太郎因为自己的兴趣爱好而创建了"甘木剧场",并成为经营者。但仅仅两年之后,剧场发生了一起事件:上演喜剧时,剧场内发生争吵,卷入其中的售票处的男性被人用刀刺死。升太郎承担了这起杀人事件的责任,并退出了剧场的经营。

之后,升太郎改变职业方向,加入福冈的生命保险公司,开始了单身赴任的职员生活。他从事外勤销售工作。几个月后,他就在赴任地认识了另一位女性,并残忍地抛弃了我的祖母。祖母被迫独自抚养祖父留下的六个孩子。因为目睹了升太郎不负责任的行为,几个孩子都变得很懂事,特别是我父亲,作为长子肩负着家族的责任,一直很努力。多年后,得知我过着轻浮的生活时,父亲失望地叹息道:"我们都一直做着正经人,你怎么却是这副德性?"我想这就是祖父的隔代遗传吧,人终究是无法对抗基因的。

我的父亲进入日本大学文学部的第二年,太平洋战争爆发。战争局势恶化后,他作为学徒应召入伍,被分配到位于佐贺的通信队,一开始据说被激发了作为军人的使命感,想着"为了家人,我要勇敢地死去"。后来,他被分配到了伪满洲国的东安

（今黑龙江省密山市境内），在那里作为通信兵一直给同伴们发送莫尔斯电码。NHK 的这个节目里还介绍了他的手记，上面记载了他在极寒之地手指被冻伤，以及治疗期间在不使用麻醉的情况下拔掉指甲的痛苦经历。

到了 1945 年，为了应对在日本本土进行的"决战"，我的父亲又被召回日本，并在福冈筑紫野的通信基地得知了日本战败的消息。根据他弟弟的证言，从军队回家后的他一直闷在家里，有好长一段时间什么都没有做。他似乎也有罪恶感——因为他自己平安无事，而与他一起在伪满洲国度过战争岁月的同伴们却在西伯利亚进行强制劳动。回家半年后，他终于开始在附近的铸造厂工作，在得知同事们对工资不满意后，他带头提出与公司交涉。然而，在面对公司老板时，其他工人却选择沉默不语，这让他非常愤怒，马上把辞职信砸到了老板面前——节目里还讲述了这样的事情。

后来，我的父亲重新对他本来就喜欢的文学产生兴趣，并与当地的同伴们一起创办了同人杂志《朝仓文学》，自己也开始写小说。出于对军国主义的反省，一龟写的这部小说主人公是一个对逐渐走向战争的世界抱有疑问的青年。这本同人杂志恰巧引起了正在甘木疗养的一位编辑的注意，他邀请我的父亲说："要不要去东京的出版社当小说编辑啊？"这家出版社就是他最终要工作到退休的河出书房。

另一方面，我的曾外祖父下村代助在今天的长崎县谏早市务农。代助原本是一名佃农，住在房梁露在外面的临时搭建的小屋里。日俄战争时期，他搬到了造船业兴盛的佐世保。在那里，他成了市政府的"临时雇员"，实际就是腰上别着铃铛在路上跑来跑去，随叫随到，到处承接工作的"万事屋"。

我的外祖父弥一作为代助的三儿子出生。从小就用功读书的弥一非常尊敬在小学课堂上学到的林肯。他把自己与出身贫寒却成为美国总统的林肯相提并论，做着总有一天能出人头地的梦。但以下村家的经济情况，很难进入中学念书。于是，小学毕业后，弥一成了海军工厂的一名学徒工，但依然没有放弃进修的梦想。他亲自拜访了当地佐世保中学的校长，请求转入该校，这位校长也是个人物，和弥一约定："如果你能通过考试，我就批准你转到这所学校。"于是，弥一头悬梁锥刺股，最终取得了合格的分数，成功转入该校读书。

后来，弥一拿到了奖学金，进入熊本旧制第五高等学校念书，在学生宿舍里认识了一辈子的好朋友——池田勇人。池田勇人后来成为日本首相，提出"国民收入倍增计划"，并推动了日本经济的高速增长。据说，他俩从高中起就一起讨论国家大事。弥一还与池田一起考入了京都大学法学部。几年后，弥一小学时的恩师带着女儿美代来京都玩，弥一便认识了美代，并与她结了婚。

弥一在大学毕业后，进入共保生命保险公司就职，这家公司后来经历了多次合并，曾改名为野村生命保险、东京生命保险[27]——弥一在这家公司最终担任了董事一职。美代和弥一之间，有包括我母亲敬子在内的一女三男共四个孩子。后来，我祖父坂本升太郎成为外祖父弥一的部下，两人谈论起自己的孩子。升太郎说长子在东京的出版社工作，喜欢读书的敬子听说后表示想读一下他编辑的书。于是，已经抛妻弃子的升太郎还是打电话给儿子，让他把书送到上司弥一的家里。我的父亲一龟就带着他当责编的椎名麟三[28]的《永远的序章》来到了下村家。我的父母就在这里有了第一次会面。两年后，两人结了婚。

《家族历史》节目组的工作人员真的好厉害呀。节目详细介绍了坂本家和下村家的历史，展示了各种资料，还在节目最后朗读了一段我父亲的日记。就像我前面写的那样，我父亲在家里总是板着脸，还经常口出恶言。我害怕到无法直视他的眼睛，也没有和他正常交流的记忆。但就是这样的父亲，默默地把杂志上与我相关的报道，以及报纸上的电视节目预告栏里我出演的节目剪下来做剪报。我出生的那一天，他在日记里写道："生了个男孩！我真的忍不住开心地笑。"还写道："看着被助产士抱着的小婴儿。他好大，好漂亮！"他生前从来没有当面夸过我，但在我出生的时候，他是如此开心，并且坦率地表露着感情。我没想到节目录制的时候会哭，但看到这段真的无法抑制自己的眼泪。

顺便再多说一句，母亲生前常常对我抱怨："你总是只参加综艺节目，NHK 不找你做节目吗？"她误以为我是被迫参加搞笑组合 Downtown 的综艺节目,还在里面扮演"笨笨侠"的朋友,[29] 因此很生气。其实就算事务所阻止,我自己也是要参加这个综艺节目的。所以我想,母亲应该对我们一家人能参加如此美好的(NHK)节目而高兴不已吧——虽然是在她去世之后。

舅舅小时候的游戏

接着在 2018 年 3 月底,我参观了以"乐烧"[30] 闻名的京都乐吉左卫门[31] 的窑。虽然现在已经到了第 16 代,但当时接待我们的是第 15 代的光博先生。我以前曾经和乐吉左卫门一起参加对谈活动,当时我问他:"你也有做失败的陶器吧?"他回答说:"当然,有很多。"听到他这么说,我很没有常识地想,我能不能把他做失败的作品带回家啊。

其实,那时我半开玩笑半认真地想,《异步》之后的下一张专辑就做成陶器吧。每个购买者都可以亲手把陶器打破,享受只在它破裂时发出的声音,是仅此一次的极致概念艺术。我请求乐吉左卫门把他做失败的作品转让给我,以便我研究声音时作为参考,但被他拒绝了。想一想,这确实是理所当然的——但凡这些失败的作品不慎流传出去一个,都会损害乐吉左卫门的声誉。乐吉左卫门告诉我,失败的作品会被一件件地扔进纸箱里,等它们重新融入泥土后用于下一次创作。

不过我只是想听到陶器破裂的声音,所以即使不能带实物回家也没关系。经过一番交涉后,我得到了乐吉左卫门的许可,可以把他失败的作品一件件地打碎并记录下碎裂时的声音。这些"失败的作品"其实都是乐吉左卫门主观上认为的"失败",在我这样的门外汉看来,它们都是非常有价值的东西。在打碎了大约20件失败的作品后,我受不了良心的谴责而收手了。

后来,虽然我没有制作以陶器为形式的新专辑,但在2021年3月限量发售的艺术套盒"2020S"中,在设计师绪方慎一郎的指导和唐津陶艺家冈晋吾[32]先生的帮助下,我们制作了原创的陶盘,并将我打破陶盘时的声音制作了限定曲目"fragments, time",还把陶器碎片收录进了艺术套盒里,送到了购买者手中。它们每一个都是独一无二的作品。

其实,我之所以想要做这种事情,是因为舅舅们幼年的故事给我留下了深刻的印象。这些故事也算是"家族历史"的续篇吧。我母亲有3个弟弟,我小时候经常去外祖父母在白金的家里做客,舅舅们会陪我玩。外祖父母的长子由一在东京大学学习国际关系,成了罗莎·卢森堡[33]的研究者。他在"冷战"刚开始时就逃亡到了德意志民主共和国,他思想保守的父亲弥一就像失去了儿子一样沮丧。但过了一段时间,由一就带着一位精通日语的德国伴侣回到了日本。现在他已经九十多岁,仍然很健康。

我的二舅舅了二在 2018 年 1 月去世。他喜欢法国音乐，例如香颂歌曲。我小时候偷偷地拿他收藏的唱片来听，也正是那时邂逅了德彪西。那时的了二是庆应义塾大学橄榄球队的一员，每个周末都打球打到筋疲力尽才回家。三舅舅是后来成为高中数学老师的三郎，他曾在早稻田大学就读，所以他和了二经常喊着"早庆战[34]！"，然后吵架。三郎也是教我欣赏德国音乐的人，可惜他也在 2016 年 11 月去世了。

三郎只有一岁时，曾经在家里的檐廊把碗和盘子摔在石板上玩。他会从厨房偷偷拿来餐具，然后摔碎，那声音对他来说趣味盎然。三郎更喜欢清脆的"叮——"的声音，不喜欢沉闷的"啪——"，而那些能发出这种清脆声音的盘子，通常都是有田烧[35]那种薄而昂贵的器皿。但厉害的还是三郎的母亲，也就是我的外祖母。一般来说，如果孩子玩这种游戏，大人会马上责备孩子，但她默默地看着这一幕，低声说："啊，这孩子对声音很敏感呢！"我的外祖母本身也热爱音乐，学过小提琴。就这样，下村家传承下来的这些古老故事仍然留在我的脑海中，由此我想到了用陶器发声这个创意。这也是一种作为"物品"存在的音乐吧。

作为编辑的父亲生前一直支持许多作家，我有时后悔没有把他当作创作上的前辈，多听他讲一些他的故事。但我想，我不仅从父母那里，也从舅舅和其他亲戚那里继承了许多东西。这样一来，我便深刻认识到自己这个人是在周围成年人的影响下塑造而成的。

1 落语,是日本的一种传统曲艺,由落语家坐在舞台上,一人分饰多个角色,通过肢体语言,以及扇子或手帕等道具来描绘各类故事。

2 李禹焕(Ufan Lee),出生于1936年,韩国当代艺术家,日本现代艺术流派"物派"的重要代表人物。自幼深受东方传统思想的影响,其作品尽显东方艺术的留白之美。

3 菅木志雄(Kishio Suga),出生于1944年,日本当代艺术家、美术批评家,是日本现代艺术流派"物派"的重要代表人物。多摩美术大学毕业,其艺术主张对美术界产生了很大的影响。

4 古希腊哲学术语,意为"世界的普遍规律性"。

5 指的是贝尔纳·巴谢(Bernard Baschet)和弗朗索瓦·巴谢(François Baschet)。1952年,巴谢兄弟发明了一种以他们的名字命名的独特乐器,由金属、玻璃棒和木材等制成,能发出独特的声音。

6 哈里·贝尔托亚(Harry Bertoia,1915—1978),意大利裔美国艺术家、现代家具设计师。最为人熟知的作品除了经典的"钻石椅"之外,还有著名的"声音雕塑"。

7 尺八是日本具有代表性的传统乐器,约公元8世纪或更早时由中国传入日本。因管体长一尺八寸而得名。音色苍凉辽阔,带有历史的厚重感。

8 指Inter Communication Center,是日本电信电话株式会社设立的美术馆。

9 阿彼察邦·韦拉斯哈古(Apichatpong Weerasethakul),出生于1970年,泰国独立电影导演。代表作有《能召回前世的布米叔叔》《记忆》等。

10 本名为丹尼尔·洛帕京(Daniel Lopatin),出生于1982年,他是美国实验电子音乐制作人、作曲家、歌手和词曲作者。

11 约翰·约翰逊(Jóhann Jóhannsson,1969—2018),冰岛作曲家、编剧、导演。曾为多部电影配乐,如《边境杀手》《万物理论》等。

12 玛丽娜·阿布拉莫维奇(Marina Abramovi),出生于1946年,南斯拉夫(现塞尔维亚)行为艺术家、导演、编剧。

13 布莱恩·伊诺(Brian Eno),出生于1948年,英国音乐人、作曲家、音乐理论家,"氛围音乐"的先驱之一。

14 《你好霸王龙》改编自宫西达也的系列绘本,讲述恐龙们为了寻找绿洲而踏上旅程的故事。

15 佩德罗·阿莫多瓦(Pedro Almodóvar),出生于1949年,西班牙导演、编剧、制作人。代表作有《关于我母亲的一切》《对她说》等。

16 在日本,主要是指放映旧作而非新片的电影院,放映的通常是名作,故得名。

17 草月会馆,位于东京,由日本著名建筑师丹下健三设计,是日本重要的现代艺术交流中心。

18 敕使河原宏(Hiroshi Teshigahara,1927—2001),日本著名导演。代表作有《陷阱》《砂女》《他人之颜》等。其中,《砂女》获得第37届奥斯卡金像奖最佳外语片提名。

19 安部公房(Kōbō Abe,1924—1993),日本小说家、剧作家,多次被提名为诺贝尔文学奖候选人。代表作有《砂女》等。

20 《草枕》是夏目漱石的中篇散文体小说。小说以第一人称,描写一个青年画家为了躲避俗世的忧烦,寻求"非人情"的美的历程。

21 维姆·文德斯（Wim Wenders），出生于1945年，德国电影导演、编剧、制作人，"德国新电影四杰"之一。代表作有《柏林苍穹下》《地球之盐》等。

22 《东京暮色》是小津安二郎晚期的代表作，于1957年在日本上映。电影讲述了东京普通的一家人凄凉的生活，反映了小津对"二战"后日本社会的忧虑。

23 原文是："This is my love!"。

24 延命治疗是指使用心肺复苏术、人工呼吸器、血液透析、抗癌药物等延长临终期患者生命的医疗措施。

25 料亭是供应日本料理的高级饭馆。

26 团十郎指市川团十郎，是日本一个从江户时代初期开始传承的歌舞伎世家，后来历代座主袭名市川团十郎。

27 东京生命保险，全称为东京生命保险相互会社，于2001年出现经营问题后申请破产。破产后，由大同生命与太阳生命两家保险公司出资进行再生重组，后改名为T&D Financial生命保险。

28 椎名麟三（Rinzo Shiina, 1911—1973），日本战后存在主义作家。代表作有《永远的序章》和《自由的彼岸》三部曲。

29 坂本龙一在参加Downtown的电视综艺节目时，参演了该节目的小短剧《笨笨侠》（アホアホマン），在剧中以笨笨侠（松本人志扮演）从小一起长大的朋友"笨笨兄弟"（アホアホブラザー）的设定，身穿粉色肌肉上衣和内裤登场。

30 "乐烧"深受中国明代"华南三彩"的影响，是日本桃山时代最具代表性的茶碗之一，为乐家初代名匠长次郎继承千利休倡导的茶道理念而烧制。

31 乐吉左卫门（Raku Kichizaemon），出生于1949年，乐家第15代传人，陶艺家，著有《茶碗匠人》。

32 冈晋吾（Shingo Oka），出生于1958年，日本著名陶艺家，有自己的窑"天平窑"。

33 罗莎·卢森堡（Rosa Luxemburg, 1871—1919），她是国际共产主义运动史上杰出的马克思主义思想家、理论家、革命家。

34 "早庆战"指早稻田大学与庆应义塾大学的对决。对决内容主要以棒球、足球、赛艇等体育运动为主。

35 有田是日本有名的瓷都，它在日本的地位相当于中国的景德镇。有田烧就是在有田烧制出的瓷器，烧制的成品轻而薄。

第七回 邂逅新的才华

与雷猫[1]（左）和 Flying Lotus[2]（右）在纽约布鲁克林的演唱会

早餐俱乐部

2017年1月,唐纳德·特朗普就任美国总统对我来说也是一件极其震撼的事。虽然我本人没有美国公民权,无法投票,但我从未想过特朗普会当选。这就像希特勒成为美国总统一样,可以说局面相当严峻。2016年年底选举结果公布之后,我周围的很多美国人痛哭流涕,甚至有人移居去了国外。

在这样的时代,我强烈地感到音乐和艺术的必要性超乎以往。并非直接将政治信息融入作品,而是通过作品向人们展示一个从政治中独立出来,即使不完全具备"普世"意义,也能持久存在的世界。在这之后的新冠肺炎疫情期间,当世界面临困境时,音乐和艺术也给人们带来了莫大的救赎——政治家们也许不会真正理解这一点吧。

并非只是出于上述原因,从2018年开始,我和在纽约居住的朋友们养成了一个新的习惯:每个月举办一次名为"早餐俱乐部"的早餐会。劳丽·安德森和曾在苹果公司工作的伊恩·牛顿[3]每次都会参加，音乐人阿托·林赛[4]也会在他来纽约时亲自到场。虽然大家都是音乐人或音乐爱好者，奇妙的是，我们聚在一起时不太聊音乐，更多地会交流一些与书籍相关的话题，例如，"最近在读什么"，以及与政治和社会相关的话题。每次大概有四个人参加，大家聚在曼哈顿下城区的咖啡馆交流近况，十分轻松随意。我在日本接受治疗的时间变长之后，我们也通过 Zoom（云视频会议软件）进行了几次线上会面。与线下会面不同，线上会议的座位不受限制，因此后来策划一些活动时，大家都会联系自己的活动家朋友一起参加。我们组织艺术家为 2020 年美国总统选举发声时，一个屏幕上聚集了 40—50 人。

在"玻璃屋"的体验

从 2018 年 5 月开始，"Ryuichi Sakamoto Exhibition: Life, Life"作为韩国首尔市中心的私人艺术空间"piknic"落成后的首个项目进行了展出。前一年的 12 月，我在东京逗留期间，一对年轻的韩国夫妇和一位女性策展人前来拜访，说他们正在筹备新的艺术空间，想策划一场我的展览。他们应该是看了"装置音乐展"后向我发出的邀请。我问他们："那么你们打算什么时候举办展览呢？"他们说："明年春天。"那时距离开幕只有半年，因此我拒绝了他们："来不及，来不及，最少需要一年的准备时间啊。"但拗不过他们的热情，我同意推进展览合作这件事，没想到他们在那么短的时间内实现了展览的落地。

负责这个项目的策展人非常出色，如果没有她，我想这个展览根本就无法实现。"piknic"的空间不是很大，因此有些作品不得不根据原始尺寸进行缩放，但在这次展览中，我们成功地展示了过去十多年里我与高谷史郎共同完成的主要声音装置作品：从《生命-流动，不可见，不可闻……》到《异步》的 5.1 声道环绕播放空间。另外，《水的样态 1》（2013）在山口媒体艺术中心首次展出时设置了模仿桂离宫内部空间的景观石群，但这次受山水画的启发，我们调整了摆放位置。年轻时，我认为《银翼杀手》[5] 这样充满科技感的世界观才是最酷的，但随着年岁增长，不知从何时开始我喜欢上了山水画——我也对自己身上的"老大爷气息"感到惊讶。顺便一提，日本画家中我特别喜欢长谷川等伯。

不知道是不是因为韩国建筑和庭院中经常使用石头，首尔市中心有一家巨大的石材店。我和高谷去了那里，起初由于选项太多而眼花缭乱，最终我们挑了 10 块喜欢的石块，并运到了"piknic"的展览会场。使用石块作为材料，毋庸置疑会像在模仿李禹焕老师的创作风格，我们试图在《水的状态 1》的中心水面周围，用暗线描绘大三角形，并寻找合适的位置摆放石块。这种从空间切入的创作方法也能给音乐创作带来启示。听说在 5 个月的展期内吸引了 6.2 万名观众。李老师作为运用石材进行艺术创作的前辈，也亲自来看了这个展览。

随后，我和卡斯滕·尼古拉一起飞往澳大利亚，在墨尔本和悉尼举办了现场演出。从 2002 年算起，我和卡斯滕的合作已经持续了十几年，老实说，在第五张合作专辑 *Summvs* 推出后，我们感觉已经把能做的都做完了。我负责钢琴演奏，卡斯滕负责电子音乐，两个人的角色已经固定下来，我们觉得即使继续合作下去，也不太可能有新的表现形式。我们都没有说出口，但彼此都有同样的想法。然而，在我经历癌症治疗，与他再次合作创作《荒野猎人》原声音乐后，我们从 2016 年 9 月在"玻璃屋"的现场演出开始，又产生了与以往不同的化学反应。

在"玻璃屋"的演奏是作为"草间弥生展"开幕活动的一部分策划的，由于场地的限制，无法放置钢琴。因此我不得不自己带着合成器、颂钵（用棒子敲击发声的玻璃器皿）等发声工具，和卡斯滕完成了一场即兴演奏，效果却非常好。这场演出打破了长期以来我俩分别负责钢琴演奏和电子音乐的角色分工，创造出了于我们而言也十分新鲜的音乐。我的想法是，将菲利普·约翰逊设计的"玻璃屋"建筑本身当成乐器，用橡胶锤子摩擦或敲击玻璃墙表面，然后通过扬声器扩音。恰巧在我们的演出开始前外面下起了暴雨，雨滴猛烈地敲打玻璃墙，麦克风也捕捉到了这个声音。在演出快结束时雨停了，夕阳照耀着一直延伸到地平线尽头的森林,这如梦似幻的天气仿佛也在给我们的演出加持。演出结束后,我和卡斯滕紧紧拥抱在了一起。这约 40 分钟的表演音源被命名为 *Glass*(2018),由卡斯滕的唱片厂牌 NOTON[6] 发行。

在"玻璃屋"的表演

2016 年这场在"玻璃屋"进行的突破性表演给人的印象太深刻,所以在澳大利亚现场演出时,我们有一半的时间使用钢琴演奏常规曲目,另一半时间则使用其他乐器进行即兴创作。我们商定在演出中让现有曲目和即兴创作无缝衔接,最终效果也非常令人满意。结束了在悉尼地标建筑悉尼歌剧院的表演后,每次庆功时都会喝很多酒的卡斯滕那天喝得很尽兴,我也深深感动,那天我们还紧紧拥抱在了一起。也许从《荒野猎人》开始,他对待音乐创作的态度也发生了变化。

为"Kajitsu"定制歌单

2018 年我为纽约的日本料理餐厅"Kajitsu"选曲一事,出人意料地成了这一年的大新闻。那时,"Kajitsu"用两层楼营业:二楼是餐厅主营的精进料理[7],一楼的"Kokage"则经营简餐。因为在美国也能品尝到美味的手打荞麦面,我和伴侣经常光顾这里。我们与当时的主厨大堂浩树交情很好,现在他已经独立创业,在纽约开了一家名叫"odo"的餐厅。在京都的"和久传"和东京的"八云茶寮"等餐厅磨炼过厨艺的大堂浩树,作为一名厨师,手艺精湛,我们也经常带别的客人去"Kajitsu"吃饭,那里是我们特别喜欢的餐厅。

然而，有一次在一楼的"Kokage"用餐时，餐厅里播放的背景音乐让我如坐针毡。杂糅着巴西流行乐和迈尔斯·戴维斯[8]式爵士乐的播放列表实在太平庸，而且太吵了。注意到这一点后，我渐渐无法忍受店里的音乐，以至于无法好好享受美食。虽然这么做可能有点多管闲事，回家后我还是下定决心给大堂浩树发了邮件："你做的料理美如桂离宫，餐厅里播放的音乐却仿佛是特朗普大厦。"然后，我决定自作主张地为"Kajitsu"做一份歌单。不久前，因为与中谷芙二子、田中泯[9]和高谷史郎合作表演 *a.form*，我访问了挪威奥斯陆。蒙克美术馆里播放的 R&B 音乐实在太不合时宜，让我非常愤慨。在那里我没有投诉，但我想如果是我们时常光顾的餐厅，多少还是可以容忍我的小小任性吧。

在将近 3 个小时的音乐播放列表中，我特意没有加入自己的曲子，而是以 Goldmund[10] 的 *Threnody* 和艾费克斯双胞胎[11]的 *Avril 14th* 等氛围音乐为中心，再加上 Aki Takahashi 演奏的约翰·凯奇的 *Four Wall* 第一幕第一场这种比较难得的曲子。其实第一版的选曲提案被我的伴侣否决，因为她觉得"与餐厅氛围不搭，曲风太灰暗"，于是我重新挑选了一次。最后，在友人、音乐策展人高桥龙的帮助下，我完成了一个与餐厅内墙壁和家具颜色匹配，曲风也适度明朗的播放列表。原本这是为一楼的"Kokage"定制的，二楼的"Kajitsu"没有背景音乐，但由于选曲获得好评，现在两个楼层都在播放这份歌单。

这件事完全不是工作，只是我瞎操心而已，但《纽约时报》的一位记者得知此事后采访了餐厅和我，并写了一篇长文来介绍此事。《纽约时报》纸质版上刊登了彩色照片，网络版文章也被各国新闻网站转载，引起了全球范围内的轰动。据说有客人看了这篇文章之后慕名前往"Kajitsu"。这个播放列表由《纽约时报》的账号整理出来，在 Spotify（网络音乐平台"思播"）上可以收听，感兴趣的各位请搜索并听听看吧。

与年轻音乐人的缘分

2019 年伊始，Flying Lotus（以下简称 FlyLo）来拜访了我。他来之前给我发了一条消息："我要去纽约，可以和您见面吗？"我们约在我家门口的咖啡馆见面，他突然用日语称呼我为"Sensei"（老师）。在美国，因为描绘一个少年向日裔维修工人学习空手道的电影《龙威小子》[12]大热，"Sensei"这个对长辈的尊称已经完全普及。FlyLo 对日本的亚文化非常了解，他特别喜欢楳图一雄[13]，也很喜欢曾为《月刊漫画 GARO》[14]工作过的佐伯俊男[15]的恶趣味漫画。

这是我和 FlyLo 第一次见面，在那之前，我和他的朋友雷猫有过交流。在雷猫的专辑 *Apocalypse*（2013）中的最后一首歌里，他采样了我为1992年巴塞罗那奥运会开幕式所作的 *El Mar Mediterrani* 这首曲子。当时，他通过我的经纪团队认真地联系我以获得使用授权。这首曲子本来是写给管弦乐队演奏的，我很担心被改得乱七八糟，但听了之后，我惊讶地发现它被雷猫演绎成了一首很棒的流行歌曲。

雷猫是一位拥有惊人技巧的天才贝斯手，他本人的歌声也有一种律动感。我觉得 FlyLo 就像雷猫的哥哥一样，还会负责他的乐曲制作，总之两个人的关系非常好。而且两个人都是彻头彻尾的宅男。雷猫是《龙珠》和《北斗神拳》的忠实粉丝，每次来日本都一定会去中野百老汇，并疯狂购买相关周边商品。他会梳着脏辫，穿着一身亮黄色的衣服和针织腿套，打扮得像辣妹一样浮夸又可爱。顺便说一下，雷猫还曾参与制作瞒着我策划的古稀之年纪念专辑 *A Tribute to Ryuichi Sakamoto-To the Moon and Back*[16]（2022），并翻唱了《千刀》（千のナイフ，1978）。

2019年1月与 FlyLo 第一次见面后，拗不过他的热情邀请，6月我又去了他在洛杉矶的家中的录音棚进行录音。FlyLo 的姑祖母是爵士乐界无人不知的大师爱丽丝·柯川，但他自己创作的作品以嘻哈和电子音乐为基础。和 FlyLo 一起的这段时间里，我用了整整两天来弹奏键盘，我告诉他"你可以自由地使用我们录制的素材"，但他到现在都没有正式发布相关的作品。不过他好像还很在意，有时候会来信商量"要怎么处理（素材）呢"。他可以任意使用，但是我也不希望他随意改动吧。

FlyLo 是个全身心投入音乐的家伙，整天都待在家中的录音棚里创作歌曲。至少我看到的时候，他家里没有住其他人。在他工作时，如果有音乐人朋友过来玩，他会随意地对他们说："来吹一下萨克斯吧。"他家里到处放着各种乐器。那时，FlyLo 说着"我想学弹钢琴啊"，在努力练习刚买的施坦威钢琴。第一次见面时，我也满足了他的要求，把自己写的曲谱送给他。虽是钢琴初学者，但他在努力尝试演奏他姑祖父约翰·柯川留下的高难度乐曲。

FlyLo 对待音乐是很认真的，可他似乎整天都在吸食大麻，仿佛大麻是他的能量来源。他从早到晚都在吞云吐雾，所以我想大麻的消耗量应该非常惊人——慎重起见，这里也解释一下，大麻在美国加利福尼亚州是合法的。他也多次向我推荐 Joint（用纸卷着的大麻卷烟），我跟他说"不，我一吸就什么也做不了了"，他才不再劝我。在我逗留期间，第一晚他带我去了洛杉矶他常去的寿司店，第二晚作为回礼，我和我的伴侣想招待他去我们认识的人经营的日本料理店。可惜那天他吸食大麻过量，变得非常虚弱，气息奄奄地对我们说"我今天不行了，你们俩去吧……"，临了放了我们鸽子。

以前也有很多海外艺术家说他们很尊敬我，但不知不觉间对引领着 21 世纪黑人音乐潮流的 FlyLo 和雷猫这样的人产生过影响这件事还是让我感到惊讶。邂逅他们的新的才华，对我来说也是一种激励。近年来，我也与 OPN 有过交流。他曾专程前往"玻璃屋"观看我和卡斯滕的表演，我们浅浅地打过一次招呼。后来，他也被邀请参加比约克的私人聚会，在那里我们第一次有机会好好聊了聊。其实在那次见面的几年前，第一次听到 OPN 的曲子时，作为一名普通听众，我就觉得有个很厉害的家伙横空出世了。尤其是我觉得他对模拟合成器的运用炉火纯青。所以一开始聊天，我们就谈论起了使用哪种键盘或插件更好之类的专业话题。我还发现他也非常喜欢塔可夫斯基，真的很有意思。

比约克有发掘青年才俊的敏锐"嗅觉"和人际网络，我觉得值得关注的音乐人，她很可能已经更早地和他们接触过。比约克有点像是音乐界的"地下中间人"，所以我私下里称呼她为"比约克姐"，尽管事实上她比我小很多。有时，"比约克姐"会给我发短信。有一次，她问我："我之后要去东京，你知道哪里能买到和太鼓吗？"于是我给她介绍了浅草的"宫本卯之助商店"。我也曾为她预订我推荐的餐厅。

提到与青年才俊的缘分，还有一个是 2019 年 8 月，我和韩国乐队"SE SO NEON"一起吃了午餐。这个乐队由女性吉他手兼主唱，以及男性贝斯手和男性鼓手组成，乐队名字的韩文意思是"新少年"。我是那年春天在纽约电视台播放的韩国频道上偶然看到他们的。乐队核心成员黄昭允的吉他演奏非常酷，我立马成了他们的粉丝，在网上搜索他们的信息，但当时他们还是独立音乐团体，没有太多信息。后来他们在纽约举办演出，我去了现场，经过共同认识的人介绍，我和他们熟络起来。昭允竟然出生于1997年，简直可以当我的孙女了。但因为我们都是音乐人，可以用相同的视角，使用"平辈语气"交流。我们还说过，"总有一天要一起制作专辑哦"。

李老师的委托

讲述的顺序有点混乱，请让我把时间轴拉回2019年年初，当时李禹焕老师委托我为他在法国的大型回顾展创作音乐。我在前面介绍过，李老师为《异步》的创作提供了巨大的灵感，但我从未想过几年后自己能够直接为他工作。我诚惶诚恐，仍尽我所能地创作了一首时长约一小时的作品，去体现李老师的"物派"之风。如同点题一般，作品中反复出现了各种"物品"的声音，我不确定这是否可以被称为"音乐"，但能够与自己尊敬的艺术家一起工作，的确非常光荣和幸福。

为了检查会场的音响效果和参加开幕酒会，2019年2月底我在法国逗留了3天。作为展览会场的蓬皮杜梅斯中心由坂茂设计，会场内的声音效果还不错，但坦率地说，动线有点不太方便。从休息室到二楼的餐厅用餐,必须到室外走一趟。另外,屋顶的曲度很大,作为建筑设计很酷,不过我听美术馆的工作人员提到,下凹的部分积水后会很麻烦。

像这样实际探访现场,我不时会产生这样的想法——建筑师在设计的时候难道没有站在使用者的角度去考虑吗?位于东京车站附近的东京国际论坛便是最糟糕的例子之一:建筑的入口可以停放载重10吨的卡车,但要将大型道具运到建筑内的8个大厅,必须先在大厅前将货物转移到载重4吨的卡车上。开馆之初,音乐演出的工作人员便经常抱怨这个不便之处。大阪某音乐厅内货梯的设计也是,高度足够,但整体非常狭窄,长颈鹿可以进去,但无法搬运钢琴。这种设计实在太奇怪了。

相反的例子是希腊雅典的圆形剧场,这座建筑建于近2 000年前,然而声音的回响效果非常棒。所以,我认为建筑是否具有便利性取决于设计者有没有下功夫站在使用者的立场考虑过,而不只是技术水平的问题。在日本山口县的秋吉台国际艺术村,有一个由矶崎新设计,用于上演路易吉·诺诺[17]的歌剧《普罗米修斯》的音乐厅,我还未实际访问过,但只为上演一部作品而建造一个空间的概念和空间本身很吸引人。

京都会议

2019年5月,我们以"蠢蛋一族"在京都的办公室为据点,为某项目进行了为期两周的集训。核心成员是高谷史郎夫妇、浅田彰和我。小津安二郎导演和编剧野田高梧[18]曾经在温泉旅馆闷头构思代表作《晚春》和《东京物语》,我们效法他们,也决定在重要项目上进行集训。这是我久违地在京都长期逗留,所以去了御所附近散步,欣赏了大仙院和龙安寺的枯山水庭园,并与大家在我熟悉的老板娘开的"闲居吉田屋"一起吃饭。

回想起来,创作 *Life*(1999)时,我们也在剧目上演一年前的正月[19]聚集,确定了作品的框架。在浅田先生快言快语的高强度信息的"轰炸"下,我们在两个钟头里快速敲定了剧本大纲,高谷负责考虑如何搭配影像,我则负责考虑要加入什么样的音乐。因为这场歌剧引用了大量的经典,在擅长处理样本音乐版权的美国律师的帮助下,我的伴侣花了一年时间,处理数百个版权的授权,她抱怨说那是地狱般的一年。其中最难处理的是前英国首相温斯顿·丘吉尔的音频授权,因为这段音频涉及人格权,授权非常麻烦。最终在律师的介入下,我们在大阪城音乐厅首演开幕前30分钟才获得遗属的授权。当时甚至已经准备好替换的素材,幸好在最后一刻办完了所有授权手续。

我们把这个分享苦乐的集训称为"京都会议"。现在主要在巴黎开展活动。"蠢蛋一族"成员之一的池田亮司在京都的话，也会参加。亮司和我都是音乐人，因此我们自称"京都会议"的分支"新京都乐派"。这个名字源于学者团体"京都学派"，他们在"二战"前提出了"近代的超越"这个理念，西田几多郎和田边元等日本学者也是这个学派的成员。我和亮司把"学"换成了音乐的"乐"[20]。18世纪后半期到19世纪初期，相对于海顿、莫扎特和贝多芬等人代表的"维也纳乐派"，后一代音乐家勋伯格、韦伯恩和贝尔格被称为"新维也纳乐派"[21]。我们的命名也借鉴了这段历史。

不过，我们只是在玩团体的命名游戏，还没有创作什么"新京都乐派"的作品。现在，负责"野田地图"（NODA·MAP）戏剧作品音乐的原摩利彦[22]也经常来参加，他也是"蠢蛋一族"的成员之一，是成员中的新鲜血液。他弟弟原琉璃彦研究能乐和日本庭院，他们是一对很有意思的京都兄弟。我在京都有许多音乐创作上的伙伴，特别是浅田彰，他很热心地邀请我说："老了就在这里度过晚年吧。"被他劝说后，有一段时间，我曾考虑在大卫·鲍伊每次来日本都会去的九条山的某个角落买块土地，建一个"终老之所"……

中国台湾地区的少数民族

从 2019 年 5 月底到 6 月初，我在上一回提到的新加坡国际艺术节上与高谷史郎一起表演了 Fragments 后，立即前往中国台湾。我为半野喜弘[23] 导演的电影《亡命之途》[24] 和蔡明亮导演的电影《你的脸》创作了原声音乐，两部电影的首映活动正好于同一时期在台北举行，我便去了台北参加。在此之前，通过在东京认识的音乐人、演员林强的介绍，我终于实现了与经常和林强一起工作，也一直是我崇拜对象的侯孝贤导演见面的愿望，我们一起共进了几个小时的晚餐。

我也很喜欢中国台湾地区。侯孝贤导演和杨德昌导演的作品，经常描绘日本殖民统治台湾时期的事情。日式建筑常常在他们的电影中出现，我觉得很吊诡，便查了一下，发现现实中，许多这样的日式建筑里住着和蒋介石一起从大陆逃到台湾的精英家庭。他们经历了长期的抗日战争，却住在台湾的日式建筑中，不知道他们心中是何感受。

一方面，现在的台湾地区仍然到处是"昭和时代的街道"，它们融入了普通人的生活。或许也是因为日本人的视角，才会觉得这样的风景让人联想到昭和时代吧。另一方面，现在日本勉强保留下来的"昭和时代的街道"，都被过度的怀旧情绪包装得像主题公园一样，让人不舒服。从这个意义上讲，有过日本殖民统治历史的台湾现在还保留着日本昔日的风景，实在太讽刺了。

在台湾逗留期间，我抽出一天时间休息，拜访了台湾少数民族的居住区。日本殖民统治台湾时期，他们被日本陆军歧视性地称为"高砂族"，但实际上并不存在"高砂族"这个民族。目前，台湾少数民族可分为 16 个主要族群，据说这些少数族群之前也互相争斗。接待我们的是居住在台湾东部花莲县山区的"布农人"。从十几岁开始就喜欢人类学和考古学的我，在格陵兰岛和夏威夷也是这样：我很希望直接接触当地的居民和文化，即使我想地球上可能已经不存在纯粹的原住民族的生活形式。

"布农人"用歌舞来欢迎我们。他们的音乐不使用乐器，而是用手打拍子来伴奏，有的有歌词，有的没有，形式各种各样。其中我特别想听的是"八部和音唱法"，它没有歌词，只有元音，音高随唱腔逐渐变化。这种独特的唱法，具有音乐家路易吉·诺诺和捷尔吉·利盖蒂[25]创作的现代音乐的复杂性与丰富性。据他们说，这种唱法模仿了蜜蜂飞行时发出的"嗡嗡"声或瀑布的水流声。

他们唱的其他歌曲也有一些让我觉得，这明显就是赞美诗啊！然而，就像格陵兰岛的因纽特人一样，他们也接受并歌唱这种源自基督教的音乐，并将其视为自己的音乐。最近日本的某个邪教组织[26]引发了社会讨论，但与自 15 世纪以来就派遣传教士，从亚马孙丛林到远东的岛国进行世界范围内"洗脑"的梵蒂冈的天主教会相比，该组织的支配力和募捐能力都微不足道。

在我逗留期间，"布农人"对我非常友好，但他们本来极具战斗性，因为擅长"猎头"，一度为世人惧怕。他们半开玩笑地对我说："在南方杀美国兵很简单。他们个子高，即使藏在草丛中也很容易被发现头部。"也就是说，他们的祖父或父亲在第二次世界大战期间曾被征召为日本兵或军属，在南方的岛屿上与美国人作战。日本入侵台湾时，原本互相敌对的族群团结一致，抵抗日本军队，"布农人"凭借他们擅长的弓箭成了抵抗入侵的重要力量。

"大岛渚奖"创立

我是 2014 年发现的口咽癌，病情确认得到缓解是五年后的 2019 年，回顾这段时间，我不太在意自己的病情，也可以再次自由地去往世界各地。在旅行间隙，我还为以女性宇航员为主角的《比邻星》[27]（2019）和描绘揭露水俣病真相的摄影记者尤金·史密斯的《水俣病》[28]（2020）创作了原声音乐，而且收到了在《请以你的名字呼唤我》[29]中使用我的曲子的卢卡·瓜达尼诺[30]导演的委托，为他的友人费迪南多·奇托·菲洛马里诺[31]导演的《厄运假期》（2021）配乐。

2019年11月底,我又和卡斯滕一起为举办二重奏音乐会前往意大利,而这次我去了罗马,去了此前一年逝世的贝托鲁奇的家拜访。2018年11月26日早上,在得知贝托鲁奇去世的消息后,我立刻为他写了一首简短的曲子。这是我必须写的曲子。因为行程安排,我无法参加在罗马的剧院举行的悼念贝托鲁奇的仪式,但在会场上播放了我演奏追悼曲BB[32]的视频。当时,为了表达哀思,我寄了许多雪白的玫瑰到贝托鲁奇的家里。一年后,当我终于有机会前去吊唁时,发现当时我送的白色玫瑰被做成堆积如山的干花装饰着他的家。

如果要选两个对我的人生有决定性影响的恩人,就像我在《音乐即自由》中写的那样,我会说是大岛渚和贝纳尔多·贝托鲁奇。在大岛导演邀请我作为演员参加《圣诞快乐,劳伦斯先生》时,年轻气盛的我非常傲慢地说:"如果让我配乐的话,我就参加。"尽管现在我有幸为许多电影创作音乐,但我配乐生涯的第一步是在《圣诞快乐,劳伦斯先生》中迈出的。这部作品还入选了戛纳国际电影节,在电影节的派对上,大岛导演把我介绍给了贝托鲁奇。贝托鲁奇盛赞《圣诞快乐,劳伦斯先生》中我和大卫·鲍伊拥抱的场面是世上最美的爱情场面之一,那时他很兴奋地跟我提起他正在构思的《末代皇帝》,并在数年后委托我为电影创作原声音乐。尽管他要求我在短短两周内完成所有曲目有点强人所难,但我觉得不夸张地说,正因为当时努力回应了他的命令，才有了我现在的成就。

贝托鲁奇去世时，我想起了在那五年前的2013年1月15日大岛导演的去世。当PIA电影节（Pia Film Festival，PFF）询问我是否愿意担任以大岛渚的名字命名的"大岛渚奖"的评委会主席时，因为想要回报大岛导演对年轻时的我的恩情，我无法拒绝。尽管我觉得这项任务对我来说过于沉重，但还是决定接下它。大岛渚奖是为了表彰那些将要开拓日本电影界的未来，并向世界展翅高飞的才俊而设立的奖项。事实上大岛导演生前也一直在支持年轻的创作者啊！大岛渚奖的评审由黑泽清导演和PFF总监荒木启子担任。

大岛渚奖通常在每年3月颁布。在2020年第一届颁奖典礼上，我推荐了获奖者候选名单以外的纪录片导演小田香[33]，最后她成为大岛渚奖的获奖者。小田香曾在贝拉·塔尔导演手下学习，她的作品包括记录波斯尼亚和黑塞哥维那煤矿的长篇处女作《矿》和记录玛雅文明洞穴湖的《沉洞泉》，两部作品都很出色，音乐也很好。在她的作品中，我能感受到一直贯穿其中的大岛渚导演坚持反抗权力的思想，我很希望值得纪念的首个大岛渚奖能由她获得。但很遗憾，在第二届和第三届大岛渚奖的评选中，我没有找到我认为可以得奖的导演的作品，我想决不妥协也是在尽可能为这个奖项做贡献吧。不过，我也认为难以找到一部我们一定要向世界大声推荐的名副其实的"大岛渚奖"日本电影是一个严重的问题，这也是我们三个评审在评委会上经常讨论的话题。

尊敬的山下洋辅[34]先生

2019年12月，我作为惊喜嘉宾参加了"山下洋辅三重奏成立50周年纪念音乐会：爆裂半世纪！"。在山下洋辅三重奏历任成员云集，还有塔摩利、麿赤儿和三上宽等嘉宾助阵的豪华演出中，我和洋辅先生一起即兴演奏了他的曲目《俳句》(*Haiku*, 1989)。正如其名，《俳句》要演奏出"5-7-5"的韵律。弱音和强音，低音和高音，怎样弹奏都可以。即兴演奏的规则就是，如果有一个人弹出了"锵锵锵锵锵"的声音，对方必须立即做出回应。如果只关注自己的演奏，就会听不到对方的，进而无法快速给出反应。我想这首曲子最大的魅力就是抓住了爵士乐的本质：时刻关注合奏者的演奏。

我从十几岁开始就在新宿PIT INN等地观看洋辅先生的演奏，对他一直保持单方面的了解。我对爵士乐的记忆与在新宿度过的高中时代紧密相连，所以这个活动在新宿文化中心举行也很合适。我曾经多次来这里听现场演奏。洋辅先生和我之间，不知怎的就有很多人际关系的交集，例如YMO的经纪人——在我获得奥斯卡金像奖最佳原创配乐奖之后，不幸在墨西哥遇难的生田朗[35]先生，大学时期就曾在洋辅先生的办公室做兼职工作，这也是我们之间的缘分之一。

这里还要提到一个回忆。20世纪80年代的某个时期，我在纽约参加了"性手枪"乐队前主唱约翰·莱顿[36]的录音工作，比尔·拉斯威[37]担任制作人。与此同时，洋辅先生也为了演出来到纽约，他连续三天晚上和我们一起去比尔常去的日式居酒屋喝到天亮。喝醉酒的洋辅先生和约翰·莱顿一吵架，我就在旁边"哎呀哎呀"地做劝架的和事佬。因为得知滚石乐队也在纽约录音，我们还跑去那个录音室，结果我们到达时滚石乐队的成员都不在，只有音响工程师一个人在默默地工作。就这样，我们喝到了在纽约逗留的最后一天拂晓。我们说着"大家一起去洋辅先生的房间吧！"，跑去了他住的酒店，发现床上放着口琴和塞隆尼斯·蒙克的乐谱。然后，喝得酩酊大醉的我自作主张地拿起口琴，试着吹奏蒙克的曲子。这好像给洋辅先生留下了深刻印象，后来他在一篇随笔中记录了这件事。

洋辅先生现在是作为自由爵士钢琴家而闻名，但在早期的活动中，他也会演奏非常标准的爵士乐曲。他毕业于日本国立音乐大学，在学校时也学过古典作曲理论，只要想弹也可以弹奏巴赫、肖邦的曲子。我们的音乐类型不同，但在音乐素养上有着共通的基础。因此，我发自内心地尊敬比我年长十岁的洋辅先生，他是一位能够保持自己风格的前辈音乐家。

边野古基地问题

2019年年末，我像往常一样在伊豆的温泉旅馆度过，2020年1月2日立刻从东京去了冲绳。因为在三天后即将举行的吉永小百合慈善音乐会之前，我无论如何都想去看看边野古的情况。以前我就认为在冲绳边野古地区建设美军新基地的问题不容忽视，并多次发言。2015年，我与有着多年合作的冲绳民谣歌手古谢美佐子[38]和她的乐队"Unaigumi"共同发表了《弥勒世果报-undercooled》这首曲子，并将收益捐赠给了"边野古基金"，以支持反对美军在此建设新基地的运动。但这次是我第一次真正到访现场。

我们被载到一艘底部镶嵌着玻璃的船上，驶向填海区，边野古碧蓝的海洋和绚丽多彩的珊瑚礁真是美极了。我只能说，破坏如此美丽的自然环境去建造美军基地的行为真的很荒谬。就像美国和日本之间曾经存在主从关系一样，在日本国内本土和冲绳之间也存在主从关系。从沿岸地区看到广阔的美军基地建设区域，我对这种歧视性的不对等深感痛心。我想，像福岛核电站一样，现在的日本只会把危险的设施塞给远离日本中心的地区。民主主义完全形同虚设。回到陆地上时，我看到边野古基地建设区域的大门前坐着反对派的冲绳居民。这是正月的第三天，看着他们的身姿真的让我非常敬佩。

吉永小百合似乎是首次在冲绳举行诗歌朗诵会，但她像往日一样带着神圣的气场。她平常多会朗诵"原爆诗"，但这次她朗诵了描写冲绳岛战役[39]的诗歌，以及孩子们为阵亡者追悼仪式创作的诗歌。我在她旁边弹钢琴伴奏。吉永总是带着光环，但不会显得高高在上，反而是个豪爽干脆的人。在庆功会上她喝了很多酒，吃饭也比普通人还多。她关心工作人员，经常主动提议"大家一起吃饭吧"。

吉永小百合的经纪人永远在她身边，这位经纪人的爱称是"敬酱"，她多年来一直支持着吉永。因为出生在福岛，她对福岛核电站事故很愤怒，是个很热血的人。但很好笑的是，敬酱完全不会发送电子邮件。她只会用传真和老式翻盖手机联系，有时吉永甚至会代替她，直接给我发业务联系的电子邮件。从旁观者的角度看，吉永和敬酱之间的关系可能有些不可思议，但我认为她们是无可替代的工作伙伴。

说起来，我还见过一次吉永小百合的丈夫。吉永在 28 岁，也是她人气最高的时候与电视台的制片人冈田太郎结婚。他从来不在舞台上出现，也不会陪同吉永参加任何活动。但是有一次，我在巴黎的餐厅吃饭，他好像注意到了我，主动走过来和我打招呼说："我是吉永的丈夫。"他喜欢游览世界遗产，经常一个人出国旅行。他说自己平时从不跟妻子的工作伙伴打招呼，但很感激我支持吉永的朗诵会，所以鼓起勇气和我说话。他是一位非常有魅力的绅士，和吉永很般配。

新冠肺炎疫情开始

之后我回到纽约，接着为郭共达（Kogonada）[40]导演的电影《杨之后》[41]（2021）创作了主题音乐。郭共达是韩裔美国人，他非常崇拜小津安二郎，甚至将与小津一起创作的编剧野田高梧（Noda Kogo）的姓名倒过来用作自己的艺名。我很早就看过他引用小津电影制作的 vlog（视频博客），被他出色的才华吸引。他的长篇处女作《在哥伦布》以现代主义建筑街区为背景，静谧而别具风格。因此，我很高兴地答应了他的邀请。

但那时，世界的情况突然变得不妙起来。新型冠状病毒开始流行。在日本，停留横滨港的"钻石公主号"上也发现了感染者。就在这时，北京的现代艺术研究机构尤伦斯当代艺术中心紧急提出了一个线上音乐会计划，名为"良乐"，旨在鼓励在新冠肺炎疫情危机中感到孤独的人们。

我毫不犹豫地决定参加这个项目，并发送了一个收录了大约 30 分钟即兴表演的视频。事实上，作为工业城市的武汉在音乐界也以制造吊钹而闻名。我工作室里的吊钹上就刻有"中国武汉制造 MADE IN WUHAN CHINA"的字样。这些刻字也出现在了视频中，视频播出后，有许许多多来自中国的人发表了"谢谢你鼓励我们！"这样的留言。毕竟中国人口数字庞大，据说 2020 年 2 月 29 日直播的这场演出，包括回放，创造了超过 300 万次浏览量的纪录。在表演最后，我用中文说了"大家，加油"作为结束语。除了我，还有 8 位住在世界各地的亚洲音乐家远程参加了这场演奏会。

受新冠肺炎疫情影响，渐渐地出行开始受到限制，但从 3 月初开始，我在日本逗留了约一个月。主要目的是与高谷史郎一起进行为期一周的"京都会议"，在之前的头脑风暴中我们已经有了一些碎片化的想法，这次集训就像完成拼图一样，将这些碎片化的想法放入框架中，逐渐构建起整部作品。此外，那时我对古代日本的出云与大和之间的关系很感兴趣，所以这次逗留期间，除了推进项目，还让高谷陪了我整整一天，我们一起去了奈良旅行。

在奈良这个大和民族的中心地，不知怎的出现了许多出云系遗址，也有石上神宫这样的祀奉出云灵魂的神社。此外，据说掌管近畿的迩艺速日命（也称饶速日命）[42] 的坟墓也默默地留存下来。我认为在大和王朝之前，支配日本的是出云王朝，但后来赢得统一战争胜利的的确是后起的大和一方。这个大和王朝是今日日本的起点，作为对日本的国家形式起源一直有疑问的人，我总是对被消灭的出云王朝非常在意。

新冠肺炎疫情的影响进一步扩大，我原本要参演的日本东北青年管弦乐团在 3 月的定期演奏会遗憾中止。在呼吁自我隔离的紧张气氛中，我想通过聆听音乐来稍微缓解一下情绪，于 4 月 2 日获得三味线演奏家本条秀慈郎的协助，进行了免费的线上直播演奏。演奏分为三个部分：本条的独奏，两人的即兴演奏，我的独奏。在演奏间隙，我们设置了"通风换气休息时间"，并利用这段时间采访了医疗工作者。在新冠肺炎疫情初期，日本几乎没有这种线上直播的演出，因此也许可以说我们是日本这类直播的先驱者。

本条秀慈郎也是像雷猫一样年轻且拥有非凡技巧的演奏家，我是受朋友邀请前往他在纽约举办的音乐会时认识他的。我当时被他从传统音乐到现代音乐无所不能的演奏技巧折服，在演出结束后就邀请他："明天来我家玩吧？"他立刻就答应了。于是，我当天为他写了一首可能对他的演奏技巧而言太简单的三味线曲目，他也当场进行了演奏。收录在《异步》中的"honj"这首曲子就这样诞生了。是的，曲名就是以他的名字本条（Honjoh）命名的。

奇妙的时间感

在这期间，日本也宣布进入紧急状态，我本来打算搭乘的回纽约的航班被推迟了三天，起飞时间改到了 4 月 8 日。此时，与东京相比，纽约的感染者数量明显更多，周围的人也惊讶地问我："欸？你要现在回去吗？"与其他发达国家相比，日本的检测数量要少一位数，政府的应对举措也不容乐观——相比之下，我认为美国还算可以。我也想在 2014 年疗养生活期间产生感情的纽约家里，慢慢地度过这段时间。

出发那天我前往成田机场，机场空荡荡的，飞机上的乘客也只有大概 15 个人。到达目的地纽约肯尼迪国际机场时，通常非常拥挤的入境检查处也变成了"包场"状态。开车从机场所在的纽约皇后区驶向曼哈顿，平时白天人满为患的第五大道上行人和车辆都消失了，成了一座"空城"。打个不太好的比方，这种脱离现实的景象让人怀疑是不是中子弹爆炸了。城市的景象完全变了，从这个意义上说，这场疫情比"9·11"事件更加令人震惊。

在我的住所附近有一家急救医院，旁边停着一辆冷冻卡车，用来临时安置死于新型冠状病毒的患者的遗体。当时还不清楚这种病毒的情况，考虑到遗体感染的可能性，不能将其留在医院。因此，在已经确认死亡并等待后续处理的情况下，先将遗体暂时转移到另一个地方，最终送到火葬场。

回到纽约后隔离的两周和疫情下的生活，对我来说并不是很难熬。早上起床，查看电子邮件，下午在工作室创作音乐，晚上睡觉——除了失去外出用餐的乐趣，生活并没有发生太大变化。自从开始使用网络电话软件 Skype，我就认为会议和采访在线上已经足够。原本跨越多个国家的项目，要在线下举行面对面的会议对大家来说都很麻烦。日本的合作伙伴经常会向我表示："最好是直接见面聊。"但我住在纽约，实际物理层面上很难实现。然而，Zoom 和远程会议的普及，让这次大流行病也有了提高工作效率的一面。

在这样的生活中，我养成了一个习惯。纽约的医院在晚上 7 点有医务人员换班，每当这个时刻到来，你都会听到城市各处响起的掌声和钟声。居民们在用这样的声音表达支持和感谢，向那些冒着被感染的风险工作的医务人员致敬，对他们表示："辛苦了！"我每天晚上 7 点也会去花园里吹石笛，以示支持。这种自然而然地产生的城市文化从 4 月开始，持续了数月。即使将其视为一种音乐表演，也非常有趣。我想这也许就是约瑟夫·博伊斯所说的"社会雕塑"吧。

自 2020 年 5 月开始，我启动了一个名为"未完成"（incomplete）的项目。我邀请了 11 组音乐人，包括"早餐俱乐部"的成员劳丽·安德森和阿托·林赛，让他们与我一起创作音乐。然后，我们在 YouTube 上逐步公开收录了这些歌曲的视频。

在疫情初期，我想每个人都体验到了一种奇妙的时间感，这是前所未有的经历。因为到目前为止一直滚滚向前的社会突然静止下来。但这种感觉肯定因人而异。我认为把每个人微妙的感觉差异用音乐的形式记录下来是非常有意义的。我们不知道这种生活将持续到何时，也不知道它的终点在哪里——这段时间是"未完成"的——我将这样的想法融入了项目的名称，取名"未完成"。由于新冠肺炎疫情是全球共同现象，我希望尽可能多地让来自不同地区的音乐人参与其中，例如中国古琴演奏家巫娜[43]和伊拉克裔英籍乌德（阿拉伯地区的一种弦乐器）演奏家克扬·阿拉米（Khyam Allami）等。

就像"3·11"东日本大地震一样，世界发生的剧变是非常令人震惊的。然而，同时我又有一种强烈的愿望，不想轻易忘记这种冲击。这种百年一遇的大流行病对我们大多数人而言，肯定是一生中第一次也是最后一次经历，至少我希望是这样的。而且考虑到新冠肺炎疫情的全球性感染和暴发，可以认为这是人类经济活动过度、破坏自然环境，以及对整个地球进行城市化的结果。为了将这种反思应用于未来，我们必须牢记这种因为自然界传来的"求救"信号而对经济活动紧急踩下刹车的经验。

癌症的复发

在 2020 年 6 月的一次检查中我发现自己得了直肠癌，不得不再次进行抗癌治疗——到这里，与第一回的记录联系上了。但我公开自己癌症复发是在 2021 年 1 月，我甚至对亲密的员工也隐瞒了病情，默默地完成了已经确定的工作。从周一到周五，一边秘密地去医院接受治疗一边工作。6 年前治疗口咽癌时，我的伴侣一直陪伴在身边，但这一次由于新冠肺炎疫情防控，只有患者本人才能进入医院大楼，所以基本上都是我一个人去接受治疗。来回都要经过纽约东河旁边的路，由于每天眺望东河，我开始注意到水的流动，发现了"现在是涨潮呀"之类的微小变化。

在我持续去医院接受治疗的两个月里，有一件令人高兴的事，就是收到了约瑟夫·博伊斯的蚀刻作品。由于新冠肺炎疫情的影响，来馆观众数量急剧减少、面临经营危机的东京和多利美术馆进行众筹，以筹集运营资金。我在和多利志津子担任馆长时就一直与东京和多利美术馆合作，因此捐了一大笔钱。作为美术馆的回赠，我收到了珍贵的博伊斯的作品。但一想到美术馆不得不放弃其珍贵收藏品的境况，我还是会深感同情。

2021 年 9 月底，我担任网飞动画剧集《例外》（*Exception*，2022）的音乐制作，进行了弦乐的录音。由于新冠肺炎疫情的影响，一些工作计划被取消，所以这是我七个月以来第一次进录音棚。当然所有人都戴着口罩演奏。自 3 月起，纽约一直处于封城状态，乐队成员在此期间一直没有工作。实际上所有商店都关闭了，他们甚至无法在爵士俱乐部进行兼职演奏。但幸运的是，纽约的失业补偿十分丰厚，政府支付了足够的补助金，据说在录音的当天聚集的数十位管弦乐团成员中，有些人收到的补助金甚至比疫情前赚的钱还多。即便如此，仍然有人低声说着"终于又有演奏工作了，我真的很高兴"，泪流满面。很显然，人类不是仅仅有金钱收入就能满足的生物。

我和淳君[44]一起在 2021 年 10 月制作了慈善歌曲《My Hero ～奇迹之歌～》，以支持儿童癌症治疗，并计划在次年发行。这首歌由淳君作词，我负责作曲。我和淳君虽然长期在同一个行业工作，但之前并不认识彼此，直到我们都患上了咽喉部的癌症，才有了联系。有一天，他突然给我发了一封电子邮件，我们开始交换关于疾病的信息。不幸的是，一开始的治疗并不成功，他被迫切除了全部声带。我从自己的经验出发，给他提供了一些好的建议。他来纽约时，我们也直接见面。

爱贝克思唱片公司找到我制作这首慈善歌曲，由于共同的患病经历，我非常希望邀请淳君一起加入。令人感激的是，他欣然接受了邀请，我们通过电子邮件的交流共同完成了这首歌曲。通过邮件，我们对歌曲进行了一些调整，比如我会根据淳君写的歌词改变旋律，或是他根据旋律略微更改歌词等。但对于首次合作的我们来说，整个过程还是很顺利的。我想，在癌症患者之间会形成一种奇妙的羁绊，会觉得彼此不再是陌生人。

和淳君一起的工作是为了呼吁大家支持儿童癌症治疗。那时，我对自己的病情仍然有些乐观，甚至可以说对再次成功治疗直肠癌非常有信心。我的主治医生是一位女性，也治疗了我的口咽癌，并曾充满信心地对我说："我一定会治好你的！"我非常信任她。我那时甚至认为这次康复后，不需要特别公开再次患癌的事情。但事实上，在日本的医院接受诊断后，我被告知"癌细胞已经转移到肝脏"，还被宣告"只剩半年的生命"。

没想到，恰好在 2020 年，在全世界都被新冠肺炎疫情折磨的时候，我也被迫要重新面对自己所患的疾病。

1　雷猫（Thundercat），本名斯蒂芬·李·布鲁纳（Stephen Lee Bruner），出生于1984年，美国贝斯手、音乐制作人和主唱。2020年，他被《滚石》杂志选为有史以来最伟大的五十位贝斯手之一。

2　Flying Lotus，本名史蒂文·埃利森（Steven Ellison），出生于1983年，美国音乐制作人、DJ、说唱歌手、电影音乐人和导演，创办了音乐厂牌Brainfeeder。

3　伊恩·牛顿（Iain Newton），曾任苹果公司战略规划总监。

4　阿托·林赛（Arto Lindsay），出生于1953年，美国吉他手、歌手、制作人和作曲家。

5　《银翼杀手》（*Blade Runner*）是1982年上映的美国科幻电影，由雷德利·斯科特执导，哈里森·福特、肖恩·杨等主演。电影中人类制造"复制人"为自己工作，当其有了感情之后"妄图成为人类"，被称作"银翼杀手"的特别警察负责捕杀反抗禁令并回到地球的复制人。

6　NOTON是卡斯膝·尼古拉1994年创立的小型唱片厂牌，1999年与唱片厂牌Rastermusic合并为Raster-Noton，2017年再次拆分为NOTON独立工作。

7　精进料理是完全由蔬菜或豆腐等植物性食材制成的食物。最早是为遵守佛教戒律的苦行僧提供的膳食，后随佛教从中国传入日本。

8　迈尔斯·戴维斯（Miles Davis，1926—1991），美国爵士乐演奏家、小号手、作曲家、指挥家。酷派爵士乐创始人，最早演奏"咆勃爵士乐"的爵士音乐家之一。

9　田中泯（Min Tanaka），出生于1945年，日本前卫舞蹈家、演员。舞蹈风格极具原创性，参演的电影《黄昏清兵卫》获日本电影学院奖最佳男配角奖。

10　Goldmund是美国作曲家基思·肯尼夫（Keith Kenniff）使用的两个艺名之一，该艺名主要用于发表钢琴独奏乐曲。

11　艾费克斯双胞胎（Aphex Twin），本名理查德·戴维·詹姆斯（Richard David James），出生于1971年，英国电子音乐艺人、制作人、DJ、混音师，以Techno、氛围音乐、智能舞曲作品闻名。

12　《龙威小子》（*The Karate Kid*）是由约翰·艾维尔森执导，拉尔夫·马基奥、森田则之主演的电影，1984年在美国上映。

13　楳图一雄（Kazuo Umezu），出生于1936年，日本漫画家、艺人、作词家，是日本恐怖漫画大师，代表作有漫画《漂流教室》《猫目小僧》等。

14　《月刊漫画GARO》是长井胜一于1964年创办的日本漫画杂志，专刊另类漫画和前卫漫画。

15　佐伯俊男（Saeki Toshio，1945—2019），出生于1945年，日本画家，其作品将日本传统鬼神、浮世绘和性元素融合，自成一派，风格独特。

16　*A Tribute to Ryuichi Sakamoto-To the Moon and Back* 是2022年为纪念坂本龙一70岁生日发行的特别专辑，收录了由雷猫、德大·海因斯等多位艺术家精选并重新演绎的13首坂本龙一的佳作，以献给当时正在与疾病做斗争的坂本龙一。

17　路易吉·诺诺（Luigi Nono，1924—1990），意大利作曲家。电子音乐和序列音乐的主导人物之一。

18　野田高梧（1893—1968），日本著名剧作家，被誉为日本电影"黄金时代"的开创者之一、"日式编剧术的先驱"。代表作有电影《东京物语》《晚春》《秋刀鱼之味》等。

19　日本的"正月"一般指公历的1月1日到3日。

20 日语中"学"和"乐"都可以发音为"Gaku"。

21 表现主义音乐的代表人物是勋伯格与他的两个学生韦伯恩和贝尔格,他们三个都出生在维也纳,被称为"新维也纳乐派"。

22 原摩利彦(Marihiko Hara),出生于1983年,日本音乐家。作品涉及钢琴作品、前沿戏剧和电影配乐等各种媒体形式。

23 半野喜弘(Yoshihiro Hanno),出生于1968年,日本电子音乐人、歌手、作曲家和电影导演。

24 《亡命之途》由妻夫木聪、丰川悦司主演,2019年在日本上映。影片讲述了两个日本男子从台北到花莲途中发生的故事。

25 捷尔吉·利盖蒂(György Ligeti,1923—2006),匈牙利裔奥地利作曲家,发展了"音块"作曲手法,确立了其作为欧州先锋派音乐主要作曲家的地位。

26 指的是2022年坂本龙一接受采访时,引发日本社会激烈讨论的邪教"统一教"。

27 《比邻星》(*Proxima*)是由爱丽丝·威诺古尔执导,埃娃·格林、马特·狄龙等主演的法国电影,2019年在法国上映。讲述了一位女宇航员将前往国际空间站一年,在去太空执行任务之前,兼顾训练和照顾女儿的故事。

28 《水俣病》(*Minamata*)是2020年由安德鲁·莱维塔斯执导,约翰尼·德普、比尔·奈伊等主演的电影。讲述了尤金·史密斯在日本记录因汞污染引起的震惊全球的怪病"水俣病"现状,并披露日本政府所做的掩盖的故事。

29 《请以你的名字呼唤我》(*Call Me by Your Name*)是2017年由卢卡·瓜达尼诺导演,蒂莫泰·沙拉梅、阿尔米·哈默主演的同性爱情电影。

30 卢卡·瓜达尼诺(Luca Guadagnino),出生于1971年,意大利导演、编剧、制片人。代表作有《请以你的名字呼唤我》等。

31 费迪南多·奇托·菲洛马里诺(Ferdinando Cito Filomarino),出生于1986年,意大利电影导演、编剧。代表作有《厄运假期》《安东尼娅》等。

32 贝纳尔多·贝托鲁奇名字的首字母缩写。

33 小田香(Kaori Oda),出生于1987年,日本电影导演。2011年毕业于美国霍林斯大学剧本与电影研究专业。2015年完成的《矿》获得了2015年山形国际纪录片电影节·亚洲新浪潮单元的特别奖。

34 山下洋辅(Yosuke Yamashita),出生于1942年,日本爵士乐手,堪称"日本爵士第一人"。于20世纪50年代开始爵士乐手生涯,前期乐风并非十分前卫,但在20世纪60年代至80年代,山下的演奏风格以快速多变而闻名。

35 生田朗(Aki Ikuta,1954—1988),日本音乐制作人。从1975年起,曾担任山下洋辅、坂本龙一等的经纪人,后成为独立的音乐制作人。

36 约翰·莱顿(John Lydon),出生于1956年,英国歌手、编曲人、音乐家。先后担任朋克摇滚乐队"性手枪"、后朋克乐队Public Image Limited的主唱。

37 比尔·拉斯威(Bill Laswell),出生于1955年,美国贝斯手、唱片制作人,创立音乐厂牌M.O.D.Technologies,其音乐作品风格多样,涉及"放克"、世界音乐、爵士、配音音乐和环境音乐等。

38 古谢美佐子（Misako Koja），出生于 1954 年，日本民谣歌手，冲绳民谣团体 NENES 的第一代团长。多次参与坂本龙一的唱片、巡演项目，曾出演坂本龙一的歌剧 *Life*。

39 冲绳岛战役，是 1945 年太平洋战争末期美军攻占冲绳岛的战役，也是"二战"中太平洋战场上伤亡人数最多的战役。战役结束后，美国占领冲绳至 1972 年。

40 郭共达，韩裔美国导演。早期以制作影像散文闻名。他执导的电影《杨之后》获第 74 届戛纳国际电影节"一种注目"单元大奖提名、第 43 届波士顿影评人协会最佳改编剧本奖。

41 《杨之后》（*After Yang*），由科林·法雷尔、朱迪·特纳 – 史密斯等人主演的科幻电影，2021 年上映。讲述一个家庭尝试修复他们的家庭成员——一名仿生机器人的故事。

42 饶速日命（ニギハヤヒ）是日本神话中的神祇，亦是天孙降临之一。在《日本书纪》中被记录为"饶速日命"，而在《古事记》中被称为"迩艺速日命"。

43 巫娜，出生于 1979 年，中国著名古琴艺术家。从事古琴艺术，同时进行活跃的跨界演奏，与爵士、摇滚等领域的音乐家合作。

44 淳君（つんく♂），出生于 1968 年，本名寺田光男，日本歌手、音乐制作人、作曲家、作词家。娱乐经纪公司 TNX 社长，曾担任摇滚乐团"Sharam Q"主唱、女子偶像团体"早安少女组"制作人。2015 年公布自身罹患咽喉部癌症的消息。

第八回 给未来的遗赠

为《时间》写下的笔记和乐谱

混合现实[1] 项目

在 2020 年《新潮》杂志策划的日记接力活动[2]中,我写下了以下内容:

12 月 3 日(星期四)@TYO(东京)
做了噩梦,梦见自己在埃及的机场被拦下,行李被拆开,无法登机,像卡夫卡小说中那样不知道我身犯何罪[3],回不了家。

12 月 4 日(星期五)@TYO
做了全身体检。结果很糟糕。明明我都没吃对身体不好的东西,这 6 年里也没怎么喝酒。

当时我并没有详细地记录下来,但就是在进行这次全身体检时,被告知癌细胞已经转移到了肝脏。医院希望我能做进一步的详细检查，但癌细胞转移的事实太令人震惊，我无法立刻接受，所以当天先回家了。一周之后，也就是12月11日进行了再次检查，结果却被宣告"如果什么都不做的话，只剩半年的生命了"。

然而，第二天我要进行钢琴独奏的线上直播。在我的一生中，从未像此刻这般如此切身地感受到自身"死亡"的迫近——在这种状态下，我迎来了演出当天。这场线上演奏会由真锅大度[4]率领的"Rhizomatiks"团队负责视觉导演。我和真锅是在山口媒体艺术中心驻场制作《生命-流动，不可见，不可闻……》期间开始的合作，当时他负责作品的影像编程。在直播的影像中，画面背景随着我弹奏的曲子不断变化，有时变成一个空荡荡的大厅，有时变成一个孤寂的灰色房间，有时又变成了一片废墟之地。这些都是由"Rhizomatiks"团队实时合成的CG画面。

独奏时使用的钢琴放置在一个360度都是绿幕的录影棚里，为了防止出现影子，从四面打过来的灯光把录影棚照得格外明亮，由于还需要冷却大量的摄影机和设备，尽管直播时是冬天，棚内却必须开着空调猛吹冷气。那时刚接受了病情宣告的我，身处寒冷的录影棚中，身心都冷到了极点，钢琴独奏又需要我时刻保持精神高度集中，一旦放松就全完了。如果有乐队成员或者伴奏在旁边，或是有背景音乐的话，我多少还可以松口气，但钢琴独奏不允许我有一丝松懈。那天晚上的演奏曲目旨在回顾我的整个职业生涯，其中还包括 *The Seed and The Sower*（1983）和 *Before Long*（1987）等许久未演奏的早期作品。尽管处于最糟糕的状态，我还是完成了演奏——虽然我已经不记得是如何弹完这15首曲子的了。当时在演奏会现场的，只有身为制作人的伴侣知道我的病情，并且她当时就已经做好了这可能是坂本龙一最后一次演奏的心理准备。

其实，这次钢琴独奏的直播可以说是"前哨战"，随后从12月14日到16日还有为MR作品拍摄的"正式演出"。我在早些时候就决定拍摄MR作品，而根据我的观点——如果不能以可被人看到的形式弹奏，就不能算是练习，也就无法提升演奏的精度，所以后来在拍摄MR作品之前追加安排了钢琴独奏演出。MR作品是要永久留存的东西，我不能呈现半吊子的表演。但参与拍摄的人员众多，当时我又还未向周围的人透露我再次患癌的事，所以无法因为自己这边的状况在拍摄前夕更改日程。当然如今再回头看，我在手术后体力下降的情况下很有可能是无法完成演奏的，可以说这确实是拍摄MR作品的最后时机。

我以前就对MR感兴趣。现在，VR作品在媒体艺术界正处于鼎盛时期，而MR被认为是比VR更先进的技术。如果用动态捕捉技术记录下演奏状态，就可以通过设备上的应用程序，随时在现实世界中像全息投影一样呈现出演奏的形象，甚至在我去世后，还可以与自动演奏的钢琴结合起来，开一场虚拟演奏会。如果这项技术早半个世纪出现，或许卡拉扬"边弹奏边指挥"的演奏会也可以用MR再现。

发起这个项目的是制片人兼导演托德·埃克特，他在美国经营一家影像制作公司。他也是玛丽娜·阿布拉莫维奇现实生活中的伴侣，其实他们首次约会的地方，就是我发行《异步》后在纽约进行的同名演奏会上。也就是说，我在不知不觉中当了一次丘比特呢。托德在影像和艺术行业颇为知名，曾有一个世界知名乐队向他咨询是否可以为他们制作 MR 作品。托德拒绝了，并联系我说："作为粉丝，我一直以来都在追您的演奏，我一定要把它记录下来。"他甚至曾为了观看 *Life* 的演出，特地赶来日本，看完再匆匆离开。

MR 作品的拍摄与钢琴独奏的直播一样，都是在全绿幕的工作室中进行的。我的脸部和手指上贴满了动态捕捉用的标记，用了三天的时间，逐条录制了《圣诞快乐，劳伦斯先生》和《遮蔽的天空》等代表作品的演奏。基本上，我们选择了和"前哨战"的直播演出一样的曲目。在灯光炫目、眼睛发花的情况下进行演奏相当困难。另外，据说从这些采集到的数据开始制作实际的 MR 影像需要花费极大的精力。在拍摄中，为了避免镜片反光，我摘掉了平时佩戴的眼镜，还把头发压得平平的，以免妨碍拍摄。后期为了把这些细节一个一个地处理到接近真实的我的形象，还必须追加制作 CG 效果。

由于三维影像制作的复杂性，进度比最初计划的要慢，这部 MR 作品预计于 2023 年 6 月在纽约的新建文化设施"The Shed"亮相。我也听说之后它还会在曼彻斯特等世界各地上演。此外，

KAGAMI（日文"镜"的罗马音）这个标题的寓意是，这部作品作为我身体的倒影和镜像而存在，同时也是在向塔可夫斯基致敬。我觉得在接受绝症诊断之后，我能够完成钢琴独奏演奏会和 MR 拍摄是很了不起的，但同时也想正是因为有了这两件工作，我才能够在绝望中打起精神，继续活下去。

向孩子们坦白

一年的年头和年尾我一般都在日本度过，从某个时期开始，在过年时和孩子们聚餐也成为我的习惯。平时大家都住在不同的地方，但至少每年都有一次聚在一起的机会。2020 年年底，我也与孩子们及他们的家人聚在了一起——虽然有一个孩子当时在美国，无法参加。现在我还有一个孙子和一个外孙女，成了名副其实的"爷爷"。我想趁这个机会说出实情，便坦白了我现在的情况。当开口说"我有件事情要跟大家说"的时候，我就感觉到了本来热闹的气氛一下子冷到了冰点之下。我也很难受，但这真是无可奈何的事。我总不能一直保持沉默。总之，这一年年底我真的非常沮丧，唯一的好消息是在美国总统大选中乔·拜登击败了唐纳德·特朗普。

尽管如此，自从向孩子们坦白了我的病情之后，我的心态也一下子发生了转变，开始相当冷静地预演死亡，去考虑许多具体的问题。如果在日本接受治疗，一直住在酒店里也不是办法，那么住宿问题要如何解决？如果我很快就死了，应该给谁发讣告？葬礼应该以什么形式进行？……如果不提前决定好这些细节，可能就会发生违背我意愿的事情。在我还活着的时候，回顾从《音乐即自由》出版后到今天为止的活动，留下这个口述记录，也在我的考虑范围内，是必须提前做的事情之一。这些大大小小的事情，都由我的伴侣毫不拖泥带水地为我做了安排。她是个性格很刚毅的人。在我积极参与反核运动时，曾经有人说："说不定日本政府盯上你了，会派刺客来杀你。"对此，我的伴侣却说："要是你真的被暗杀了，公众舆论就会马上倒向支持反核，那也不错啊。"——她就是会说这种话的人啊。

接下来在 2021 年 1 月 14 日，新年伊始，我接受了开篇提到的那场大手术。其实，我当时并没有打算向公众公开我的病情。然而，正好在我进行手术的时候，某体育报纸不知道从哪里得知了我的病情，准备以"坂本龙一，重病！"为题进行独家新闻爆料，并向相关人士打电话确认。因此，为了防止错误的信息流传出去，我的事务所紧急决定发布一份声明，公开我再次患癌的事实。当然，我本人当时正在全身麻醉之下沉睡，完全不知道外面发生了什么。

在中国的大规模展览

住院期间,原本已经定好的工作在我不在的情况下继续进行着。其中一个是在中国北京的私人美术馆"木木美术馆"举办的展览。2018年,在韩国首尔的"piknic"举办的"Ryuichi Sakamoto Exhibition: Life, Life"展览的开幕式上,来自北京的一对年轻的美术馆主理人夫妇特意前来,询问说:"是否可以在我们的美术馆空间里,举办这个展览更大规模的版本?"这个与美国前总统乔治·沃克·布什也交好的富家公子哥娶了模特般漂亮的网络红人作为妻子,他们是在往昔的中国难以想象的现代夫妻。男方开欧洲豪车,向女方求婚的时候说"如果你嫁给我,我会给你买一辆红色法拉利",对方却回答说"我不需要车,为我建一座美术馆吧",最后他真的为妻子建了一座美术馆。我听他们讲了这样一段玩笑般的故事。

我觉得这很有趣,也对他们的提议感兴趣,但他们的活动还是只像是有钱人的消遣。也因为如此,"木木美术馆"在中国艺术行业名声相当糟糕,我甚至还收到了熟人的忠告:"如果在那种地方开个展,你的声誉会受到影响哦。"——那我就亲自去看一下再做判断吧。与他们相识后不久,我便去了北京实地考察。但如果由他们招待,我就不能在关键时刻拒绝,所以我决定自己承担这次的旅费。上一次我去北京还是20世纪90年代在那里举办演奏会。它已经完全变成了一个和我记忆中不同的城市,只看机场就比成田机场大十倍以上。不知不觉间，这座城市已经突飞猛进地发展起来，让我大吃一惊。

"木木美术馆"位于中国最大的现代艺术区之一——798艺术区，这个艺术区是在20世纪50年代的工厂遗址上建成的。艺术区占地广阔，里面有上百家美术馆、画廊和餐厅。如今"木木美术馆"有两个场馆，但那时只有最早建成的场馆在使用，新馆位于北京市中心，美术馆主人表示想在那里举办我的展览，当时那里仍在施工中。新馆建筑的外部已近完成，但内部还在装修，他们向我解释说这个空间既可以作为"白盒子"[5]，也可以作为"黑盒子"[6]使用。

和美术馆主人夫妇详聊后，我很快就意识到，戴着一枚巨大钻石戒指的妻子晚晚非常优秀。她毕业于哥伦比亚大学，之后在纽约的知名画廊实习，她的高才生背景也让我觉得，不愧是会跟结婚对象要一座美术馆的人啊。另外，当我问到我的一些作品是否会因为题材而不能在中国展出时，他们表示"的确如此"。但他们也提出了"可以通过作品本身传达自由精神的可贵"这个很好的折中方案。我认为他们值得信赖，于是决定把展览交给他们负责。

这个名为《坂本龙一：观音·听时》的展览最终定在2021年举办，不巧由于新冠肺炎疫情和我住院治疗的影响，我无法前往现场。因此，我委托包括装置艺术作品的共同创作者高谷史郎和策展人难波祐子[7]等在内的12人团队从日本前往北京搭建场地。那时中国的新冠肺炎疫情防控措施相当严格，高谷等人无法直接从日本乘飞机前往北京，需要先在大连接受入境隔离。在这段时间里，他们在酒店房间里足不出户，还需要接受核酸检测，三周以后确认核酸阴性后才最终获准进入北京。是我让他们这么辛劳，十分抱歉。

幸运的是，"木木美术馆"的工作人员非常优秀，中日团队之间实现了奇迹般的合作。我认为这是涵盖了我主要装置艺术作品的、迄今为止规模最大的一次精彩展览。《生命–流动，不可见，不可闻……》这件作品之前是将9个水槽悬挂在天花板上，这次由于场馆空间广阔，特别为展览制作了一个12个水槽的版本。整个展览可以让人体会到声音和噪声，甚至是声音和静寂之间的界限。当时别说海外旅行了，国内的活动也受到限制，因此只有居住在北京的人才有机会去观看展览。即便如此，我听说在近五个月的展期中，有近10万人参观了这个展览。2023年的夏天，在成都即将开幕的"木木美术馆"新馆中，会举办更大规模的展览《坂本龙一：一音一时》。

《时间》

2021年6月18日至20日，在荷兰阿姆斯特丹，我和高谷史郎共同执导的剧场作品《时间》举行了公演。2019年和2020年的"京都会议"都是为了这部作品而组织的。我前面提到过，在完成《异步》后，我直觉上感到在这座山的另一侧还有更高的山。

当时我脑海中闪过的就是在表演和装置上没有明显界限的舞台艺术，因此在还没有确定要在哪里演出的情况下，我和高谷一起开始了准备。后来，我们有幸被"荷兰艺术节"邀请作为 2021 年的联合艺术家之一参展，于是决定在那里举行《时间》的首演。

《时间》可以说是受能乐影响的音乐剧，我们邀请了舞蹈家田中泯和笙演奏家宫田麻由美[8]参演。舞台上铺满了水，背景屏幕展示了高谷制作的"梦境"影像。田中泯试图开辟一条直通的道路来涉水，他象征着人类。宫田则手持笙，轻松地穿越水域，她象征着自然。这部作品没有显而易见的剧情，如果要揭示结局的话，就是田中泯扮演的人类试图征服水，也就是自然，但最终被大洪水吞噬而死亡。我想要描绘人类和自然的神话。除了试图开辟水中道路的场景，还引用了夏目漱石的《梦十夜》[9]和能剧《邯郸》[10]等作品的片段，以及"庄周梦蝶"的典故，并让田中泯朗诵了这些文本。

武满彻先生曾在《时间的园丁》中写道："我想造一个如同无尽的时间一般的音乐花园。那是一个对自然充满敬意，也充满谜题和隐喻的时间花园。"简单地说，他试图创作出像无限的时间一样的音乐，但我想在《时间》中表达的是，与武满彻先生相似却又不同的"时间是幻觉"的信息。我以"时间"为题，又故意挑战了否定时间。那么，为什么要描绘"梦境世界"呢？因为在梦中，时间这一概念的特征被破坏殆尽：在《邯郸》中，追求顿悟的男子午睡了 5 分钟，但在梦中，50 年弹指间过去；在"庄周梦蝶"的典故中，哲学家庄周打了个眠儿,却渐渐分不清是庄周做梦化成了蝴蝶,还是蝴蝶做梦化成了庄周。我想表现的就是这样一个梦和现实无法区分的世界。

在发现第二次患癌之前已经确定了作品的概念,但作品实际完成的过程,我只能在病房里远程参与。当然,我也不能参加在荷兰的演出,只能在网络上默默观看。即使只是看着画面,我也感觉到一小时前发生的事情仿佛只在一分钟前发生,某些瞬间又似乎在反复出现,很有意思。至少我通过这个舞台体验到了一种与现实世界不同的时间体验。不过即便如此,我仍然有所反思。剧作仍然被束缚在线性时间轴上,这是事实,而我真正构想的是,每天上演的作品的内容和长度都会即兴更改。因此,在今后世界各地将要进行的《时间》的演出中,我认为可以借鉴约翰·凯奇所重视的"机遇操作"[11],把写有数字的纸片放入帽子中,在公演会场抽选相应场景进行演出。但是这样做需要有相当充分的准备,否则很难顺利进行,也会给演员和灯光师带来很大的负担。

最强大的支持体系

2021 年上半年反复接受手术和住院期间,我心里总是想着要为网飞的动画剧集《例外》做点儿什么,这是我在 2020 年开始的工作。该作品共有 8 集,需要 3 个小时左右的配乐,相当于几部电影的原声音乐的量。在这一年年初接受手术之前，我已经完成了 4 集的音乐创作，剩下的部分需要在夏季交付。考虑到自己的体力无法支撑我单独完成全部的创作工作，我也同时在寻找代替我的人选。然而奇妙的是，尽管我虚弱地坐在病房的沙发上就已经十分勉强了，当我创作音乐时，却能忘记疼痛和不开心。所以尽管每天只能维持几个小时的专注力，我还是坚持着在 9 月完成了最后一集的原声音乐创作。我看起来吊儿郎当，责任感却非常强。

接下来，我因为之前收到了作为服装设计师和 Comme des Garçons[12] 副总裁的渡边淳弥先生的委托，为他的同名品牌"渡边淳弥"制作了 2022 年春夏女装系列走秀的音乐。在这一季中，渡边淳弥以"亚洲的乡愁"为主题，发布了包括中国风夹克在内的款式。为了配合这个主题，他希望我能够重新演绎 YMO 时期的乐曲《东风》。考虑到这将在时装秀上播放，我先是创作了一个稍微融入了节奏的版本，还觉得这个版本做得很不错，没想到发给他之后却被驳回。原来渡边先生脑海中的画面是一条涓涓细流汇成的大河，我的改编不符合他的设想。当然他当时还不知道我的严重病情，所以也没办法，但我可是消耗着自己的生命在尽力完成工作，会觉得很烦躁。我一边嘟嘟囔囔地抱怨，一边又不得不根据渡边先生的意愿，制作了更为松弛的编曲。让我有点不甘心的是，从客观的角度听起来，后来制作并被采用的版本确实更优秀。在制作电影配乐时，这种情况也时有发生。

经过多次咨询之后，我决定将在日本的癌症治疗主要委托给东京某大型医院负责。直到现在，我仍然很感激我的主治医生和其他医护人员。除了主治医生，我还向另外两位专家咨询个人的身体状况。其中一位是若林理砂，我是通过甲野善纪认识她的，她在甲野的道场练习武术，平日从事针灸治疗，当然对武术也很有研究。自从我在2014年被诊断出口咽癌以来，她就从替代疗法的角度提出了许多意见，并给了我不少有关饮食疗法和中药的建议。另一位，我们姑且称他为"K先生"吧，他是一位移植外科权威。我叫他"黑杰克"[13]，但他其实有行医执照，这一点与漫画是有区别的。如果我对医院的病情说明有不理解的地方，他会根据数据和图像给我详细解释。确切地说，他并不是我的主治医生，却是为我提供第二诊疗意见的重要人物。从心理上说，他是"另一位主治医生"般的存在。令人感激的是，若林和K先生每天都会关心我的身体状况，并根据当天的体温和症状，从各自的角度给出具体建议。包括会随时通过邮件应答的医生在内，自罹患癌症以来，我同时获得了西方医疗和替代疗法的强有力支持，也一直坚持治疗。

乌克兰的伊利亚

正当我迎来2022年，慢慢习惯这场旷日持久的新冠肺炎疫情下的抗癌生活时，又发生了另一件令人震惊的事。2月24日，俄罗斯入侵了乌克兰。谁承想还活着的时候，我又目睹了一场新的战争的开始呢？而且根据报道，这是第二次世界大战以来欧洲最大规模的军事入侵。我不会赞同美国和其他北约国家是好的，俄罗斯是坏的这种简单的二元论，但俄罗斯以绝对优势的武力侵略主权国家乌克兰的行为是绝对不能被容忍的。同时，我会反省我们是否像现在关心此刻的乌克兰人一样，也关心着每天在叙利亚、也门、巴勒斯坦等地处于生命危险中的人呢？

一边祈祷着暴力能够尽快停止，一边通过CNN等媒体追踪乌克兰的局势，其中一段视频深深打动了我。那是住在基辅的年轻小提琴手伊利亚·邦达连科在地下掩体里演奏乌克兰传统民歌的画面。与他产生共鸣的来自29个国家的94位小提琴手很快也加入了演奏，演奏视频也被上传到了YouTube上。那是一段非常令人动容的音乐，让人听了为之落泪。在这样的背景下，年仅20岁的伊利亚引起了我的注意，而这时美国作曲家朋友基思·肯尼夫突然联系我，说："我们计划要制作一张支援乌克兰的慈善专辑，你可以参加吗？"更奇妙的是，他还问我："要不要和伊利亚一起？"我们有段时间没联系了，所以这种巧合让我很吃惊。

我欣然接受了邀请，为伊利亚写了一首小提琴和钢琴协奏曲，并发送了乐谱。伊利亚收到乐谱后，在地下掩体里演奏了这首曲子，并用iPhone录制了音源发给我。然后我在他的演奏中加入了背景音乐，完成了《给伊利亚》(Piece for Illia) 这首曲子。在这首曲子里，我引用了乌克兰国歌的一段旋律，对我来说这也是非常令人满意的工作。实际上，我不知道 4 月末发行的收录了这首曲子的专辑能对支援乌克兰有多大贡献。从收益的捐赠金额来看，可能微不足道。但对我来说，处于困境中的伊利亚用美丽的音色认真弹奏了我写的曲子，已经是很有意义的事情了。

即便没有去过某个国家，只要认识那里的人，那里就不再是陌生的。对我来说，伊利亚是让我与乌克兰建立联系的重要人物，我还没有见过他，但我可以称他为朋友。当然，这也不是说如果在那里没有认识的人，乌克兰问题就与我无关。我想，无论在世界的哪个地方，当你能想象出在那里生活的具体的某个人的面孔时，你看待新闻的方式就会完全不同。从某个时期开始，我就不在意有人讥讽我参加社会活动是"炒作"了。当然，我内心会吐槽说"如果只是为了出名，我才不会干这么麻烦的事呢"，但不会明确说出来。

我心境发生变化的契机，是参加了 20 世纪末由 U2 乐队主唱保罗[14] 领导的"庆典 2000"(Jubilee 2000) 运动，该运动旨在消除非洲最贫穷国家的对外债务。当时，布莱恩·伊诺拜托我："你来做日本的代表吧！"我改变了之前避免发表社会性言论的方针，加入了这个运动。在日本，艺人等发表政治言论还是会引发民众反感。但从那时起，我就觉得"如果自己有名气，倒不如积极地利用它"。并且我想即使有人批评我伪善，但只要真的能让社会稍微变得好一点，就足够了呀。我对环保和"3·11"东日本大地震后的活动都是基于这种信念。一旦决定去做，就不会轻易退出。

日本东北青年管弦乐团

在这样的社会活动中，有一项是由"儿童音乐再生基金会"发展而来的"日本东北青年管弦乐团"。再生基金会的活动进行了三年之后，大家都觉得相识不易，想要一起做更多的事情，于是决定在日本东北受灾地区招募孩子们组成管弦乐团。令人吃惊的是，参加招募的孩子特别多，以"琉森音乐节·新方舟·松岛2013"音乐活动为契机，由此组成管弦乐团的孩子们开始每年3月在东京和日本东北地区各地定期举办演奏会。乐团成员是来自岩手、宫城和福岛三个县的小学生到大学生，如有因为考试或升学产生缺员，会随时招募补充成员。这个乐团现在已经发展成一个约有100人的大家庭，其中一些孩子有过被海啸的泥水吞没家园和乐器的痛苦经历，也有一些孩子是在震灾后出生的，完全没有地震的记忆。他们都出生于日本东北地区，但每个人的背景都各不相同。

我作为乐团的音乐总监，一直关注着他们的活动，有时会请作曲家藤仓大开设工作坊或参加孩子们的集训营。在学校的社团里，后辈们对哪怕只比自己大一岁的前辈也要小心翼翼地顾虑其感受，然而在这个管弦乐团里，每个人都是平等的。成员们也会参加当地社区的其他乐团，但他们都异口同声地说："像日本东北青年管弦乐团这样没有等级关系的集体真的很罕见。"孩子们不是在遵守由某个人制定的规则，而是自然而然地形成了一种氛围。看到小学生和大学生用平辈语气并肩交谈的场景，真让人欣慰。从这个管弦乐团成立之初，我就一直想要为他们创作一首特别的新曲子。

我的想法在 2020 年年初以交付《此刻时间在倾斜》乐谱的方式实现。然而，由于新冠肺炎疫情的影响，日本东北青年管弦乐团 2020 年和 2021 年的定期音乐会不得不取消。经过两年无奈的活动休止后，他们终于可以在 2022 年 3 月举行音乐会，《此刻时间在倾斜》的首演计划也确定下来。这首曲子使用了通常很少见的 11 拍。因为这个管弦乐团是在"3·11"东日本大地震之后诞生的，出于悼念之意，我坚持要使用数字 11。

此外，我还想让乐团的每个成员都有展示的机会，因此特别设计让各个部分都有所表现——在创作曲子的时候，孩子们演奏时的脸就一直浮现在我脑海中，我也非常想实现这一点。然而，11 拍对谁来说都不是熟悉的节拍，因此很难掌握节奏。如果只是机械地数 11 拍，就会产生偏差，因此在曲子结构上，我们将弦乐器的节拍分为"4、4、3"，管乐器节拍分为"3、3、3、2"，考虑了每个部分都能组合成 11 拍的节奏。结果，对孩子们来说，这首曲子变得相当复杂。因为是我写的，我也觉得有点不好意思。

尽管如此，在演出前夕的合宿期间，我使用 Zoom 对孩子们进行了远程指导，在 3 月 22 日于盛冈举行的公演中，他们成功地演奏了《此刻时间在倾斜》。我是在线观看的转播视频，他们的演奏真的非常精彩。这是因为孩子们无法聚在一起时，也都在各自努力。3 月 26 日，乐团还计划在东京的三得利音乐厅举行演出，我也希望能去现场。由于健康状况，我无法保证当天一定能出席，但幸运的是，那天我感觉状态不错，如愿到场参加。对我来说，经历了新冠肺炎疫情和癌症治疗，这也是我自冲绳音乐会以来，暌违两年后第一次有机会出现在舞台上。《此刻时间在倾斜》的结尾以 11 声钟声作为压轴。我在舞台一侧听着这些镇魂钟声响起，心中百感交集。这首曲子整体上给人一种黯淡、压抑的印象，但我想在曲子的最后，还是成功地让微弱的光芒发出了回响。

这次乐团在东京演出的第一部分，包括历经两年时间筹备的《此刻时间在倾斜》的演奏，以及吉永小百合的朗诵会。吉永和我都自然而然地想到了俄罗斯军队入侵乌克兰的事件。吉永朗诵了祈祷和平、悼念冲绳阵亡者的诗歌，我则演奏了以长崎为背景的《如果和母亲一起生活》的主题曲——这是应她委托创作的电影原声音乐。

在第二部分，乐团与成立于"3·11"东日本大地震后的"连接合唱团"一起，演奏了贝多芬的《第九交响曲》，也就是"第九"。正如冈田晓生在《音乐的危机：〈第九交响曲〉不再能唱的那一天》中所述，"第九"成为新冠肺炎疫情时期大家最想避免演奏的曲目。这首曲子的演奏阵容庞大，光是上台的人就有 100 名管弦乐团成员和 60 名合唱团成员。尽管如此，考虑到演出者和观众也许会从这场演出中找到某种意义，我们仍然决定进行 70 分钟以上的盛大演出——当然是在所有参加人员都进行核酸检测并确保结果阴性的情况下。我想，即使在疫情大流行的情况下，人们也需要品味演奏音乐的愉悦和兴奋。

D2021 的伙伴

我在"3·11"东日本震灾后的活动发展出的另一个项目是"D2021"。在我的呼吁下，2012 年开始举办的以"反核"为主题的音乐节"No Nukes"，后来几乎每年都在举办。持续举办这个活动的意义毋庸置疑，但随着演出者和演出内容逐渐固定，也开始有些落入俗套。而且除了核能问题，日本社会还出现了一系列需要思考的问题，例如安倍晋三政府推进的安保相关法案[15]、大规模生产和消费模式的局限性以及歧视、贫困和分裂等。因此，我在"No Nukes"的活动以 2019 年的音乐节为节点告一段落，让摇滚乐队"亚洲功夫世代"的后藤正文[16]、前 SEALDs 成员奥田爱基和哲学研究者永井玲衣等年轻一代接手运营。

当时，我对柄谷行人[17]在《世界史的构造》中提出的"交换样式D"这一概念非常感兴趣。根据柄谷的说法,"交换样式A"是赠予和还礼的互酬,"B"是服从与保护下的掠夺与再分配,"C"是货币与商品的商品交换,而"D"是"A"在更高层次上的交换方式。这个概念充满谜团。他在最新的一本书《力与交换样式》中也提出"D"是来自彼岸的一种带有灵性的"神力"的观点。不过与年轻的朋友们一起阅读柄谷行人的文本时,我开始觉得这种"D"所代表的"联合"(共同体)因为不那么容易被定义,反而相当有趣。

因此,我们借鉴了柄谷的概念,重新创办了一个名为"D2021"的组织,这个名称包含了震灾(Disaster)十周年(Decade)的寓意。我们也希望能够去思索危机(Crisis)和资本主义(Capitalism)等"C"之后世界的存在方式。我们原本计划2021年3月在日比谷公园举办一场大型活动,已经找到了赞助商并开始准备,但因为新冠肺炎疫情扩大而被迫取消。我们提出了各种各样的"D",如抵抗(Demonstration)、民主主义(Democracy)、舞蹈(Dance)、对话(Dialogue)和多样性(Diversity),并且除了音乐现场表演,我们还邀请了能源、性别、教育等各领域的专家举办工作坊——原本计划的活动很充实啊。有一天能够实现就好了。

最近几年和我交好的经济思想家斋藤幸平[18],也曾多次参加"D2021"的在线谈话活动。我是通过他用德文写的博士论文——后来又用日文出版的《大洪水前:马克思和行星物质代谢》知道他的。我本身参加过学生运动,之后也在柄谷行人著作的影响下阅读过《资本论》，但在苏联解体后，由于日本社会对传统马克思主义热度消退，我首先对如今还有年轻人愿意如此积极地研究马克思感到惊讶。此外，他还具有非常现实的问题意识，试图将马克思晚年的手稿研究与现代生态学联系起来。书名中的"大洪水"也是对未来全球变暖导致海平面上升的隐喻。我自己从 20 世纪 90 年代开始就致力于环境保护活动，所以对他研究的问题非常感兴趣，希望有机会能听听他的想法。

于是我在"脸书"上找到斋藤幸平的账号，并用我的个人账号联系了他。结果那条私信被误认为是"'山寨'坂本龙一"发的，一度被他无视。后来后藤正文告诉斋藤"那真的是本尊哦"，他才回复了我，我们进行了几次对谈。在我因生病治疗无法主持 *Radio Sakamoto* 的节目时，他也曾担任临时主持人。斋藤在入读东京大学后仅三个月就退学，拿到奖学金后，本科就读于美国康涅狄格州的卫斯理大学——其实我的儿子也曾在该大学就读。他俩在校期间没有交集。对我的儿子来说，斋藤是稍稍年长的前辈。这所大学以通识教育闻名，实验音乐大师阿尔文·卢西尔[19]直到最近都还在这所大学任教，相当有魅力。也因为有这样的缘分，我对斋藤很有亲近感。

我和斋藤刚认识时，他还是大阪市立大学的教师，后来他于 2022 年春季移籍到了东京大学，并搬到了东京。他的伴侣是一位钢琴家，在东京市区如果想租到一所足够放置她的钢琴的房子，房租应该会超过国立大学教员的薪资。我听他说过这件事，还帮他找过房子，最终他好像还是放弃了。也有观点认为"反增长论者还好意思找能放钢琴的家，真是不得了！"，但在我看来，这样的批评很荒谬。人活着不只是靠面包。柄谷行人试图从"交换样式"的角度来理解世界，而斋藤幸平坚持从"生产方式"的角度思考。这种对比很有趣，我期待着有朝一日这两位能认真进行一场切磋。

"蠢蛋一族"新成员

据说在看过"蠢蛋一族"的作品后，柄谷行人曾用谐音梗说："想想看，这也是'交换样式D'啊。"但"蠢蛋一族"的"Dumb"意为"愚蠢""愚钝"，是带有消极意味的形容词。"蠢蛋一族"是由京都市立艺术大学的学生于1984年组建的艺术家团体，以感染HIV（人类免疫缺陷病毒）而于1995年英年早逝的古桥悌二为中心开展活动。古桥去世后，高谷史郎负责统筹整个团体，但他也并非团体的领袖——"蠢蛋一族"一直避免在集体内建立等级制度。这个团体的另一个特点是，成员会根据项目进行更替。"蠢蛋一族"被选为2022年威尼斯双年展日本馆的参展艺术家，并决定于同期在慕尼黑的"艺术之家"（Haus der Kunst）美术馆举办个展。我因为在举行"京都会议"时经常去他们的办公室，也被邀请参加了"蠢蛋一族"的这两个项目，回过神儿来的时候发现自己已经是成员之一了。这是自YMO以来我加入的第二个团体。说是"加入",但这个团体真的很松散,进出十分自由。

既然参加了,我也积极地提供了自己的想法。在威尼斯展出的是名为《2022》的新装置作品,我从概念构思阶段开始参与其中。在日本馆二楼的展厅,放置了一个由本次日本馆的设计师——吉阪隆正设计的巨大正方形孔洞。高谷提议,紧贴该孔洞安装激光灯,从房间中央将红色英文投射到周围四面高速旋转的镜子上,镜子反射的光束会再次投影到墙上,有时会有几个文本重叠,这时可以读取其中的文字。

作品引用的文本来自19世纪50年代美国小学使用的地理教科书,其中一些提出了简单而普遍的问题,例如,"地球是什么形状""海的那边是什么",英文问题由大卫·西尔文、比企真理[20]母女以及我的办公室同事朗读。伴随着扬声器的转动,每个人的声音交织在一起,可能整体上会给观众一种声音艺术作品的印象。

慕尼黑的展览是"蠢蛋一族"的回顾展,我作为他们的粉丝,提议希望借此展览为他们过往的作品做一个更新。"蠢蛋一族"的装置艺术代表作之一是使用16台唱片机的*Playback*。作品中的16张唱片记录了他们在20世纪90年代用于表演的电子音乐和使用世界各地语言的问候语,并通过电脑控制以不同的模式播放。欣赏的过程中,观众甚至会感受到这些电子平台之间在相互交流,而这一次,我提议用这16张唱片收录地球上16个城市的声音。我联系了前面提过的朋友们——居住在巴西里约热内卢的雅克·莫雷伦堡，居住在冰岛雷克雅未克的安德里·赛恩·马纳松，以及居住在泰国清迈的阿彼察邦·韦拉斯哈古。还通过我认识的人联系到了居住在南非开普敦和伊朗德黑兰的合作者。他们将城市中从早到晚捕捉到的声音记录在唱片中，而我们按 16 个城市的时差顺序播放这些唱片。但这样做的话，每次播放都会保持相同的时差模式，因此我尝试将东京视作北极点，每次循环播放时让各个城市之间产生微妙的偏差。接着，我开始将"北极点"城市进行移动，努力使整个声音系统成为复杂的和声。无论是威尼斯的作品还是慕尼黑的作品，我认为它们都是只有在展览会场才能真正展示其价值的作品，但很遗憾，我只能进行远程指导，而无法亲自前往现场观看。

顺便一提，在慕尼黑的"艺术之家"美术馆，"蠢蛋一族"的展览之前正好是中谷芙二子的个展，紧接着是卡斯滕·尼古拉的个展——和我有着深厚交情的艺术家们的个展展期很偶然地交叠在了一起。不过，当时中谷担心自己的作品《雾之雕塑》会让人想起奥斯威辛的毒气室，在当地展出时可能会受到批判，不巧的是，这座美术馆本身也以法西斯主义建筑而闻名——因为在纳粹统治下，希特勒干预修改了原本已经确定的设计方案。但当中谷表达这些担忧时，德国方面的策展人却是"啊，是吗？"的淡然反应，反而让中谷有点"期待落空"。嗯，我想这也许正好说明，反纳粹教育在德国得到了贯彻吧。

久违的家

自从被查出癌细胞转移到肝脏和肺部以来，我一直在东京进行抗癌治疗，但 2022 年 6 月中旬，我回了一趟纽约的家。为了回纽约我还去美国驻日大使馆接受了"再入境许可证"面试，这也是我时隔 1 年 7 个月后回纽约的家。也许这么说有些奇怪，但当我进入熟悉的家中时，我真的感到整个屋子也喜悦不已。尽管在我和伴侣不在家的这段时间，我们都会请管家每周五过来打扫卫生和照顾植物，但我想建筑只有在有人住在其中的时候才会呼吸吧。当我久违地打开客厅的门时，我仿佛听到了屋子在说"欢迎回来"，整个房间也变得温暖起来。

家里的庭院中有一棵很大的山茱萸树，每年 4 月底会开出华美的粉色花朵。这棵山茱萸树就像天篷一样覆盖在房子上，每当我下午在半地下室的工作室里工作时，阳光会透过树枝和叶子照在窗户上，我也会享受一段美好的光之摇曳时光。常常有松鼠来玩耍，吃掉落在地上的果实，或在花盆里埋下种子。有一次，我听到窗外传来"嘎巴嘎巴"的奇妙声响，一看，发现是一只鹫在枝头上吃它捕获的小鸟。它撕开小鸟的羽毛，撕咬它的肉，那场面有点让人毛骨悚然，仔细想想，这也是自然规律。散落在地上的小鸟骨头第二天消失殆尽，可能是被附近的猫衔走了吧。访问非洲时，我也曾有过同样强烈的感受，自然界的主角本来就是鸟兽、昆虫和植物，我们人类不过是在其中一角打扰着它们的生活而已。经常有新闻报道说"猴子出现在了住宅区"，而事实正相反，我们只是被允许暂住在猴子原本的栖息之所而已。

在这个并不宽敞的庭院里，孤零零地放着一架钢琴。2015 年，我因疗养到访夏威夷，爱上了那里的风土人情，一冲动还买下了一处二手住宅，而在那所房子里有一架约 100 年前制造的钢琴。那所房子很快被我卖掉了，但这架古旧的钢琴太过迷人，我决定将其带回纽约的家中。于是，我试着以"回归自然的实验"为名，将其随意放置在庭院里接受风吹日晒。这几年来，钢琴经历了风吹雨打，表面的漆已经完全脱落，此刻已逐渐回归到木头的原始状态。它将如何腐朽呢——我觉得这也与我们人类应有的老去方式存在某种联结。

坂本图书

已经很长时间没有回纽约，但我并没有特别的事情要做，就像一只停在树枝上的鸟一样，我躺在家里的沙发上，悠闲地度过了一段时光。如果非要说做了些什么，就是整理了家中的藏书吧。本来我只是打算暂时回一趟日本的，所以大部分行李还放在纽约的家里。因为在日本进行治疗，我在东京也拥有了暂住的居所，在那里也摆放了书架，我决定挑选要重新阅读或之后想要阅读的书籍，搬回日本。我对家里的书籍进行了严格挑选，但最后还是装满了8个纸箱。

藏书中还有做过编辑的父亲的遗物。父亲由于工作拥有大量的书籍，因为无法全部保管，在他去世时，大部分书被处理掉了。然而，在父亲的书架上有一层贴着手写的"务必永久保存"

与纽约家中庭院里逐渐归于自然的钢琴合影

的胶带，我把这一层放的书都带到了纽约的家里。贴着"务必永久保存"胶带的这些书，不是父亲作为编辑参与的文学作品，而是他的兴趣爱好——比如关于乡土玩具、佛像，以及有关电影和保田与重郎的书籍等，几乎都是"二战"前出版的。我想他生前一定很珍惜这些书，反复读过许多次吧。

也许是受父亲影响，我也从小就喜欢读书，最近我去了位于东京谷中的画廊"SCAI THE BATHHOUSE"，顺便还去了画廊斜对面的古书店"木菟"，偶然发现并购买了诗人吉田一穗[21]的随想集《桃花村》。田中泯很喜欢这本书，我记得他还曾经和山梨县山村里务农的伙伴们一起创办了一个团体，取名为"桃花村舞蹈团"，名字就来自这本书。"桃花村"这个地名本来并不存在，田中泯却把他们居住的村落称为"桃花村"。

另外，在编辑伊藤综研的帮助下，在《妇人画报》上连载《坂本图书》也是我近年来的重要工作之一。在这个专栏中，我会在我的藏书中选择当时感兴趣的书进行介绍，选择范围从经典作品到新书，还会一并介绍作者的信息。在该连载的第一回，我介绍了罗贝尔·布列松[22]的《电影书写札记》。在连载过程中，我也有幸邀请到漫画家安彦良和先生与我对谈。安彦先生比我大五岁，也参加过学生运动，他正试图从古代史和近现代史的双重视角来描绘日本与东亚的关系，很有意思。我们也确认了彼此拥有共同的问题意识："日本这个国家到底在哪里出了错？"

尤其令人印象深刻的是，我在连载的第十三回介绍了尼古拉·涅夫斯基[23]的《月与不死》一书。涅夫斯基出生于19世纪末的俄国，年轻时留学日本，并与柳田国男[24]和折口信夫等人结交。他敬柳田为师，自己也作为民俗学者、语言学者致力于研究阿伊努语和宫古岛方言。这本书总结了他对日本各地信仰、神话、习俗等的研究成果。涅夫斯基似乎拥有超人的听力，发表了许多与方言相关的论文。

那么，为什么月亮与不死有关呢？一般来说，太阳是生命的象征，月亮则是与死亡联系在一起的符号。然而，涅夫斯基以宫古群岛把月亮比作女性、太阳比作男性的传说为基础，将月亮这种被赋予了阴暗和冷酷形象的存在，重新积极地定义为生命的源泉。值得一提的是，在日本生活了约14年后，他回到了历经社会主义革命后的祖国苏联，在做日语教师的同时，开始研究消失于16世纪的藏缅语族的语言——西夏语。然而，几年后，涅夫斯基于留学期间在北海道相识并结婚的妻子万谷矶子带着女儿来到苏联时，当时的苏联政权怀疑她是日本间谍，夫妇俩双双遭到处决。20年后，伴随着对斯大林的重新评价，涅夫斯基夫妇的名誉才得以恢复——这是多么悲剧的事情啊。

我决定在不久的将来，在东京某处设立一个名为"坂本图书"的小型空间，展示我一直珍藏的部分藏书。我并不追求像父亲那样的"永久保存"，但如果这个空间能像城市里的二手书店一样,成为人们和书籍交流的场所就好了。顺便一说,泡在书堆里的纽约生活结束后,我再次回到东京接受治疗,当我在主治医院久违地接受肿瘤标志物检查时,惊讶地发现检测数值竟然下降了。我的主治医生也很困惑地说:"这一定是纽约效应吧。我们是不是什么都不做比较好啊?"也许是家里的酵母菌之类的物质对我的身体起了作用吧。真是奇妙。

最后的钢琴独奏

回国后,MR 作品的制作人托德联系我,他说:"为了明年的演出,我想制作一款你的香。"于是我前往京都老字号香道店"松荣堂",让他们按照对我的印象,调配了适合我的香气。在 20 种以上的香料中,我仅凭嗅觉选出了 8 种喜爱的,还精细调整了它们的配比。它会成为我的香味,今后也留存在别人的记忆中,所以我花了几个小时认真挑选。

2022 年 9 月底,我见到了到访日本的"防弹少年团"成员 SUGA(闵玧其)。他是全球顶尖的偶像之一,不需要我多做介绍,但我们交谈时,他显得非常谦虚、认真,对音乐工作也十分投入。他总是在思考音乐相关的事情——我甚至觉得他是不是没有别的爱好。据他说,他 12 岁的时候,跟随父母在电影院观看了重映的

《末代皇帝》，之后才开始对音乐产生兴趣。也许正是因为这个缘故，他想要和我见面。我们只是进行了一次私人会面，并简单地闲聊了一下，但SUGA的纪录片团队拍摄了我们见面的过程，所以这段视频可能今后会在某处公开。之后，我依照SUGA的委托，为他的个人歌曲 *Snooze* 弹奏了钢琴，并将音源发给了他。

然后，在9月上旬到中旬期间，我还有一项非常重要的工作：为演奏会"Ryuichi Sakamoto: Playing the Piano 2022"拍摄影像。虽然也有人夸我在2020年年底进行线上直播的钢琴独奏演奏会发挥得不错，但我那时身心都处于最糟糕的状态，至少对我个人来说，当时的演奏留下了一些遗憾。另外，在视觉呈现上，我对那年年底的线上直播也有一些不满，如果这变成最后一次演奏会的话，我会很不甘心的。所以，我想在还能勉强进行自己还算满意的演奏时，拍摄能够遗留给未来的演奏场面，便策划了9月的这场演奏会。在场地方面，我也选择了我认为日本音效最好的NHK广播中心的509录音棚作为录制场地。导演相当认真，为了给拍摄留出充裕的准备时间，他让我早早敲定了要演奏的曲目。我们根据用iPhone录制的临时音源，按照一天中从早到晚不断变化的影像来排列曲目顺序，并考虑整体结构。每首乐曲的拍摄都准备了细致的分镜，灯光和摄影机位置也会根据乐曲进行大幅度切换。

参与录制的是30人左右的大团队，使用了三台4K摄像机进行拍摄，我也感觉这将是我最后一次以这种形式给大家呈现自己的演奏了，所以在紧张之余，我们花费了大量心力，每天进行几首乐曲的录制。其中有一些曲目是我首次在钢琴独奏中演奏，例如 *The Wuthering Heights*（1992）和 *Ichimei-Small Happiness*（2011）。我还以未曾有过的舒缓节奏演奏了《东风》。从这个意义上来说，我称之为最后的演奏机会，但对此刻的我来说，它可能也是一个新的境界。其实，现在一天要认真弹几首曲子我就已经拼尽全力，虽然对那些一直等待我的演奏会的粉丝感到很抱歉，但我确实没有足够的体力来完成一场完整的演奏会了。这次录制的钢琴独奏，会在 2022 年 12 月首先发布一个 60 分钟的 13 首曲目版本，并在 NHK 的节目中简短介绍，之后我们还会把它剪辑成一个包含 20 首曲目的"音乐会电影"版本，并在某个时候公开。可能因为演奏消耗了相当多的能量，在拍摄结束后的一个月左右，我都有些虚弱，身体一直不太舒服。但即便如此，在死之前能够记录下令人满意的演奏，我也十分欣慰。

接下来，我租借了位于涩谷的 Bunkamura 的录音棚，进行了《小提琴和钢琴奏鸣曲》(*Sonate pour violon et piano*, 1971) 和《弦乐四重奏》(*Quatuor à Cordes*, 1972) 的录音。这两部作品分别是我在艺大一年级和二年级修完课程后创作的曲子。它们都很青涩，但既然谱子保存了下来，我便想着要在自己还活着的时候，将它们录制成体面的音源。这两首曲子都非常难演奏，我甚至想不出当年自己是怎么演奏它们的了——如今简直无法驾驭。所以我也拜托了相识的中提琴演奏家安达真理[25]来协助，她帮我召集了日本顶尖的演奏家，花了两天时间完成录音。

我曾表达过对现今艺大学生的不满，然而优秀的人还是非常优秀啊。过去，日本的管弦乐团被认为水准较低，但现在技术已经大大提高，我想已经达到了可以在国外表演也不会觉得丢脸的水准。在现代音乐领域，20世纪60年代，扬尼斯·克塞纳基斯[26]为高桥悠治创作了 *Herma* 这首乐曲，当时它被认为是全世界只有悠治才能演奏的高难度作品，现在已经有几十位钢琴家能演奏它了。《小提琴和钢琴奏鸣曲》与《弦乐四重奏》——50年前我写下的这两首乐曲，现在能够由世界一流水准的年轻演奏家演奏，我真是太幸福了。

《12》

我花了很多时间来回顾《音乐即自由》之后的创作活动，而不知不觉间，也来到了最后一个话题。2023年1月17日，也就是我71岁生日那一天，将发布一张新专辑。在2021年年初的大手术后，结束了漫长的住院生活后的我终于回到了东京的临时住所，那之后身体状况有所好转，我又开始尝试使用合成器。当时我并没有特别想创作什么，只是想沉浸在音乐中。第一次记录是在 3 月 10 日。从那天开始，我会时不时地碰触合成器和钢琴键盘，像记日记一样记录下类似阜图的声音片段。

渐渐地，我也开始考虑将这些音源整理成专辑。于是我挑选出我喜欢的曲子，一共有 12 首。曲名简单明了，就是记录下录音日期的数字，从"20210310"到"20220304"，时间跨度大约为一年。在考虑发行专辑时，需要设计封面。我的伴侣鼓励我去拜托李禹焕老师，但我觉得"这也太冒昧了吧"，因而犹豫了一段时间。自《异步》之后，李老师的确一直是我灵感的重要来源，所以我又思考了一下，决定先把临时混音的音源发给他听听，并问他："如果您从这些音乐中有所体悟的话，是否可以提供您已经发表的作品给我呢？"谁知他竟然很高兴地答应了我的请求，还说："我很愿意为你画新的作品啊！"

正好在我提出请求的 2022 年秋天，位于东京乃木坂的国立新美术馆为庆祝开馆 15 周年，举办了李老师的大规模个展。在休馆日，我特别获准可以观看展览，还由李老师亲自进行作品解说，我们在那里度过了幸福的时光。那时，李老师突然对我说"这幅画送给你"，并递给我了一幅画。我以为这是李老师为专辑封面创作的作品，很感激地收下，细细欣赏。后来李老师联系我，告诉我这不是为了专辑画的，而是"作为个人，想要向坂本君传递一些能量"，我真的很感动。十天后，我又收到了另一幅作品。那是一幅用绿色和红色线条描绘的像河流一般的作品，非常迷人。

这张专辑最初名为"12 sketches"，在伴侣的建议下，我们去掉了"sketches"，只保留了《12》。这个数字的出现纯属偶然，但它正好也象征了我近年来一直关注的"时间"概念。一年有 12 个月，时钟的刻度也是 12，东方文化中也有十二生肖的概念。我们平时使用的是十进制计数法，似乎只有在意识到时间时才会以"十二"为单位计算。最初的古罗马"罗慕路斯历"一年只有 10 个月，后来经过"努马历"的修订才改为 12 个月……虽然事后可以为这张专辑加上诸多解释，但与之前发布的原创专辑不同，这张专辑基本上没有根据固定的概念进行制作。这只是一张把用合成器和钢琴演奏的音源集合而成的唱片，并没有太多特殊意义。但对此刻的我来说，这种没有经过处理的原始音乐，很是惬意。

那么，我的故事到这里就结束了。

Ars longa,vita brevis（艺术千秋，人生朝露）。

1 混合现实（Mixed Reality，以下简称 MR）是一项融合了虚拟现实和增强现实的新兴技术，该技术通过在现实场景呈现虚拟场景信息，在现实世界、虚拟世界和用户之间搭起一个交互反馈的信息回路，以增强用户体验的真实感。

2 《新潮》从 2020 年 1 月 1 日到 12 月 31 日为止的 52 周内，邀请包括坂本龙一在内的日本 52 位文化名人进行日记接力，记录因新冠肺炎疫情而失序的日常生活。最终日记的内容刊登在了 2021 年 3 月出版的杂志上。

3 指奥地利作家弗兰茨·卡夫卡 1925 年出版的小说《审判》，主人公某天突然被捕，却不知道身犯何罪。

4 真锅大度（Daito Manabe），出生于 1976 年，日本新媒体艺术家、程序师、DJ，用艺术和技术双重视角进行创作的创意集团——Rhizomatiks 公司董事。利用虚拟现实等现代技术创作艺术品和互动装置，曾与坂本龙一多次合作。

5 白盒子（White Cube），又称白方空间，指西方现代艺术展览公共空间的模式。

6 黑盒子（Black Cube），与相对更传统的现代艺术空间"白盒子"相对，更偏向于展出数字艺术、装置艺术、视频艺术等新型媒介作品。

7 难波祐子（Sachiko Namba），日本艺术策展人，现任东京艺术大学策展教育研究中心特聘副教授。

8 宫田麻由美（Mayumi Miyata），出生于 1954 年，日本雅乐笙演奏家，现任日本国立音乐大学客座教授。

9 《梦十夜》是日本作家夏目漱石的一个短篇小说系列，主要记述了十个光怪陆离的梦，反映了对爱情、艺术、社会等问题的深刻感悟。

10 《邯郸》是日本能乐的经典剧目，创作于室町时代，取材于中国唐代文学作品《枕中记》中"黄粱一梦"的故事。

11 "机遇操作"（Chance Operation）是美国作曲家约翰·凯奇从 20 世纪 50 年代开始采用的一种偶然性音乐方法，通过使用花瓣、骰子或计算机随机数字表来决定作曲素材和表演形式。

12 Comme des Garçons，日本时装设计师川久保玲的个人服装品牌，始创于 1969 年。

13 "黑杰克"是手冢治虫的漫画《怪医黑杰克》的主角，他没有行医执照，还会索要巨额医疗费，但他高超的手术技巧无人能及。他只按照自身的医学理念行事，对穷苦病人甚至分文不取。作品隐含反讽意味。

14 保罗·大卫·休森（Paul David Hewson），出生于 1960 年，爱尔兰男歌手、音乐家、诗人和社会活动家，爱尔兰摇滚乐队 U2 的主唱兼旋律吉他手。

15 安保相关法案指安倍内阁于 2015 年第 3 次向国会提交的两项法案，即《国际和平支援法案》和《和平安全法制整备法案》，内容包括允许行使集体自卫权，标志着日本战后安全政策的一个重大转变。

16 后藤正文（Masafumi Gotoh），出生于 1976 年，日本作曲家和吉他手，"亚洲功夫世代"（Asian Kung-Fu Generation）乐队主唱。

17 柄谷行人（Kojin Karatani），出生于 1941 年，日本哲学家、思想家、文学家、文艺评论家，其研究跨越哲学、经济、政治及社会等领域。

18 斋藤幸平（Kohei Saito），出生于 1987 年，日本哲学家、经济思想家和马克思主义研究者。2018 年，获得德国马克思主义研究纪念奖。

19 阿尔文·卢西尔（Alvin Lucier，1931—2021），美国实验音乐和声音装置作曲家，康涅狄格州卫斯理大学音乐教授。

20 比企真理,出生于1968年,日本女歌手、摄影师。以"Kahimi Karie"的名义开展活动。

21 吉田一穗(Issui Yoshida,1898—1973),日本大正与昭和时期的诗人、评论家、童话作家。

22 罗贝尔·布列松(Robert Bresson,1901—1999),法国电影导演、编剧。获威尼斯国际电影节终身成就金狮奖、欧洲电影奖终身成就奖。代表作有《钱》《圣女贞德的审判》等。

23 尼古拉·涅夫斯基(Nikolai Nevsky,1892—1937),苏联语言学家,专精于东亚语言,当代西夏语研究的奠基者之一。

24 柳田国男(Kunio Yanagita,1875—1962),日本作家,日本从事民俗学田野调查的第一人,被誉为"日本民俗学之父"。著有《远野物语》《蜗牛考》《桃太郎的诞生》等多部民俗学著作。

25 安达真理(Mari Adachi)出生于1984年,日本女中提琴手。作为独奏家和室内音乐家广泛活跃,2021年任日本爱乐交响乐团客座首席中提琴手。

26 扬尼斯·克塞纳基斯(Iannis Xenakis,1922—2001),希腊裔法国先锋派作曲家、音乐理论家、建筑师和工程师。

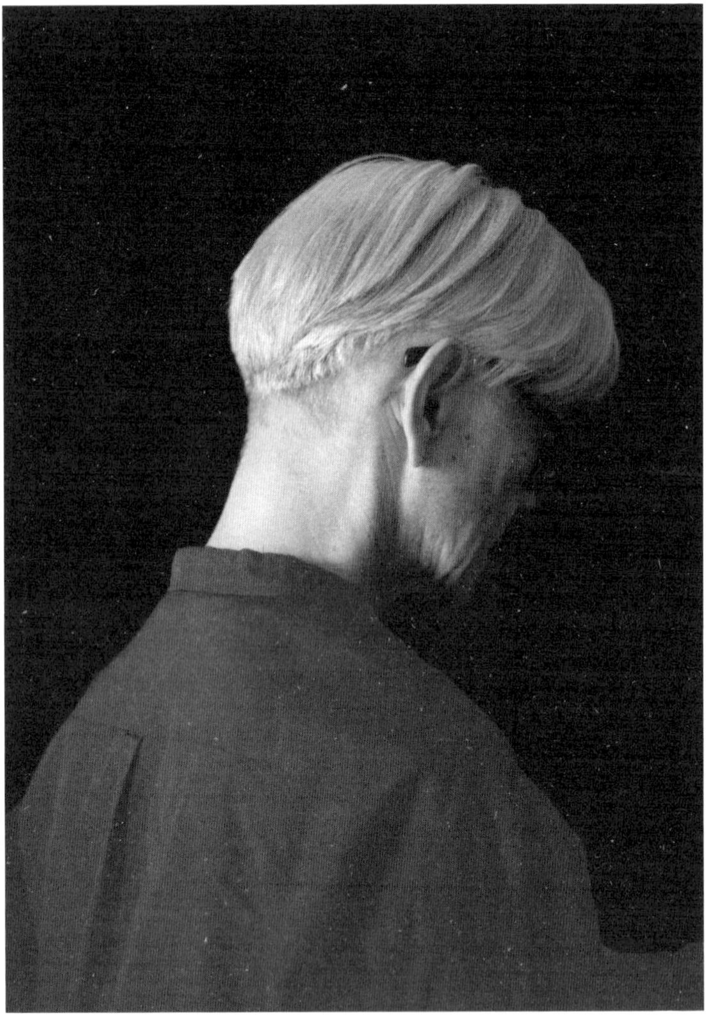

葬礼曲目播放列表

1 阿尔瓦·诺托 *Haliod Xerrox Copy 3*（*Paris*）
2 乔治·德勒吕 *Thème de Camille*
3 恩尼奥·莫里科内 *Romanzo*
4 加布里埃尔·福雷 *La Chanson d'Ève, Op. 95. No. 10, Ô mort, poussière d'etoiles*（演唱：莎拉·康诺莉，演奏：马尔科姆·马尔蒂诺）
5 埃里克·萨蒂 *Gymnopédie No. 1*（*Orch. Debussy*）（指挥：内维尔·马里纳，演奏：圣马丁室内乐团）
6 埃里克·萨蒂 *Le Fils des Étoiles: Prelude du premier acte*（演奏：阿列克谢·波里索维奇·鲁比莫夫）
7 埃里克·萨蒂 *Élégie*（演唱：埃娃·琳德，演奏：让·吕梅尔）
8 克洛德·德彪西 *Preludes/Book 1, L. 117: VI. Des pas sur la neige*（演奏：阿尔图罗·贝内代托·米凯兰杰利）
9 克洛德·德彪西 *Images/Book 2, L. 111: II. Et la lune descend sur le temple qui fut*（演奏：阿尔图罗·贝内代托·米凯兰杰利）
10 克洛德·德彪西 *Le Roi Lear, L. 107: II. Le sommeil de Lear*（演奏：阿兰·普雷内斯）
11 克洛德·德彪西 *String Quartet in G Minor, Op. 10, L. 85: III. Andantino, doucement expressif*（演奏：布达佩斯弦乐四重奏乐团）
12 克洛德·德彪西 *Nocturnes, L. 91: No. 1, Nuages*（指挥：伦纳德·伯恩斯坦，演奏：纽约爱乐乐团）
13 克洛德·德彪西 *La Mer, L. 109: II. Jeux de vagues*（指挥：皮埃尔·布列兹，演奏：克里夫兰交响乐团）
14 多梅尼科·斯卡拉蒂 *Sonata in B Minor, K.87*（演奏：弗拉基米尔·霍洛维茨）
15 J. S. 巴赫 *Matthaus-Passion, BWV 244, Pt. 2: No. 63, Choral: "O Haupt voll Blut und Wunden"*（指挥：威廉·富特文格勒，演唱：维也纳新学院合唱团，演奏：维也纳爱乐乐团）
16 乔治·弗里德里希·亨德尔 *Suite in D Minor, HWV 437: III. Sarabaud*（指挥：卡罗尔·泰乌奇，演奏：弗罗茨瓦夫室内乐团）
17 丽兹·高蒂 *A Paris dans Chaque Faubourg*
18 尼诺·罗塔 *La Strada*
19 尼诺·罗塔 *La Plage*
20 莫里斯·拉威尔 *Menuet sur le Nom d'Haydn, M. 58*（演奏：瓦尔多·佩勒姆特）
21 莫里斯·拉威尔 *Sonatine, M. 40: II. Mouvement de menuet*（演奏：安妮·奎佛莱克）
22 比尔·埃文斯三重奏 *Time Remembered-Live*
23 武满彻《地平线上的多里亚》（指挥：小泽征尔，演奏：多伦多交响乐团）
24 J. S. 巴赫 *Das alte Jahr vergangen ist, BWV 614*（指挥：佐尔坦·科奇什，演奏：库塔格·捷尔吉、玛塔·捷尔吉、匈牙利国家爱乐乐团）
25 J. S. 巴赫 *Chorale Prelude BWV 639, "Ich ruf zu dir, Herr"*（演奏：塔蒂亚娜·尼古拉耶娃）
26 J. S. 巴赫 *Musical Offering, BWV 1079-Ed. Marriner: Canones diversi: Canon 5 a 2 (per tonos)*（指挥：内维尔·马里纳，演奏：伊欧娜·布朗、斯蒂芬·辛格尔斯、丹尼斯·维杰伊、圣马丁室内乐团）
27 J. S. 巴赫 *Sinfonia No. 9 in F Minor, BWV 795*（演奏：格伦·古尔德）
28 J. S. 巴赫 *The Art of the Fugue, BWV 1080: Contrapunctus XIV*（*Fuga a 3 soggetti*）（演奏：格伦·古尔德）
29 J. S. 巴赫 *Die Kunst der Fuge, BWV 1080: I. Contrapunctus 1*（演奏：SIT FAST 乐团）
30 J. S. 巴赫 *Die Kunst der Fuge, BWV 1080: XI. Fuga a 3 sogetti*（演奏：SIT FAST 乐团）
31 尼诺·罗塔 *Mongibello*
32 大卫·西尔文 *Orpheus*
33 芳雷尔·海洛 *Breath*

（以上曲目于葬礼上播放）

代后记

铃木正文

1

我最后一次见到坂本龙一先生是 2023 年 3 月 8 日，当时还不知道这将是最后一面。在 20 天之后，也就是 3 月 28 日凌晨，坂本先生离开了人世。

3 月 8 日的前一晚正是满月。

我想着第二天就要和坂本先生见面，抬头望向东京市中心晴朗的夜空，那是一轮灿烂的满月。我那时在想，还没去买镶嵌着月相的腕表啊。

这本书的原型是《新潮》杂志的连载《我还能看到多少次满月升起》，连载开始于 2022 年 6 月 7 日发售的 2022 年 7 月刊，结束于 2023 年 1 月 7 日发售的同年 2 月刊，一共有 8 回。最后一次连载的采访是在 2022 年 10 月 12 日进行的，第一次则是在同年的 2 月 2 日。

前一年，也就是 2021 年 12 月 23 日，在新冠肺炎疫情仍在蔓延的背景下，对此仿佛置若罔闻的涩谷"再开发"工程近乎暴力般地进行着，六位与连载相关的人员，聚在了涩谷车站附近刚完工的高层酒店的大堂包厢里——这也是为讨论连载事宜进行的首次会面。与会的六人，包括常年担任坂本先生经纪人的两位、《新潮》的总编辑矢野优和同编辑部的杉山达哉、在《妇人画报》杂志上持续更新坂本先生"现况"的编辑伊藤综研，以及在 2009 年坂本先生出版的"首部正式自传"《音乐即自由》中担任采访者的我。也正是在这次会面中,我们决定延续《音乐即自由》的形式,在《新潮》杂志上进行坂本龙一先生自述"自传续篇"的连载,由我继续担任采访者。

运营坂本先生为日本设立的音乐厂牌的唱片公司爱贝克思宣布,2021年1月21日,坂本先生接受了直肠癌手术,手术很成功,坂本先生也表示"今后将在接受治疗的同时竭尽所能地继续工作"等,并公开了坂本先生本人的声明:"希望接下来我还能再做一点音乐创作,感谢各位一如既往的陪伴。"所以,当时在场的每一位编辑,都知道坂本先生正在与疾病抗争,但他那句话里字斟句酌的"再做一点"所隐含的严重事态,以及他在所处事态中的毅然决然,我们都无从知晓。

2021年1月坂本先生经历的那场困难重重的手术,持续了大约20个小时,之后他还经历了与疾病的艰难斗争和手术——在那次会面时,我们得知了这一切。这些信息,在本书的开头和书中都随处可见,而坂本先生的经纪人还说,尤其是在1月经历过大手术之后,坂本先生身心都受到了重创,他在病房里突然喃喃自语:"我还能看到多少次满月升起呢?"这句话也是坂本先生担任原声音乐创作的电影《遮蔽的天空》的结尾,原作者保罗·鲍尔斯登场时,如旁白般念出的一段话中的一句。

这句"喃喃自语",成为连载和本书的标题。这句话一说出口,便深深地打动了我们的心。

电影中的鲍尔斯,在摩洛哥郊外的咖啡店里,问徘徊进店里的德博拉·温格[1]扮演的女主人公基特:"你迷路了吗?"基特回答"是的",鲍尔斯便如朗读般说出了1949年出版的原作同名小说中的这段话:

Because we don't know when we will die, we get to think of life as an inexhaustible well. Yet everything happens only a certain number of times, and a very small number really. How many more times will you remember a certain afternoon of your childhood, some afternoon that's so deeply a part of your being that you can't even conceive of your life without it? Perhaps four or five times more. Perhaps not even that. How many more times will you watch the full moon rise? Perhaps twenty. And yet it all seems limitless.

> 因为不知死何时将至，我们仍将生命视为无穷无尽、取之不竭的源泉。然而，一生所遇之事也许就只发生那么几次。曾经左右过我们人生的童年回忆浮现在心头的时刻还能有多少次呢？也许还能有四五次。目睹满月升起的时刻又还能有多少次呢？或许最多还能有二十次。但人们总是深信这些机会将无穷无尽。[2]

坂本先生在东京的病房里踟蹰，反复回味着鲍尔斯的这段话。

他凝视着升起照耀夜空的满月与赐予白昼明艳蓝天的太阳，护佑着我们的这一层薄薄的"遮蔽的天空"的另一侧，那蔓延的黑暗——

2021年1月的满月是在29日升起的。那是在他手术之后。记录中那日天朗气清。如果从那天起到2023年3月7日的所有满月之夜都算上，东京都天气晴朗的话，理论上坂本先生有27次看到满月的机会。而现实中，他看到了多少次呢——

不管怎样，在坂本先生最后一次看到满月那晚的次日，我去了东京市中心的酒店拜访他。我们约定的时间是下午两点半。

2

坂本先生用手写，用电脑或者iPhone录入的形式，记录了许多类似于备忘录的日记。在坂本先生去世一个月后，我从他的遗属手中拿到了这些日记的打印件。

从"20210131"（2021年1月31日）到"20220923"（2022年9月23日）的这段日子里，有17天的记录。

最开始的记录是"20210131"（2021年1月31日）。是他在经历大手术后，频繁地被术后谵妄幻觉困扰的时期。他在病房中留下了两段文字。一条是"在这种状态下，我的感受是什么？我的思想是什么？我的音乐是什么？"的自问。另一条则是"什么都没有，什么声音也听不到。什么话也不想说"的虚无独白。

浮游和穿梭于混沌与清明的意识之间，坂本先生仍不忘予自己以康德式的"意识到自我之我"的质问，并将其作为文本加以对象化。他那明晰的头脑在如此残酷的病痛之中依然在运行，并生动地活动着——这不禁让我动容。

在五天之后的2月5日（20210205），有两段具有音乐性的记录。一条是"光与影的细微变化"，另一条是"无论在多么丑陋的都市里，无论在多么美丽的自然中，世界最美的时刻是拂晓"。

从位于东京市中心的医院——很可能是从位于高层的医院病房窗户望出去，坂本先生被"光与影的细微变化"，以及变成了"丑陋的都市"的东京的医院窗户望去也能感受到的美丽"冬日拂晓"触动了心弦。无论是"光与影的细微变化"还是"美丽的拂晓"，都是在空间中发生的世象。但从另一个角度来看，它们又让人意识到在空间内流动的时间。也就是说，它们也是一种时间意识。如果说音乐是时间的艺术，在那里，还散落着音乐性意识的碎片。

接着，在两天后的2月7日（20210207）的日记里，音乐的具体曲名登场了。

最开始的记录是"Roy Clark *Yesterday When I Was Young*"，然后是"*La Strada*"，还有"*My Mister* Sondia"，最后是"*Verdi è morto*"——在这四首曲名之后，还有一句记录："最后在BB的脑海里出现的音乐是什么呢？"

在本书第18页，记录了坂本先生偶然听到美国乡村歌手罗伊·克拉克演唱的《昨日当我年少轻狂》时的感受，在这里就不再赘述。而要对另外 3 首曲子做注解的话——它们都是和电影（或电视剧）有关的曲子。*La Strada* 是费德里科·费里尼导演的电影《大路》的同名主题曲，由尼诺·罗塔创作；*My Mister* 则是韩国电视剧《我的大叔》（2018）中歌手 Sondia 演唱的电视剧原声音乐中的曲目《大人》；*Verdi è morto* 是贝尔纳多·贝托鲁奇执导的电影大作《1900》（1976）的原声音乐中，由恩尼奥·莫里科内[3]创作的作品。而那句"最后在 BB……"中的"BB"指的就是贝尔纳多·贝托鲁奇。

1987 年的《末代皇帝》、1990 年的《遮蔽的天空》，以及 1993 年的《小活佛》——坂本先生通过参与贝托鲁奇的这些作品与其结下了深厚的友谊。而 77 岁的贝托鲁奇于 2018 年在罗马的家中因癌症去世。BB 去世前脑海中闪过的音乐，又是否与坂本先生本人对音乐的念想重叠了呢——

在坂本先生最后的生日——2023 年 1 月 17 日那天发售的《12》，是他生前最后一张原创音乐专辑。在收录的乐曲中，日期最早的是"20210310"，这一标题意味着这首曲子是 2021 年 3 月 10 日创作的。2 月 7 日之后大约一个月，坂本先生演奏的合成器里便流淌出了这首飘荡着太空氛围的曲子。从大手术中生还仅 2 个月后，坂本先生夺回了属于他的音乐。这事实如此珍贵！

下面请让我按日记的日期顺序，不带任何评论地介绍 17 则记录中剩下的 14 则。我想大家或许能够从中一窥他在最后的日子里的心路历程吧——

* * *

（20210512）在过去，人出生的时候，周围的人们会欢笑，人死去的时候，周围的人们会哭泣。未来，生命与存在将被更加轻视。生命将越来越容易成为被操纵的对象。在目睹这样的世界之前死去，是一件幸福的事。

（20210731）狂热地追逐更高、更快的竞赛，与（日本的）优生思想极其相近。我们应该追求的不是这样的社会。

（20211028）**（在笔记本上手写的）** 预见人类的灭亡和自己的死而作曲。/ 想看一些、读一些极其激烈的东西，一些能深深刺痛心灵的东西。正在读（坂口）安吾。他的作品蕴含有力的部分，但还不够。/ 想看米开朗琪罗的西斯廷教堂。

（20211121）打破障壁！

（20211221）听莫扎特来恢复音乐的平衡感。与此同时，也觉得莫扎特的音乐有种遥远的违和感。就是，好——远啊。但也感觉这就是音乐的基础。

（20211224）此刻，想听什么？

（20211227）当大家的自我消失的时候，才能演奏好的音乐。

（20220129）看着夕阳，注意到了云在缓慢地移动。此刻的东京，有几个人在看着这一幕呢？/ 云的移动像是没有声音的音乐。

（20220320）对我来说，音乐就是通往山顶道上的茶屋。/ 不管有多累，只要看到它，就会加快脚步，吃了饭团登山的后半程也能精神抖擞啊。

（20220321）第九（交响曲）既野蛮又高贵。

（20220418）事已至此，已经有了接受任何命运的准备。

（20220616）回纽约 / 不眠之夜 / 美丽的早晨

（20220807）《祖与占》太棒了！让人想读纪尧姆·阿波利奈尔的小说。同时也想读《徒然草》。

（20220923）我没有旧书就会活不下去。/ 我还喜欢防护栏。

当我像这样抄写着这些日记，有种难以言喻的感情涌上心头……

此外,在撰写代后记的过程中,坂本先生的遗属向我提供了他从 2022 年 10 月到最后的最后的 3 月 26 日的"日记"中,可以公开发表的部分。下面是从这一部分挑选出来的记录。

* * *

（20221011）活着好麻烦
（20221115）夜晚、丧失、兴奋、混淆
（20221224）写好了给 SUGA 的曲子 / 看贾木许[4]的《帕特森》/ 对弗兰克·奥哈拉和威廉·卡洛斯·威廉姆斯感兴趣
（20230101）马雅科夫斯基[5]的想象力非同寻常
（20230117）71 岁,又多活了一年吗？……/ 阅读井筒俊彦
（20230218）观看 NHK 幸宏（纪念节目）的录像 / 可恶！Rydeen[6] 不就听起来像一首悲伤的曲子了吗?
（20230221）和李（禹焕）老师通了电话,他让我调整呼吸
（20230306）参加奥斯卡金像奖的投票
（20230311）"3·11"东日本大地震的大灾难过去 12 年了 / 发电的方法有很多 / 在其中选择最危险、最不完善的核电是愚蠢的
（20230316）音乐　满月
（20230324）没有精力
（20230326）0545 体温 36.7 度 / 血压 115-80mmHg/ 血氧饱和度 97%

3

让我把话题拉回 2023 年 3 月 8 日下午两点半。

这是 2022 年 10 月 12 日为《新潮》连载对坂本先生进行最后一次采访之后，我再次见到他，地点是在东京市中心一家酒店的房间里。

起因是伊藤综研在 2023 年 2 月发给我的电子邮件。邮件中写道，他希望能再记录一次我与坂本先生的对谈。

伊藤担任了从 2018 年至 2022 年在《妇人画报》上连载了 36 期的专栏《坂本图书》的编辑。当时，他正在与坂本先生方面商量将这些专栏文章结集成书。然而，仅仅使用连载时的稿件并不足够制作一本书，所以他希望我和坂本先生以他在连载结束后到现在为止的阅读生活为内容进行对谈，并将对谈内容作为追加策划放入书中。

另一方面，我在 2 月 8 日收到了坂本先生的一封邮件。

在 "您近来可好？" 的问候之后，他写道："您读过永井荷风[7]的《晴日木屐》吗？这是荷风在大正三年至四年间写下的东京市内漫步记，也是一本哀悼已经消逝或行将消逝的东京的书。书中缅怀了我们未曾见过的过去的东京。"

我没有读过《晴日木屐》，急忙在亚马逊上购买并迅速地读完了这本书，然后通过邮件将我的感想发给了坂本先生。此后的一段时间里，我们之间的邮件往来涉及荷风的老师森鸥外，以及在鸥外曾经居住的东京千驮木 "观潮楼" 应该能眺望到的过去的东京湾等内容。也许这些邮件往来也为这次对谈策划提供了灵感。

不论这次 "对谈" 是否成型，我想，了解坂本先生最新的阅读经验对读者来说都是很有益的。比起一位对话对象，我更像是一位采访者吧——怀着这样的想法，我答应了伊藤的委托。与坂本先生再次见面和对话的机会就这么幸运地突然出现了。

阔别 5 个月的坂本先生，两边的鼻孔插着透明的导管，静静地坐在酒店房间里的沙发上。他的样子，诉说着他的身体正处于缺氧状态。进到房间里的我和伊藤，谁都没有提起插管的事情，各自向坂本先生 "如常" 打了招呼。

坂本先生比之前见到的时候仿佛又瘦了一些，他用温和的笑容回应了我们的问候，并示意我们坐下。

坂本先生说话的声音，在最初的几分钟里有一些喑哑，但他的语调一直很平稳，发音清晰，声量也逐渐变大。而且有时候，他在思索该用什么表达方式时的眼光，闪烁着知性的光芒，他的敏锐让人心生敬畏。我们在房间里度过了两个多小时，坂本先生不仅谈论了他最近阅读的书和其中引起他兴趣的内容，并满怀喜悦地讲述了他与旧书相伴度过的幸福时光，听他讲述这些，我们也深深地感到满足。

关于当时谈论的具体内容，我想这可以交由今后会出版的《坂本图书》来说明。但我想在这里不妨介绍一下，我早先听说的"最近几年，教授一直视若珍宝般阅读的书籍"——这 10 本书的书名和作者信息如下。并非所有的书籍都在那天的谈话中提及，但我想如果要想象坂本先生在最后的日子里的阅读生活和精神状态，这也许能成为一个线索——

> 《意识与本质》（井筒俊彦 著）、《老子道德经》（井筒俊彦译）、《庄子》（"中国思想Ⅶ"，松枝茂夫、竹内好 监修，岸阳子译）、《夷斋风雅》（石川淳 著）、《行人》（夏目漱石 著）、《晴日木屐》（永井荷风 著）、《无门关》（西村惠信 译注）、《默示》（富泽赤黄男 著）、《鸥外近代小说集（第二卷）》（森鸥外译）、《不合理故我信》（埴谷雄高 著）

这是多么旺盛的精神活动啊！

我们离开的时候，已经是下午 5 点了。坂本先生坐在我们来时见到他的那个沙发的同一个位置，以发自内心的天真无邪笑容，向要离开的我们挥手告别。在关门回头时，我看到他还在向我们挥手。那是我看到坂本先生的最后一眼。

那天晚上，一封邮件出现在了我的"收件箱"中。

Su 桑，

今天谢谢您。
一如既往地非常愉快。
希望有机会务必再见面。

坂本龙一

坂本先生总是叫我"Su 桑"，这是我们之间的习惯。收到邮件的时间是晚上 9 点 34 分。在收到这封邮件大约两个小时后，晚上 11 点 46 分，我又收到了另外一封邮件。内容如下：

Su 桑，

刚才忘了跟您说，俳人富泽赤黄男的代表作是，
"蝴蝶坠落，其声轰隆，冰冻之时"。
我觉得很了不起。
让我很震惊。

坂本龙一

这是我收到的来自他的最后一封邮件。20 天之后，不是蝴蝶，而是坂本先生坠落了。

4

　　这本书的原型——《新潮》杂志上的同名连载的最后一回,由坂本先生本人完成校正的时间是 2022 年 12 月 13 日。当时坂本先生因为癌症以外的病而住院,入院时间是 12 月 12 日。

　　那天早上坂本先生的身体状况还不错。当时他正在为 2023 年 1 月 17 日 71 岁生日当天发售的第 17 张个人专辑《12》进行 360 度沉浸式音响的混音,前往位于东京港区乃木坂的索尼录音棚内确认音效,这也是他久违的外出工作行程。在录音棚内,坂本先生仔细确认了混音的音效,还吃了江米条和米饼,在下午 3 点精神饱满地回了家。

　　可是之后,坂本先生却因为腹痛异常,在傍晚时紧急住院。原因是溃疡引发十二指肠穿孔,导致了腹膜炎。也就是说,他承受着足够引发十二指肠穿孔的精神压力。坂本先生进行了手术,幸运的是,他以奇迹般的速度康复,于 12 月 15 日出院。出院后,他还需要继续进行病情的相关检查、持续工作以及参与家庭的活动,加上 12 月是繁忙的年尾时节,听说他的事务一直没有停歇。

　　2022 年年尾,坂本先生按照他的习惯,举家出游去伊豆温泉住了 3 个晚上。我希望他度过了最后的美好年尾时光。

　　然而,新年伊始的 1 月 2 日,坂本先生患上了肺炎。恰巧在除夕夜,他刚得知从 YMO 时代开始就与他心灵相通的好友高桥幸宏也罹患了严重的肺炎。他那时还喃喃自语:"谁会先走一步呢?"

　　1 月 11 日,坂本先生第一时间收到了高桥幸宏去世的消息。他大声说道:"幸宏,抱歉啊。我会再努力一下。"

　　从前一年开始,坂本先生就曾多次计划去探望高桥幸宏,但每次都因为其中一方恰好身体不适,最终未能相聚,只能遗憾地错过了道别的日子。坂本先生这句"再努力一下"的话语背后,是他对这个时期经由熟人介绍得知的免疫疗法的期望。1月13日首次接受免疫治疗时,坂本先生注视着医生的脸,说:"我感觉到了极大的希望。"在14日的"日记"里,他写道:"我觉得自己又能活过来了,这让我兴奋不已,整晚都睡不着。"

尽管如此,坂本先生的肺部状况仍未改善,呼吸也变得困难起来。他开始使用吸氧装置。在家里的时候,他的鼻子会一直插着氧气管,但据说身体依然保持了稳定的状况。并且在1月30日,他实现了他的愿望,品尝了"THE ARAKI"的寿司。

"THE ARAKI"的主人是荒木水都弘,该店2010年在东京都的银座区开业后,连续三年获得米其林三星。2014年,荒木水都弘将寿司店搬至英国伦敦,在那里再次获得米其林三星,2019年他将伦敦的店铺转交给弟子,随后在中国香港开设了新的寿司店。坂本先生非常尊敬荒木水都弘,甚至在荒木于伦敦开店时送给他吧台的一整块木板作为礼物。据说,坂本先生曾说:"在死之前,我想再品尝一次'THE ARAKI'的寿司。"而荒木联络他说:"如果坂本先生还能品尝的话,我想亲自为您握寿司。"荒木为了坂本先生临时租借了店铺,并在1月30日特别为他握了寿司。

说着"稍微少一点吧",坂本先生吃完了一整份寿司。这是他最后一次外出用餐。

5

到了2023年2月,坂本先生佩戴氧气吸入插管变成了常态,加上在接受了肝脏转移的癌细胞切除手术后,还需要插一根管子来抽取伤口的脓液。因此他身上插着几根管子,一直以横卧的方式躺着,持续了很长一段时间。尽管如此,他仍积极地观看电影、阅读书籍,还持续接受着免疫疗法。

在此期间,坂本先生仍然在继续着手处理之前承诺的工作。作为"109

Cinema Premium 新宿"电影院的音乐总监,为了检查音响环境,他还去理发、购买轮椅等,为外出做好了准备。在我们见面的 3 月 8 日那天之前,或许归功于免疫疗法的效果,他的肿瘤标志物的检测数值有很大程度的下降,他开始看到了一丝能逐渐成功控制癌症的希望。尽管如此,他的身体还是无可否认地逐渐虚弱下来,免疫疗法也无法阻止他日渐消瘦的趋势。

在这种情况下,他依然坚持做着他认为应该去做的事情。

关于东京都在 2 月批准的明治神宫外苑地区的"再开发"计划[8],他给东京都知事小池百合子等人写了一封信。在信中,他写道:"我们不能为了眼前的经济利益,而牺牲先人花了百年时间守护培育起来的珍贵树木。"他要求重新审视"再开发"计划。

尽管东京都政府在 2 月 28 日下发了一部分树木的砍伐许可,坂本先生仍于 3 月 3 日寄出了信件,在 3 月 17 日的例行记者发布会上,媒体确认了小池知事收到坂本先生的信件,并开始报道明治神宫外苑"再开发"计划将导致的问题。根据东京都政府的计划,超过 3 000 棵百年树龄的树木将被砍伐。尽管其中的一部分会被移植,也会有新的树木被再次种植,但这区域将新建超高层和高层的商业设施,曾经经受历史风霜、有着独特风情的明治神宫球场和秩父宫橄榄球场将被拆除并重建。另外,曾经对所有人开放的软式棒球场、击球中心、高尔夫练习场等公共设施也将消失,取而代之的是具有排他性的会员制网球俱乐部。面对这种对历史的抹杀,作为《晴日木屐》的忠实读者和环境保护活动家,坂本先生无法保持沉默。

与此同时,坂本先生还为大友良英与小山田圭吾在 4 月 8 日东京御茶水举行的现场即兴演奏会(演奏会已经举行)创作了音源。这也是他出于对这两位的友谊和尊重之情进行的创作。

2022 年 11 月,为了庆祝坂本先生的 70 岁生日而策划的纪念专辑 *A Tribute to Ryuichi Sakamoto-To the Moon and Back* 发售,这张 CD 收录的是世界各地敬爱坂本先生的艺术家们对他作品的精选和"重新演绎"。小山田、大友、阿尔瓦·诺托、大卫·西尔文和克里斯蒂安·芬奈斯等人一起参与其中。另外，在坂本先生治疗癌症期间，两个月播出一次的电台节目 *Radio Sakamoto* 以每次更换代理主播的形式播出，2023 年 1 月 1 日 24 点开始播出的节目则由小山田代任主持，大友作为嘉宾出演。

我想在这里还有一件需要提及的事情。小山田因涉及其在小学时对一位有智力障碍的转学生实施"霸凌"，引发了包括一部分错误报道在内的舆论风波，小山田因此辞去了东京奥运会开幕式相关的音乐创作工作，并对当年的事件进行诚挚道歉，之后又发了声明——在这一系列风波后，坂本先生提供了这首音源作品，也可以当作他对小山田未来的活动寄予的期望。或许是坂本先生强烈预感到了死神的脚步在逐渐逼近，所以他无法对小山田身陷困境一事置之不理吧。

总之，坂本先生在 3 月 14 日、15 日、16 日连续工作了三天，录制了 20 分钟的作品，于 16 日将音源托付给了小山田与大友。告诉他们："可以用，也可以不用。要用的话，你们可以随意剪辑，怎么样都可以，你们来决定就好啦。"这成为坂本先生制作的最后一条音源。

接下来，3 月 17 日，他去接受免疫疗法的治疗，并确认了身体状况的数值有所改善。

问题出现在了 3 月 19 日，坂本先生在家中吃过晚饭正常入睡后，到了深夜，他感觉呼吸困难，根据医生的指示被紧急送往医院。

这次的原因是气胸。在立即接受治疗后，坂本先生呼吸困难的症状得到了缓解。他在 3 月 20 日的"日记"中，以不乏轻松幽默的笔法，回顾了从深夜突发急症到送往医院后通过治疗获救的过程：

> 大约在凌晨 1 点，呼吸开始逐渐变得困难，大汗淋漓。身体非常热。测血氧饱和度时只有 60% 到 70%。我渐渐地开始无法呼吸。叫了救护车。被送到了急诊室。拍了 X 光片，做了 CT。被诊断为

气胸,肺部开了一个洞,导致漏气。进行了紧急治疗,在胸部打了个洞,把空气都释放出去。然后上了引流管,取出积液。打了洞之后,马上呼吸困难的症状就变轻了。又捡回来一条命。我浑身上下都是洞啊。

幸运的是,那之后他的身体状况在几天里都还算稳定。但到了3月23日,坂本先生说着"拜托了,请你们过来陪陪我吧",开始申请了家人陪护。医生也知道他的肺部状况不好,同意了家人的陪护。

而在此期间,坂本先生担任代表与音乐总监的日本东北青年管弦乐团的公演连续于3月21日的岩手、23日的福岛、24日的宫城和26日的东京举行,坂本先生在病房里观看了演出所有的直播,并根据需要在乐团彩排时进行了远程指导。他打着点滴,使用着即时通信软件——

那是3月26日东京场次的公演,坂本先生躺在床上,用手机实时观看时发生的事情。

伴随着日本东北青年管弦乐团演奏的 *Kizuna World*,吉永小百合开始朗诵宫城县的菊田心写下的名为《谢谢》的诗歌——"3·11"东日本大地震时,菊田还是小学五年级的学生。坂本先生像挥动看不见的指挥棒那样,躺在那里,举起右手在空中划动。诗篇开始了,"感谢文具/铅笔、直尺、指南针,我会珍惜地使用",少年怀着感恩之情表达了对来自日本全国各地的援助礼物的感谢之辞。像是"花束""团扇""鞋子""饼干""参考书""图书卡""炒面""教室里的风扇""鼓励的话语"等,一句一句地对它们说着"谢谢"。最后,诗篇以这句话结尾:"最后/谢谢你找到了我的爷爷/我可以和他永别了。"当"最后……"开始时,配合着曲子指挥着的坂本先生的右手停了下来,在吉永小百合读到"我可以和他永别了"这句时,他的手放在左胸上,他说着"真好啊……真放不下啊",泣不成声,大声地恸哭着。这可能是坂本先生最后"指挥"的音乐——

3月25日和26日,他还在进行着另外一项"工作"。2021年在中国北京的木木美术馆曾经展出坂本先生过去30多年的艺术作品和声音装置,2023年7月末,这项大型展览将在延展后,于中国成都市再次展出——为此他与高谷史郎通过远程会议的形式进行了讨论。

坂本龙一先生的生命消逝在了3月28日凌晨。尽管他并不知道精确的时间,但他意识到了自己剩下的时间已经非常有限,而或许正是因为意识到这一点,他毫不吝惜地把他最后的生之能量投入这些事情中,而并非单纯地去维系自己的生命。不,也许这些事情正是为了维系他的生命吧。

6

所谓的"姑息性治疗"[9]是从3月25日开始的。在那一天的上午,坂本先生与每一位主治医生挨个握手,并表示感谢说:"真的非常感谢您的照顾。"他以温和的口吻补充道:"我想治疗到这个程度就可以结束了,拜托您了。"

此外,他还确认了未来将在某个时刻发生的——他的葬礼上播放的曲目列表。其实之前已经挑选了曲目列表,但他在聆听时会说"啊,这首曲子不行啊",然后更换。他那坚定而明确的意志依然存在。

另外,病床前墙上的装饰画在3月27日,按照坂本先生本人的意愿,被替换为李禹焕老师为专辑《12》绘制的原画。合适的东西,被放置在了合适的位置上,一切都归位了。

根据坂本先生本人的意愿,"姑息性治疗"开始了。我想起了坂本先生曾经满怀共鸣讲述的一些故事——

1995年11月,当时70岁的吉尔·德勒兹[10],长期饱受哮喘之苦,依赖吸氧机维持生命,在他的身体已经无法支撑其再继续工作时,他选择了结束自己的生命，从巴黎的公寓窗户一跃而下。还有 91 岁的让-吕克·戈达尔，于 2022 年 9 月，据说在瑞士自杀协助组织"解脱"（Exit）的帮助下，在有清晰的意识，但忍受着身体的剧痛和显著体力衰竭、无法正常行走的状态下，自行服用致命药物，并对守护在一旁说着"一路平安！"的妻子、朋友以及护士说着"谢谢你们实现了我最后的愿望"，离开了人世。这两位先生结束自己生命的方式，与坂本先生当天的行为重叠在了一起……

7

坂本龙一先生于 2023 年 3 月 28 日凌晨 4 点 32 分停止呼吸，结束了他 71 年的生涯。他的一位家人说，他活了别人的 3 倍——坂本先生活着的时间，虽然是 71 年，但他度过的岁月是如此丰盛，所以说享年不是 71 岁而是 210 岁也不为过吧……

然而，71 年说短真的太短。但这 71 年不是线性的时间，它是多线的、复杂交织而成的时间。这些多线的时间一起构成了这奔涌的 71 年。

最后，我想写下一些我的想法。
坂本先生是无言之物——无法拥有言语的事物的言语。他是无音之物——无法发出声音的事物的声音。他是无法成为音乐之事物的音乐，他亦是倾听无声之物，令物品言说之人。他是将自由赋予不知何为自由的人的自在之人。并且，我认为是这种自由让他成为音乐家。因为，音乐即自由——
而这样的坂本先生已不在人世。

那么，就让我们来成为"坂本龙一"吧。

就像坂本先生的身体里，寄宿着巴赫、德彪西、塔可夫斯基、武满彻、贝托鲁奇、德勒兹、戈达尔那样，更进一步说，就像他的身体里，寄宿着纹丝不动、静静凝视着拂晓时分的日出的太古原始人——像无法言语的人类诞生之前的灵魂那样，在我们每一个人的身体里，也一定存在着某时某刻某地的"坂本龙一"。那么，我们内部的"坂本龙一"，可以（以我们自己的方式）成为现实的存在。若如此，"坂本龙一"将超越 210 年，继续活下去吧。

2023 年 5 月 15 日

1 德博拉·温格（Debra Winger），出生于 1955 年，美国演员。1984 年因在《母女情深》中的精彩表现获奥斯卡金像奖最佳女主角提名。代表作有《遮蔽的天空》。

2 原书中这段话由铃木正文从英语翻译成日语。

3 恩尼奥·莫里科内（Ennio Morricone，1928—2020），意大利作曲家、电影配乐大师，曾为超过 400 部电影创作配乐。2007 年获得奥斯卡金像奖终身成就奖。

4 吉姆·贾木许（Jim Jarmusch），出生于 1953 年，美国导演、编剧、演员，代表作《帕特森》获第 69 届戛纳国际电影节金棕榈奖提名。

5 马雅科夫斯基（1893—1930），苏联诗人，代表作有长诗《穿裤子的云》等。

6 YMO 乐队 1980 年发表的第二首单曲，是乐队的代表作之一，由高桥幸宏作曲。

7 永井荷风（1879—1959），日本小说家、散文家，也是日本唯美派文学代表作家。代表作有《地狱之花》《晴日木屐》等。

8 据 NHK 报道，明治神宫外苑位于东京都新宿区，计划由开发商重新建造神宫棒球场、秩父宫橄榄球场等设施，工程已经从 3 月下旬开始。由于这个"再开发"计划，周边的树木也成了砍伐对象，因此引发了居民的强烈反对。

9 姑息性治疗，是指对无法根治的晚期恶性肿瘤进行的以缓解症状、减轻痛苦为目的的治疗。

10 吉尔·德勒兹（Gilles Deleuze，1925—1995），法国最著名的后现代主义哲学家之一，以创造众多富有洞见的哲学新概念著称，对形而上学和艺术哲学有独特贡献。代表作有《差异与重复》《资本主义与精神分裂》（与费利克斯·加塔利合著）。

年表

2009

2月,出版回顾到57岁为止人生活动轨迹的自传《音乐即自由》。3月,发行前作 Chasm 暌违5年后的个人原创专辑 Out of Noise,并举行"Ryuichi Sakamoto Playing the Piano 2009"日本全国巡回钢琴独奏会。7月,获得法国政府授予的艺术与文学军官勋章。10月举行欧洲巡回演奏会。12月,发行《格伦·古尔德:坂本龙一选曲(巴赫篇)》。担任电影原声音乐创作的施林·奈沙导演的电影《没有男人的女人》(Women Without Men)上映。

2010

1月,母亲坂本敬子去世。3月,获得日本文化厅艺术选奖文部科学大臣奖(大众艺能部门)。4月起 NHK 教育频道《Schola:坂本龙一音乐学校》第1季正式播出,到2014年为止该节目持续播出了4季。4月,《筝与管弦乐团的协奏曲》举行全球首演。5月,出版与中泽新一共同执笔的《绳文圣地巡礼》。7月,与浅田彰、渡边守章、高谷史郎共同创作的《马拉美计划:为21世纪的虚拟剧场而作》在京都艺术剧场春秋座上演。10月到11月举行"Ryuichi

Sakamoto: Playing the Piano North America Tour 2010"北美巡回演奏会。11 月，与大贯妙子合作专辑 *UTAU*。11 月到 12 月举行"A Project of Taeko Onuki & Ryuichi Sakamoto UTAU Tour 2010"巡回演奏会。12 月，出版与高谷史郎共同执笔的 *LIFE-TEXT*。

2011

1 月，在韩国举行"Ryuichi Sakamoto | Playing the Piano in Seoul/Korea 2011"演奏会。3 月 11 日，在电影《一命》原声音乐的录制过程中，发生了"3·11"东日本大地震。4 月，成立了地震灾区支援项目"LIFE311"，之后启动参与型灾区支援项目"kizunaworld.org"，并发起了为支援灾区进行乐器相关复兴活动的"儿童音乐再生基金会"。5 月到 6 月，举行"Alva Noto + Ryuichi Sakamoto 'S' Tour 2011"欧洲巡回演奏会。6 月，在美国洛杉矶和旧金山举行了"Yellow Magic Orchestra Live"演奏会，这也是 YMO 睽违 31 年的北美公演。8 月，以"坂本龙一+编辑团队"的名义出版《此刻想读的书——3·11"事件之后的日本》一书。与克里斯蒂安·芬奈斯以"Fennesz + Sakamoto"的名义发行专辑 *Flumina*。10 月，在英国牛津大学举行的"The Second Movement in Oxford: A Message for World Peace"活动上，为吉永小百合朗诵"原爆诗"进行钢琴伴奏。10 月到 11 月，举行"Ryuichi Sakamoto | Trio Tour 2011 in Europe"三重奏欧洲巡回演奏会。12 月，在日本东京银座雅马哈音乐厅举办"Playing the Piano 2011～为了儿童音乐再生基金～"演奏会。

2012

1 月 17 日，迎来 60 岁"还历"大寿。7 月，在日本东京代代木公园举行的"告别核电 10 万人集会"上发表演讲。在日本千叶幕张国际展览中心举办"No Nukes 2012"音乐节。YMO与发电站乐队一起进行了演出。以"坂本龙一+编辑团队"的名义出版《No Nukes 2012：我们的未来指南》一书。与克里斯托弗·威利茨以"Willits + Sakamoto"的名义发行专辑 *Ancient Future*。9月到10月，举行"Alva Noto + Ryuichi Sakamoto'S'Tour 2012"欧洲巡回演奏会。10月，在东京都现代美术馆举办的展览"艺术与音乐——追求新共感"中，与小野诚彦、高谷史郎合作发表了装置艺术作品 *Silence Spins*，与高谷史郎合作发表了装置艺术作品 *Collapsed*。发行三重奏阵容的自我翻录专辑 *Three*。11月，获得亚太电影奖国际电影制片人协会奖。出版与竹村真一共同执笔的《聆听地球：围绕"3·11"东日本大地震的对话》一书。12月举行"Ryuichi Sakamoto Trio Tour 2012 Japan & Korea"巡回演奏会。访问"3·11"东日本大地震受灾地岩手县陆前高田市时，举行三重奏演奏会。

2013

1月，创作主题音乐的NHK大河剧《八重之樱》开始播出。2月，首次访问冰岛。获得加州大学伯克利分校授予的"伯克利日本奖"。3月，参加阿联酋沙迦双年展并展示装置艺术作品。5月，举行"Playing the Orchestra 2013"演奏会。7月，与泰勒·德普雷以"Ryuichi Sakamoto + Taylor Deupree"的名义发行专辑 *Disappearance*；担任日本山口媒体艺术中心十周年纪念庆典的艺术总监；发布了与山口媒体艺术中心 InterLab 合作的基于植物发出的微弱生物电流创作的声音装置作品《森林交响曲》，以及与高谷史郎合作提取水的多样形态的装置艺术作品《水的样态1》。8月末，应威尼斯国际电影节主竞赛单元评审团主席贝纳尔多·贝托鲁奇之邀担任该电影节评审。10月，参加音乐活动"琉森音乐节·新方舟·松岛2013"。在山口媒体艺术中心发表与野村万斋和高谷史郎合作的能乐表演作品《生命-井》。

2014

1月，出版与铃木邦男共同执笔的《爱国者的忧郁》一书。4月，举办"Playing the Orchestra 2014"演奏会。与前一年不同，采取"边弹边指挥"的形式，同时进行了钢琴演奏和指挥。6月，感觉咽喉不适，在医院专科就诊后被确诊为口咽癌。7月起担任"札幌国际艺术节2014"的客座导演，但由于专心治疗而留在纽约。自从20世纪90年代移居纽约以来，首次几乎全年都在纽约度过。在札幌国际艺术节上，与真锅大度合作展出了将人类无法察觉的电磁波进行可视化、可听化的装置艺术作品《感应流·不可见，不可闻》。

2015

2月，因疗养逗留夏威夷。4月，从与大友良英在纽约进行的演出开始，逐渐恢复工作。8月，参加了在日本东京国会前举行的大规模抗议安保相关法案的示威活动。在同一时期，为山田洋次导演的电影《如果和母亲一起生活》和亚利桑德罗·冈萨雷斯·伊纳里图导演的电影《荒野猎人》制作原声音乐，两部电影也都在年底上映。被任命为母校东京艺术大学的客座教授，并在母校进行了第一次也是最后一次讲座。

2016

3月，担任代表与音乐总监的日本东北青年管弦乐团举行首次演出。该乐团由"3·11"东日本大地震的灾区——日本东北地区的小学到大学的学生组成。从春季开始，制作新的原创音乐专辑。4月，举办所主持的唱片厂牌commmons成立十周年纪念活动"健康音乐"。受"KYOTOGRAPHIE·京都国际摄影节2016"委托，与高谷史郎、克里斯蒂安·萨尔德合作展出了装置艺术作品《PLANKTON——漂流生命的起源》。9月，在菲利普·约翰逊设计的"玻璃屋"中，与阿尔瓦·诺托一起进行了以玻璃建筑物本身为乐器的即兴表演。担任原声音乐创作的李相日导演的电影《怒》上映。12月，在大阪举办与吉永小百合合作的慈善音乐会"为了和平～诗、音乐与花"。获得万宝龙国际艺术赞助大奖。

2017

3月，发行原创专辑《异步》。4月，在东京和多利美术馆举办"Ryuichi Sakamoto｜async 坂本龙一｜装置音乐展"。在纽约公园大道军械库举行演奏会"PERFORMANCE IN NEW YORK：async"。9月，在威尼斯国际电影节上，出席以自身为主题拍摄的、史蒂芬·野村·斯奇博导演的纪录片《坂本龙一：终曲》的首映式。在挪威奥斯陆，与中谷芙二子、田中泯和高谷史郎合作表演艺术作品 *a·form*。12月，在东京 ICC 举办《坂本龙一与高谷史郎｜装置音乐展 2 IS YOUR TIME》。策划在东京草月会馆举办的格伦·古尔德诞辰85周年、加拿大建国150周年纪念特别活动"Glenn Gould Gathering"。

2018

2月，担任柏林国际电影节主竞赛单元评审。3月，在法国蓬皮杜梅斯中心与高谷史郎合作表演 *dis·play*。开始在《妇人画报》上连载《坂本图书》，该连载持续到2022年2月号。4月，参与录制的 NHK《家族历史》节目播出。5月，在韩国首尔艺术空间"piknic"举办的展览"Ryuichi Sakamoto Exhibition：life, life"开幕。6月，担任原声音乐创作的电影《南汉山城》在日本上映。同月，启动与阿尔瓦·诺托合作演出的 *Two*。担任原声音乐创作的动画电影《你好霸王龙》在10月的釜山国际电影节上举行全球首映。

2019

2月，为李禹焕在法国蓬皮杜梅斯中心举办的个展"Inhabiting time"创作会场音乐。5月，在新加坡国际艺术节上与高谷史郎合作表演 *Fragments*。6月，担任原声音乐创作的网飞剧集《黑镜》第五季第二集《碎片》播出。担任主题音乐创作的半野喜弘导演的《亡命之途》在中国台湾地区上映。7月，担任原声音乐创作的蔡明亮导演的电影《你的脸》获得台北电影节最佳原创音乐奖。11月，担任原声音乐创作的爱丽丝·威诺古尔执导的电影《比邻星》在法国上映。12月，作为嘉宾参加"山下洋辅三重奏成立50周年纪念音乐会：爆裂半世纪！"的演出。

2020

1月，在冲绳举办吉永小百合、坂本龙一慈善音乐会"为了和平～海洋、诗与音乐"。为郭共达导演的电影《杨之后》创作了原创主题曲。2月，在新冠肺炎疫情下，参加由北京尤伦斯当代艺术中心策划的在线音乐会"良乐"的演出。为卢卡·瓜达尼诺导演的短篇电影《踉跄女孩》配乐。4月，免费线上音乐会"Ryuichi Sakamoto: PTP04022020 with Hidejiro Honjoh"进行在线直播。5月，启动与音乐人的合作项目"incomplete"。6月，被诊断出罹患直肠癌。12月，发现癌细胞扩散到肝脏。被宣告"只剩半年的生命"后，立即举行了在线演奏会"Ryuichi Sakamoto: Playing the Piano 12122020"，随后进行 MR 项目的拍摄。

2021

1月，接受了长达 20 小时的外科手术。3月，敲碎亲自绘制的陶器后，制作作品"陶片物件",放入"2020S"艺术套盒中,并收录使用该陶器音色创作的乐曲。在中国北京的木木美术馆举办的大型展览《坂本龙一:观音·听时》开幕。6月,在荷兰音乐节上与高谷史郎合作的剧场作品《时间》全球首演。8月,担任原声音乐创作的费迪南多·奇托·菲洛马里诺导演的电影《厄运假期》在网飞播出。9月,担任原声音乐创作的安德鲁·莱维塔斯的电影《水俣病》在日本上映。12月,发布将《圣诞快乐,劳伦斯先生》的右手旋律拆分为595个音符的数字艺术NFT(Non-Fungible Tokens,"非同质化代币")项目。

2022

1月17日,迎来了古稀之年。3月,为日本东北青年管弦乐团创作的新曲《此刻时间在倾斜》在定期演奏会上首演。4月,在俄军入侵乌克兰的背景下,为居住在基辅的小提琴家伊利亚·邦达连科创作乐曲 *Piece for Illia*。同时,为表达反战愿景,作为慈善用途,发表了2001年为呼吁"地雷清零"而成立的N.M.L.乐队的同名乐曲钢琴版 *Zero Landmine 2022*。作为"蠢蛋一族"的成员,深度参与了该团体在威尼斯双年展日本馆及德国慕尼黑"艺术之家"举办的展览。7月,担任原创主题音乐创作的许鞍华导演的电影《第一炉香》获得中国香港电影金像奖最佳原创电影音乐奖。9月,与"防弹少年团"成员SUGA会面,随后为他的个人歌曲 *Snooze* 进行钢琴演奏。花8天时间录制"Ryuichi Sakamoto: Playing the Piano 2022"演奏会影像,并在年底进行了在线发布。参与了《小提琴和钢琴奏鸣曲》和《弦乐四重奏》的录音。10月,创作原声音乐的网飞动画剧集《例外》开始播出。

2023

1月,发表原创专辑《12》。3月,J-WAVE广播节目 *Radio Sakamoto* 结束

长达 20 年的播出历程，最后一期由大贯妙子担任代理主持。向日本东京都知事小池百合子去信，要求重新审视明治神宫外苑的"再开发"计划。3 月 28 日，去世，享年 71 岁。5 月，由伊纳里图导演精选的合集专辑 *TRAVESÍA* 发行。6 月，提供原声音乐的是枝裕和导演的电影《怪物》在日本上映。MR 作品 *KAGAMI* 将于纽约和曼彻斯特上演。记录至暮年为止活动的本书《我还能看到多少次满月升起》出版。7 月末，将于中国成都的木木美术馆举办最大规模的回顾展览《坂本龙一：一音一时》。9 月，收集坂本先生生前爱读书籍的"坂本图书"空间将于东京市内开设。

（敬称略）

鸣 谢

采访者：[日]铃木正文

译者：白荷

编辑协助、资料提供：[日]空里香（Kab Inc.）

[日]汤田麻衣（Kab Inc.）

[日]伊藤综研

护封、腰封、环衬照片：

Neo Sora

正文内照片：

Neo Sora（P1、P186、P253、P292）

Kab Inc./ KAB America Inc.（P11、P35、P69、P95、P105、P141、P164、P177、P215、P281）

照片由 Cape Farewell 提供（P43）

照片由山口媒体艺术中心提供，摄影：ITO Yuya（P122）

照片由"玻璃屋"提供（P221）

图书在版编目（CIP）数据

我还能看到多少次满月升起 /（日）坂本龙一著；白荷译. -- 北京：中信出版社，2023.6（2025.4重印）
ISBN 978-7-5217-5575-6

Ⅰ.①我… Ⅱ.①坂… ②白… Ⅲ.①坂本龙一－传记 Ⅳ.①K833.135.76

中国国家版本馆 CIP 数据核字 (2023) 第 060792 号

BOKU WA ATO NANKAI, MANGETSU WO MIRUDAROU by SAKAMOTO Ryuichi
Copyright © KAB America Inc./Kab Inc.2023
All rights reserved.
Original Japanese edition published in 2023 by SHINCHOSHA Publishing Co., Ltd.
Chinese translation rights in simplified characters
arranged with SHINCHOSHA Publishing Co., Ltd., Tokyo
Chinese translation rights in simplified characters
copyrights © 2023 by CITIC Press Corporation, China
ALL RIGHTS RESERVED
本书仅限中国大陆地区发行销售

我还能看到多少次满月升起
著者： ［日］坂本龙一
译者： 白荷
出版发行：中信出版集团股份有限公司
（北京市朝阳区东三环北路 27 号嘉铭中心 邮编 100020）
承印者： 嘉业印刷（天津）有限公司

开本：880mm×1230mm 1/32　　印张：10.25　　字数：184 千字
版次：2023 年 6 月第 1 版　　　　印次：2025 年 4 月第 14 次印刷
京权图字：01-2023-2818　　　　　书号：ISBN 978-7-5217-5575-6
定价：69.00 元

版权所有·侵权必究
如有印刷、装订问题，本公司负责调换。
服务热线：400-600-8099
投稿邮箱：author@citicpub.com